A TEORIA DA DERIVAÇÃO DO ESTADO E DO DIREITO

CAMILO ONODA CALDAS

A TEORIA DA DERIVAÇÃO DO ESTADO E DO DIREITO

2ª edição

São Paulo
2021

CONTRACORRENTE

Copyright © EDITORA CONTRACORRENTE
Alameda Itu, 852 | 1º andar |
CEP 01421 002
www.loja-editoracontracorrente.com.br
contato@editoracontracorrente.com.br

Editores

Camila Almeida Janela Valim
Gustavo Marinho de Carvalho
Rafael Valim

Equipe editorial

Coordenação de projeto: Juliana Daglio
Revisão: Jade Amorim
Revisão técnica: Lisliane Pereira
Diagramação: Fernando Dias
Capa: Maikon Nery

Equipe de apoio

Fabiana Celli
Carla Vasconcelos
Fernando Pereira
Lais do Vale

Dados Internacionais de Catalogação na Publicação (CIP)
(Câmara Brasileira do Livro, SP, Brasil)

```
Caldas, Camilo Onoda
   A teoria da derivação do Estado e do direito /
Camilo Onoda Caldas. -- 2. ed. -- São Paulo :
Editora Contracorrente, 2021. -- (Pensamento
jurídico crítico ; 1)

   Bibliografia
   ISBN 978-65-88470-38-1

   1. Direito - Filosofia 2. Direito constitucional
3. Direitos humanos 4. Estado - Teoria 5. Estado de
Direito 6. Estado democrático 7. O Estado
8. Organizações internacionais I. Título
II. Série.

21-61429                                  CDU-342.2
```

Índices para catálogo sistemático:

1. Estado : Teoria : Direito constitucional   342.2
2. Teoria do Estado : Direito constitucional   342.2

Maria Alice Ferreira - Bibliotecária - CRB-8/7964

SUMÁRIO

PREFÁCIO 7

NOTA DO AUTOR À 1ª EDIÇÃO 13

NOTA DO AUTOR À 2ª EDIÇÃO 15

INTRODUÇÃO 17

CAPÍTULO I - OS PENSADORES DO DEBATE DA DERIVAÇÃO DO ESTADO 31

CAPÍTULO II - CONTEXTUALIZAÇÃO DA TEORIA DERIVACIONISTA DO ESTADO 43

    2.1 Entorno teórico 43

    2.2 A concepção de Estado como instrumento da classe dominante 44

    2.2.1 Aspectos iniciais 44

    2.2.2 A teoria do capitalismo monopolista do Estado (Stamocap) 53

    2.3 A autonomia da política em relação à economia 63

    2.3.1. Poulantzas 63

    2.3.2 A Escola de Frankfurt 73

    2.2 Circunstâncias históricas 78

    2.2.1 Alemanha na década de 1970 79

2.2.2 Reino Unido na década de 1970 83

2.2.3 A ilusão a respeito do poder estatal 86

CAPÍTULO III - A TEORIA DERIVACIONISTA DO ESTADO ... 89

3.1 A especificidade do Estado no capitalismo 89

3.2 A competição entre os capitais individuais: o Estado como capitalista coletivo ideal 93

3.3 A análise da forma jurídica 113

3.3.1 Evgeni Pachukanis 115

3.3.2 Pachukanis na teoria da derivação do Estado 126

3.4 A Escola Lógica do capital 161

3.5 Constituição formal e histórica do Estado 169

3.6 Legalidade, ilegalidade e manutenção do capitalismo 194

3.7 Luta de classes, Estado e Direito 205

3.8 O mercado mundial 236

3.9 Regulação e crise 255

CONCLUSÃO **269**

REFERÊNCIAS **273**

PREFÁCIO

Esta é uma das obras fundamentais do pensamento político e jurídico de nosso tempo. Camilo Onoda Caldas expõe, neste *A teoria da derivação do Estado e do Direito*, a melhor sistematização a respeito da escola que, alterando o horizonte da compreensão sobre o Estado, conseguiu captá-lo na plenitude de sua materialidade, de seus limites e contradições. A teoria da derivação, nome pelo qual ficou conhecida essa corrente de pesquisas das últimas décadas, extraiu, do marxismo, o mais radical e consequente entendimento sobre a forma estatal, abrindo novas perspectivas e impondo outras tarefas às lutas políticas de transformação social.

A investigação de Caldas avança, nesta obra, para uma excepcional consolidação dos textos, posições, ideias, fases, concordâncias e contrastes de um debate que se deu em torno de um amplo grupo de pensadores, tanto da Alemanha, onde está seu berço teórico, quanto da Grã-Bretanha e, por fim, alcançando repercussão mundial. O movimento teórico sobre a derivação conseguiu dar trato científico à compreensão do Estado como forma política específica da sociabilidade capitalista.

No campo marxista, assentou-se, desde a década de 1970, um sólido corpo de construções teóricas tratando a respeito das relações de sociabilidade, das formas sociais e da derivação destas a partir da forma da mercadoria. É verdade que até no que tange a tal núcleo também há discussões que separam seus teóricos em posições insignes. Camilo

Onoda Caldas, neste livro, expõe as tantas variáveis das leituras derivacionistas. Embora muitos possam tratar o problema da derivação do Estado como um debate vago, sem uma nucleação comum a seus autores, Caldas insiste no fato de que se trata de uma teoria que, ao alcançar um patamar alto na compreensão dos fenômenos sociais, esparramou-se como claro e patente referencial a demais pensadores, ainda que muitos tenham-na tratado como inimigo a ser batido.

Poder-se-ia encerrar o estudo sobre a derivação do Estado num núcleo de pensadores alemães que, a partir das últimas décadas do século XX, empreenderam a reflexão estrutural sobre a crítica à política no capitalismo. O marco inicial de tal debate é um artigo de Wolfgang Müller e Christel Neusüß, publicado exatamente no ano de 1970. Nesse grupo de pensadores, em que avultam nomes como o de Elmar Altvater, é Joachim Hirsch seu pensador mais importante, mas há praticamente uma espécie de orquestração de pesquisas, que vão desde investigações sobre a origem histórica do Estado, destacadamente no caso de Heide Gerstenberger, até a consideração do Estado a partir de suas relações internacionais, em Claudia von Braunmühl. Esse conjunto de pensadores não se resume ao campo alemão, e Camilo Onoda Caldas avança, neste livro, para anelar também os debatedores críticos ao próprio derivacionismo mas que, de algum modo, contribuíram com sistematizações teóricas, aportes e injunções. Bob Jessop, na Inglaterra, desde a década de 1980, é um comentador privilegiado, próximo e ao mesmo tempo distante de tais marcos, bem como John Holloway, Sol Picciotto, Werner Bonefeld e Simon Clarke, dentre outros.

Caldas avança e reflete a respeito dos pontos sensíveis da teoria da derivação. Toma partido, acertadamente, de uma leitura que mostra a forma política estatal como derivada factual do capitalismo. Com isso, aponta críticas à chamada Escola Lógica do Capital e mostra os pontos de dissociação com outros pensadores da teoria derivacionista.

Justamente porque o Estado se deriva factualmente das relações sociais capitalistas, ele não é um elemento lógico do capital, nem tampouco atende a uma média de algum "capitalista coletivo ideal". Não há uma central de inteligência do capitalismo que o oriente. Tampouco

PREFÁCIO

há uma plena razão funcionalista guiando a dinâmica política e social. A forma política estatal se erige no seio das contradições das próprias relações sociais de exploração, orientadas para a acumulação. Daí, avulta a luta de classes como elemento necessário para o perfazimento das formas sociais. Jessop, justamente quem mais insiste em favor de uma leitura determinante do papel da luta de classes, aponta para as relações entre as relações, fazendo com que o pendor da derivação não seja lógico, mas, sim, tecido numa unidade entre instituições e ações. Todo esse debate de Jessop, que contou inclusive com críticas da parte de Hirsch e também de Kosmas Psychopedis, é analisado em minúcia por Caldas no presente texto.

Ao momento de seu surgimento, nas últimas décadas do século XX, a teoria da derivação representa um caminho de superação daqueles impasses políticos. A partir da década de 1970, os Estados capitalistas começam a falir em seu projeto de inclusão por bem-estar social. O neoliberalismo se impõe, então, como caminho tendencial da política contemporânea. Por sua vez, as respostas marxistas não conseguiam avançar para além de teorizações que não alcançavam a natureza do Estado, ou, quando não, estavam ainda presas a leituras de tipo soviético.

Nesse mesmo tempo, estabelecem-se os horizontes médios que acompanham, até agora, a teoria social. Uma leitura de direita, fundada em favor da dinâmica da acumulação, que preside a maior parte do pensamento político atual. Segurança jurídica, ordem social, intervenção militar, eficiência, livre circulação comercial e financeira são seus corolários. Mas a esquerda, por sua vez, refluiu a posições que são, apenas, a contraface do neoliberalismo. Os direitos humanos são o símbolo dessa outra perspectiva, que está contida nos exatos termos da forma mercadoria e da forma política estatal. Jürgen Habermas serve de paradigma dessa esquerda refluída, espelho invertido do neoliberalismo.

A teoria da derivação representa, para o campo do Estado, a mais alta reflexão acerca da natureza da política no capitalismo. Soma-se a outras leituras atuais, também gestadas no seio do marxismo, que apontam caminhos críticos para a superação da sociabilidade presente. Fundar uma compreensão materialista do Estado, empreendimento realizado por Hirsch e o grupo de pensadores da teoria da derivação, equivale ao movimento que fez Pachukanis, na década de 1920, ao fazer o mesmo com o Direito. Desloca-se o campo do problema de sua leitura tradicional – e mesmo de suas críticas insuficientes e ainda aprisionadas às mesmas dimensões fenomênicas –, para alcançar então sua concretude.

Com isso, a teoria da derivação representa o ponto mais alto e atual para o entendimento dos velhos e novos impasses políticos do capitalismo. Compreender o movimento do Estado como derivado da forma da mercadoria permite perceber as insuficiências das apostas por outro domínio governamental, mesmo que seja por movimentos ou partidos radicais. A política de superação do capitalismo não é sua administração melhor, mas, sim, a desmontagem da valorização do valor. Tal processo é contraditório e permeado por variáveis que perfazem o tecido das relações sociais. Mas a teoria da derivação permite apontar para além da politicidade, mesmo que de esquerda: conforme exponho em *Estado e forma política*, o horizonte das lutas transformadoras passa a ser a superação da sociedade da mercadoria.

No Brasil, tem sido construída, nos últimos anos, uma leitura marxista rigorosa sobre Estado e direito, resgatando a força do pensamento pachukaniano para a crítica jurídica e política, no caminho iniciado pioneiramente por Márcio Bilharinho Naves. Camilo Onoda Caldas, com esta obra, abre novos patamares em tal empreendimento, anelando a problematização da forma jurídica com o mesmo na forma política estatal e estabelecendo, aí, um dos pontos articuladores deste livro.

Tenho a felicidade de acompanhar o trajeto de Camilo Onoda Caldas desde que muito jovem foi meu aluno, nos bancos da Faculdade de Direito da Universidade Presbiteriana Mackenzie. Já dessa época, como meu orientando de graduação e, depois, em seu mestrado no Programa de Pós-Graduação em Direito Político e Econômico do Mackenzie e em seu doutorado na Faculdade de Direito da Universidade de São Paulo – o tradicional Largo São Francisco –, Caldas destaca-se por um rigor teórico e um brilhantismo ímpar na investigação social.

PREFÁCIO

A reflexão do conjunto das obras de Camilo sobre Estado, política e direito, de que dá mostras este presente livro e seu estudo anterior sobre Umberto Cerroni, por mim orientado, mostram um fio condutor que tem na crítica da política um problema e, na superação da sociabilidade capitalista, um horizonte.

No plano pedagógico, ainda, destaca-se a capacidade didática de Caldas. Seu recente livro manual sobre o Estado, bem como sua obra sobre metodologia do direito, revelam uma preocupação constante com a educação das novas gerações. Seu talento docente tem continuidade em seus livros manuais e se sintoniza também com o vigor de suas investigações teóricas.

De Caldas, guardo não apenas um excepcional orientando e pesquisador de ponta. Temos avançado juntos em muitos projetos – pelo Brasil e pelo exterior – no plano intelectual, político e acadêmico. Tive a alegria de tê-lo comigo na fundação de muitas instituições de ensino superior, cuidando diretamente da educação de novos juristas, intelectuais e batalhadores pela transformação social.

Em Camilo Onoda Caldas, meu primeiro orientando, destaca-se, além do intelectual, um ser humano ímpar, com valores de alta solidez, lutador político de origem e consistência no combate de esquerda. *A teoria da derivação do Estado e do direito*, que o leitor tem ora à mão, é um livro incontornável de um pensador referencial de nosso tempo.

Alysson Leandro Mascaro
Professor da Faculdade de Direito da Universidade de São Paulo (Largo São Francisco – USP). Doutor e Livre-Docente em Filosofia e Teoria Geral do Direito pela USP. Autor, dentre outros, de *Estado e forma política* (Ed. Boitempo).

NOTA DO AUTOR À 1ª EDIÇÃO

Este livro foi escrito a partir da minha tese de doutorado defendida na tradicional Faculdade de Direito do Largo do São Francisco – Universidade de São Paulo (USP). O objeto da tese foi estudar a teoria da derivação do Estado. Trata-se de uma contribuição inédita que traz uma corrente importante do pensamento europeu que tem sido pouco estudada no Brasil, mas que alcançou larga difusão na Europa. Conhecer a teoria da derivação é avançar numa das mais sofisticadas teorias marxistas a respeito do Direito e do Estado, que renova em muito o debate existente sobre o tema, tanto para os que estudam o marxismo, quanto para os estudiosos de ciência política e Direito em geral.

No início de 1970, na Alemanha Ocidental, um grupo de pensadores marxistas iniciou um debate a respeito da forma e da função do Estado para reprodução das relações sociais existentes no modo de produção capitalista. Na Alemanha, o denominado *Staatsableitungsdebatte* se desenvolveu durante uma década envolvendo pensadores como Rudolf Wolfgang Müller, Christel Neusüß, Elmar Altvater, Bernhard Blanke, Ulrich Jürgens, Joachim Hirsch, Freerk Huisken, Margaret Wirth, Claudia von Braunmühl, Heide Gerstenberger, Sybille von Flatow e Hans Kastendiek. A partir da segunda metade da década de 1970, o *state derivation debate* se estendeu ao Reino Unido abrangendo pensadores como John Holloway, Sol Picciotto, Bob Jessop, Werner Bonefeld e Simon Clarke.

Os participantes do debate da derivação procuravam criticar o pensamento conservador, social-democrata e keynesiano, bem como se opunham às ideias de Stalin, Nicos Poulantzas, Ralph Miliband, Jürgen Habermas, Claus Offe e à Teoria do Capitalismo Monopolista de Estado (Stamocap). Atualmente, os estudos daquele período têm merecido a atenção de pesquisas recentes na Europa elaboradas, por exemplo, por Ingo Elbe e John Kannakulan, bem como na Argentina, por meio da professora Mabel Thwaites Rey e do professor Alberto Bonnet.

A teoria da derivação do Estado refutava a concepção que reduzia o Estado a mero instrumento da classe dominante e procurou, ao mesmo tempo, elucidar, a partir do estudo das categorias econômicas existentes nas obras de Marx e Engels, a função estrutural do Estado para o modo de produção capitalista. Parte dos pensadores envolvidos no debate da derivação considerava fundamental o estudo da forma jurídica para se explicar o papel estruturante desempenhado pelo Estado no capitalismo. Esse aspecto conduziu os pensadores da derivação a dialogar com as ideias do jurista soviético Evgeni Pachukanis, cuja teoria se opunha ao pensamento stalinista e foi resgatada, com impacto significativo, na Europa na década de 1960 e, mais recentemente, no Brasil por intermédio dos estudos de Márcio Bilharinho Naves e Alysson Leandro Mascaro.[1] Por essas razões, este texto destaca as ideias não apenas a respeito do Estado, mas também do Direito.

---

[1] A questão do Direito em Marx, de Márcio Naves e Estado e Forma política, de Alysson Mascaro foram publicadas após a formulação de minha tese, razão pela qual não integram a presente obra, mas são duas leituras indispensáveis sobre o tema e estão indicadas na bibliografia ao final. Também adicionei minha obra "Teoria Geral do Estado" publicado pela editora Ideias & Letras, como referência bibliográfica.

NOTA DO AUTOR À 2ª EDIÇÃO

Após a publicação da primeira edição de *A Teoria da Derivação do Estado e do Direito* muitos acontecimentos acadêmicos relevantes ocorreram. De início, destaco que, finalmente, *State and capital*, texto fundamental da teoria da derivação, saiu publicado em 2017 em espanhol com o título *Estado y capital* (Ed. Herramienta), demonstrando assim o vigor do tema abordado neste meu livro. Além de observar a repercussão de minha obra em vários autores e áreas do conhecimento, desde a saúde pública até o Direito, constatei que meu livro integra a bibliografia de todos os capítulos das edições mais atuais de *Estado e forma política* (Ed. Boitempo) escrita pelo Professor Alysson Leandro Mascaro, uma obra monumental que surgiu entre a publicação de minha tese de doutorado e a publicação do presente livro, que se baseia nela.

O Professor Mascaro publicou ainda, neste ínterim, outra obra de relevo, intitulada *Crise e Golpe* (Ed. Boitempo) na qual analisa as particularidades dos golpes de Estado do século XXI e as novas consequências das sucessivas crises do capitalismo na transição do milênio. Conjuntamente, tivemos a publicação no Brasil de diversos livros fundamentais para entendermos mais sobre a política, o direito e a sociedade, dentre as quais destaco *Crítica ao feminismo liberal: valor-clivagem e marxismo feminista* (Ed. Contracorrente), da professora Taylisi de Souza Corrêa Leite, e *Racismo Estrutural* (Ed. Pólen), do professor Silvio Luiz de Almeida, ambos egressos da escola de pensamento mascariana.

Todas essas obras e autores constituem uma rede renovada de saberes cuja leitura é obrigatória para todos que estão engajados em entender os dilemas políticos e jurídicos da atualidade. Contribuindo para este universo, tive a oportunidade de publicar *Teoria Geral do Estado* (Ed. Ideias & Letras), um livro didático que serve como introdução para todos, acadêmicos ou não, que querem entender melhor sobre a constituição do Estado, seu funcionamento e suas instituições.

Nesta segunda edição de *A Teoria da Derivação do Estado e do Direito*, optei por não incorporar toda a literatura científica que surgiu após sua publicação, a fim de manter relativamente intacta as linhas gerais adotadas originalmente quando elaborei este livro. Não obstante, o leitor encontrará nesta segunda edição, além de pequenos ajustes, um acréscimo substancial no primeiro capítulo, no qual tive a oportunidade de descrever em maiores detalhes os pensadores do coletivo *Kapitalistate,* uma espécie de extensão do debate da derivação feito por um grupo estadunidense.

Após a publicação da primeira edição da *A Teoria da Derivação do Estado e do Direito*, recebi inúmeros contatos de intelectuais de todo Brasil agradecendo pelo conteúdo de meu livro e após o esgotamento das reimpressões, passei a receber indagações acerca de uma nova edição. Assim, com muita alegria contemplo o lançamento desta nova edição pela brilhante Editora Contracorrente, de modo a atender a demanda existente. Agradeço a todos que apoiaram essa publicação, em especial a Alysson Leandro Mascaro, Fernando Pereira e Rafael Valim.

Encerro esta nota dizendo que a teoria da derivação manterá sempre sua atualidade enquanto as bases econômicas sobre as quais ela se assenta forem as mesmas. Espero sinceramente, portanto, que um dia esta teoria e, consequentemente, esta obra, tornem-se definitivamente desatualizadas. Nesse dia, ela servirá apenas como registro de quais eram as contradições e injustiças existentes em um tempo da história que já terá sido superado.

INTRODUÇÃO

Em 1970, surgiu na Alemanha Ocidental um grupo de pensadores marxistas que, a partir da perspectiva materialista, procurou repensar o Estado e o Direito diferenciando-se das concepções predominantes, como o keynesianismo e o stalinismo, ou crescentes, como o neoliberalismo.

O debate desenvolveu-se durante mais de uma década, envolvendo especialmente pensadores da parte ocidental da Alemanha (ex-República Federal da Alemanha) e da Grã-Bretanha, tendo sido denominado, respectivamente, como *Staatsableitungsdebatte* e *state derivation debate*. Em português, a denominação corrente tornou-se "debate derivacionista do Estado", ou "debate da derivação do Estado", termo semelhante à expressão em língua espanhola, idioma que conta com diversas publicações importantes sobre o tema, ao contrário do que ocorre em língua portuguesa, em que estudos e obras específicas são bastante escassos. Assim, considerando que a lacuna teórica no Brasil é acentuada, parte de nosso objetivo é trazer os elementos mais importantes suscitados pelo debate sobre a derivação do Estado.

O caráter relativamente recente dessa teoria faz com que os pensadores do derivacionismo, em sua maioria, ainda constituam até os dias de hoje, um núcleo de pensamento crítico do *capitalismo* que não vislumbra nem no Estado, nem no Direito, os caminhos para uma transformação social apta a resolver os problemas agudos inerentes às formas de relações sociais existentes no modo de produção capitalista, cujas consequências são amplamente perceptíveis na atualidade, dentre as quais: a miséria, a desigualdade econômica e a xenofobia em escala global; a destruição e os desequilíbrios ambientais decorrentes, sobretudo, do consumo desenfreado de recursos naturais e da emissão de resíduos poluentes; as danosas consequências físico-psíquicas e sociais oriundas da alienação do trabalho, do processo de valorização do valor e da existência da forma mercadoria (e o seu consequente fetichismo).

Essa rejeição dupla – ao Estado e ao capitalismo –, mantém-se contemporaneamente e pode ser verificada, por exemplo, nas palavras de Joachim Hirsch, que em 2009, no posfácio para a edição brasileira à sua obra *Teoria Materialista do Estado*[2] – fortemente inspirada na teoria da derivação –, escreveu:

> É preciso haver, portanto, uma mobilização social fora e independente do Estado, do parlamento e dos partidos. Há uma multiplicidade de grupos, iniciativas e associações, de organizações não governamentais (ONGs) críticas e de think tanks alternativos que estão em condições de organizar a discussão sobre os verdadeiros problemas sociais e propor soluções possíveis e duradouras. É aí que se encontra hoje o potencial de formulação política. Mas esse potencial relaciona-se, porém, frequentemente apenas com áreas políticas isoladas. A fragmentação ligada a isso tem de ser vista como algo a ser superado. Caso ocorresse isso, seria possível novamente fazer política no sentido estrito do termo e não apenas reagir às "coerções objetivas" criadas. Só se podem esperar mudanças no terreno dos partidos, dos parlamentos e da política governamental, caso haja uma permanente pressão popular. Ela é também uma pré-condição para que as estruturas democráticas, reduzidas a uma mera formalidade, possam ganhar novamente conteúdo; e para que a democracia tenha algo a ver com a autodeterminação, não se esgotando apenas "a intermediação de lógicas da valorização capitalista".[3]

---

[2] Em alemão: *Materialistische Staatstheorie:* Transformationsprozesse des kapitalistischen Staatensystems. VSA: Hamburg, 2005.

[3] HIRSCH, Joachim. *Teoria Materialista do Estado*. São Paulo: Revan, 2010, p. 306.

INTRODUÇÃO

Nosso estudo consiste em uma exposição das principais teses da teoria derivacionista do Estado, mostrando a partir de quais filósofos e métodos essa teoria é formulada, bem como quais são seus principais interlocutores. Isso implica examinar: o contexto histórico no qual essa teoria surge; quais os temas abordados e os fundamentos teóricos adotados, bem como os horizontes de desdobramento para os quais essa corrente de pensamento marxista aponta. Mostraremos ainda como tais assuntos estão ligados com a derivação do Direito, da forma particularmente assumida por ele no curso da modernidade.

Seguramente é difícil falar em "uma" teoria da derivação do Estado, ante a existência de uma diversidade de argumentações que se excluem reciprocamente, somada a um conjunto de críticas recíprocas entre os autores que participam das discussões desenvolvidas ao longo dos anos. Em função disso, decorre a denominação mais comum para se referir às formulações teóricas dos pensadores reunidos naquela época: "debate" (não "teoria") da derivação do Estado. Neste ponto, cabe ressalvar que tratamos acerca da existência de uma teoria, por conta dos elementos comuns às várias "correntes" existentes que serão elucidados ao longo da nossa exposição. Trata-se aqui de situação semelhante à ocorrida em relação a tantas outras teorias, cujas inúmeras variações dificultam que estas sejam rotuladas com a mesma denominação. Isso ocorre, por exemplo, quando se discute as "teorias liberais", ou ainda, as "teorias marxistas" sobre o Estado e o Direito, cujos universos são infinitamente fragmentados, mas, ainda assim, revelam algum denominador comum que permite reuni-las sob um mesmo rótulo.

De antemão, apontamos que o debate a respeito da derivação está diretamente relacionado com o pensamento de Karl Marx e Friedrich Engels, examinando as relações entre o Estado, a política, a economia e, em alguns casos, o Direito. Disso decorre a utilização da expressão "derivação" (*Ableitung*, em alemão). Tal teoria procura mostrar como o Estado deriva do capitalismo, não sendo, portanto, mero resultado da vontade da classe dominante, mas sim, de um determinado modo de produção e das relações sociais que lhe são inerentes e diferenciadoras de todos os modos anteriores. Por consequência, os autores que integram esse debate estudam as especificidades que o Estado adquire a partir das transformações ocorridas na modernidade com o surgimento das relações econômicas que caracterizam o capitalismo.

Considerando que existem inúmeros autores que podem ser considerados participantes do debate da derivação do Estado, torna-se necessário estabelecer certos critérios de delimitação temática, a fim de que os pontos escolhidos possam ser abordados adequadamente. Neste sentido, limitaremos nosso estudo a partir de critérios cronológicos, geográficos e de autores. Isto será feito da maneira a seguir descrita.

Do ponto de vista cronológico, considerando a ausência de estudos sistemáticos no Brasil a respeito do tema, concentraremos nossa análise na década de 1970, na Alemanha e na Grã-Bretanha (no caso dos britânicos, na segunda metade deste período). Isso também implica uma restrição geográfica a esses dois países, já que outros poderiam ser abrangidos, como Estados Unidos e França, ainda que não tenham o mesmo peso nesse debate especificamente. Conforme pode ser observado, na década de 1980, há uma espécie de desaglutinação dos pensadores iniciais em relação ao debate original (muito embora remissões constantes tenham sido feitas), razão pela qual centraremos nosso estudo nos textos produzidos na década de 1970, agregando contribuições de comentadores, incluindo, ainda, o balanço crítico dos próprios integrantes da teoria da derivação, realizado posteriormente. Isso não significa, contudo, excluir uma análise, ainda que menos profunda, a respeito dos desdobramentos e das implicações do debate original, o que nos conduz, portanto, a recorrentes menções de obras publicadas após a década de 1980 pelos autores envolvidos no debate. Tais referências ajudam a compreender o desenvolvimento teórico do período antecedente.

Quanto aos autores estudados, dificilmente seria possível estabelecer um critério objetivo de seleção que não implicasse a exclusão de um pensador que porventura pudesse ser considerado como integrante do debate. Sendo assim, partindo da literatura internacional especializada sobre o tema, inclusive o balanço feito pelos próprios autores, vamos nos deter naqueles apontados como principais participantes das formulações teóricas a respeito da derivação do Estado na época e localidades às quais nos restringimos. Além do recorte a partir destes critérios, haverá uma delimitação de natureza temática que será mais bem explicada adiante. No momento, queremos apresentar as linhas gerais a partir das quais o debate se desenvolve ao longo dos anos.

A teoria da derivação do Estado ganhou notoriedade na Europa, tornando-se uma alternativa teórica às correntes marxistas alinhadas ao pensamento soviético-stalinista, à Escola de Frankfurt e à filosofia política de Nicos Poulantzas, ainda que este último seja o principal interlocutor do debate (sem dúvida, todas essas correntes ecoam até os dias de hoje nos textos de diversos intelectuais, sejam marxistas ou não). No Brasil, no entanto, os principais pensadores desse debate, que mencionaremos adiante, permaneceram em grande medida desconhecidos, sobretudo no campo da Teoria do Estado e do Direito. Isso criou uma espécie de déficit nas teorias marxistas nacionais, que muitas vezes acabaram sendo interpretadas e citadas a partir de maniqueísmos e simplificações (a maioria oriundas do marxismo soviético), ou ainda, foram se desenvolvendo dentro de perspectivas opostas e igualmente equivocadas, marcadas, por exemplo, pelo "determinismo/reducionismo econômico" (um modo mecanicista de pensar a relação economia e política), ou pelo "politicismo" (a crença de que a política e o Direito dominam e moldam o campo das relações econômicas livremente). O debate do derivacionismo aponta os diversos problemas envolvidos nessas espécies de teorias, recolocando o debate e o estudo materialista do Direito e do Estado dentro de outra visão no interior do marxismo que explicaremos ao longo do trabalho.

Qual a necessidade de se resgatar a teoria da derivação do Estado na atualidade? Diante da realidade política e econômica presente (diferente do passado) e de teorias mais atuais, haveria sentido em empreender tal tarefa? Um dos destacados representantes do derivacionismo, Joachim Hirsch, no ano de 2002, ajuda a responder, em parte, a essa questão. Ele afirma que, apesar de o debate sobre a derivação do Estado ter sido interrompido, os movimentos globais crescentes por justiça precisarão recuperar e aperfeiçoar discussões *precocemente abandonadas*, pois as questões teóricas sobre o Estado – inclusive aquelas tratadas pelo derivacionismo – são fundamentais para responder às questões cotidianas do presente, especialmente num contexto de crise, de "globalização" e de busca de alternativas sustentáveis. Não por acaso, a revista alemã *Arranca* intitulou a entrevista com Hirsch com os dizeres: "Acordando cachorros mortos?".[4] Nela, o filósofo alemão reafirma a importância de se entender os limites do Estado de bem-estar social e a sua limitada capacidade de intervenção (e de superação de crises) no domínio econômico dentro de uma sociedade capitalista.

Outro dado que torna a pesquisa relevante refere-se ao fato de os principais autores ligados ao derivacionismo terem continuado, até a atualidade, a produzir teorias sobre Estado, Direito, Política, Economia etc., por intermédio das principais universidades europeias, publicando-as em livros e periódicos, inclusive com traduções para diversos idiomas. Essa relevância, inclusive, fez com que tais pensa dores e o seu entorno fossem alvos de estudos[5] e críticas específicas, formuladas por articulistas conservadores como Anthony Giddens,[6] marxistas como Frank Deep,[7] ou ligados diretamente ao debate, como Bob Jessop.[8] Nos seus contornos gerais, as premissas da teoria da derivação do Estado têm

---

[4] HIRSCH, Joachim. *Tote Hunde wecken*: Interview mit Joachim Hirsch zur Staatstheorie und Staatsableitung. Disponível em: http://arranca.org/aus-gabe/24/tote--hunde-wecken. Acesso em: 15 de janeiro de 2011.

[5] Ver: ELBE, Ingo. *Marx im Westen*: Die neue Marx-Lektüre in der Bundesrepublik seit 1965, 2ª ed. Berl*In*: Akademie, 2010. Nessa obra há um artigo dedicado ao debate da derivação do Estado. Ver, ainda: KANNANKULAM, John. "Zur westdeutschen Staatsableitungsdebatte der siebziger Jahre: Hintergründe, Positionen, Kritiken". *In*: ROSA Luxemburg Initiative Bremen (Coord.) *Staatsfragen*: Einführungen in die materialistische Staatskritik. Berl*In:* Rosa Luxemburg Stiftung, 2009. Disponível em: http://www.rosalux.de/fileadmin/rlsuplo-ads/pdfs/rls-papers_Staatsfragen_0911t. pdf.. Acesso em: 5 de maio de 2010. Esse artigo resume a dissertação de mestrado do autor, defendida no ano de 2000, dedicada a examinar a teoria da derivação do Estado sob a orientação de Joachim Hirsch.

[6] GIDDENS, Anthony. *A contemporary critique of historical materialism*: power, property and the State, vol. 1. Berkeley and Los Angeles, CA: University of California Press, 1981.

[7] DEPPE, Frank. *Krise und Erneuerung marxistischer Theorie*: Anmerkungen eines Politikwissenschaftlers. Disponível em: http://linkesdsgruppe3.minuskel.de/ fileadmin/linke.sds/MCH_Reader/Frank_Deppe_-_krise_und_erneuerung_marxistischer_theorie.pdf. Acesso em: 06 de julho de 2011.

[8] As referências às obras deste autor serão expostas ao longo desta pesquisa.

INTRODUÇÃO

utilidade para aqueles que pretendem debater a transformação social fora dos limites instituídos pela lógica capitalista e/ou reconhecem a existência de uma espécie de "coerção" da forma do Estado e do Direito sobre a decisão e ação dos agentes políticos e sociais.

No entanto, não nos parece ser suficiente justificar a pertinência do tema escolhido apenas pelo fato de determinado assunto – no caso, a teoria da derivação – manifestar-se no discurso político/econômico, ou permanecer como objeto de estudo em determinados círculos acadêmicos. Afinal, se optamos por abordar uma teoria materialista a respeito do Estado e do Direito (e compactuamos de seu método correspondente), então é necessário examinar em que medida a própria realidade presente pode ser explicada a partir de uma teoria segundo a qual o Estado e o Direito derivam de determinadas transformações sociais, das especificidades do capitalismo, mais precisamente das relações econômicas nelas existentes, distintas das anteriores. Passemos, então, a examinar essa questão.

O Estado e o Direito estão intrinsecamente ligados às relações de produção capitalista. Como esta ideia, baseada em certas correntes de pensamento marxista, se insere no contexto atualmente vivido?

Três fatos devem ser considerados se quisermos responder a essa pergunta na aurora do século XXI: a experiência e o colapso do "socialismo real" da União Soviética e seus principais aliados; as transformações econômicas vulgarmente denominadas de "globalização", cujas consequências, tidas como inexoráveis, seriam o declínio da soberania dos Estados e a redução dos direitos sociais; o recente e relativo arrefecimento do neoliberalismo e o agravamento da crise econômica nos países da União Europeia.

No atual cenário, grupos defensores de perspectivas políticas antagônicas – movimentos antiglobalização e porta-vozes do neoliberalismo –, paradoxalmente, apontam para o mesmo sentido:[9] as experiências

---

[9] Conforme leciona Mabel Thwaites Rey: "Pero no obstante reconocer la revitaliación que a las luchas emancipadoras le aporta la noción de autonomía de los sectores populares respecto al sistema político dominante (instituciones estatales, partidos

históricas acima mencionadas (especialmente as duas primeiras) indicam um esgotamento do Estado e, portanto, a emergência de soluções que não passem necessariamente pela via estatal. Para ambos, há uma "falência do Estado" em várias áreas: judicial (*e.g.* incapacidade em resolver, mediar e prevenir conflitos sociais ou de fazê-lo de maneira célere e eficaz); administrativa (*e.g.* ineficiência na gestão e excesso de burocracia); financeira (*e.g.* insuficiência para prover adequadamente a população com políticas públicas de qualidade em diversas áreas como previdência social, saúde, educação, habitação etc.); política (carência de legitimidade por parte dos representantes eleitos, que não respeitam as demandas e aspirações da sociedade). Crise semelhante se apresenta com relação ao próprio Direito, que se manifesta de duas maneiras: primeiro, no discurso acerca da impossibilidade de o Estado legislar soberanamente diante das pressões e normas dos organismos internacionais; segundo, na crítica da ineficácia do direito positivo, especialmente da legislação de caráter social, que se torna "letra morta" ao não existir concretamente, mas apenas formalmente.

Nesse ponto, neoliberais e seus antípodas partem do mesmo ponto para chegar a propostas políticas antagônicas: os primeiros defendem a diminuição dos direitos sociais; os demais propugnam formas de efetivação, proteção, aperfeiçoamento e ampliação. Ao mesmo tempo, diante da crise (neoliberal e econômica), paradoxalmente, alimenta-se a esperança de que o Estado será capaz de superá-la, temporária ou definitivamente. Neste caso, há a crença ingênua de que isso não terá um acentuado custo social – desemprego, empobrecimento, precarização, adoecimento, violência etc. – ou surge então a conformidade passiva dos que assumem as consequências deletérias, mesmo as gravíssimas,

---

políticos), no puede dejar de señalarse cierta coincidencia con el énfasis puesto por el neoliberalismo en su prédica antiestatista y antipolítica. Esto es lo que Joachim Hirsch (2001) ha llamado 'el totalitarismo de la sociedad civil', llegándose a pregonar las ventajas de la 'participación' en los asuntos comunes, como forma de acotar la capacidad de acción del Estado. No en vano una de las recetas principales del Banco Mundial en los años noventa, por ejemplo, ha sido el procurar la implicación de los sectores sociales involucrados en las políticas públicas, como una forma de sortear a las burocracias y de ahorrar recursos" (*La autonomía como búsqueda*: el Estado como contradicción. Buenos Aires: Prometeo, 2004, p. 12).

INTRODUÇÃO

como inevitáveis e até necessárias – uma posição geralmente advinda daqueles que não as sofrerão diretamente ou não correrão o risco de comprometer sua própria sobrevivência.

Diante desse panorama, resgatar a teoria da derivação (e verificar suas eventuais insuficiências) implica observar os limites e incapacidades do Estado,[10] mas também retomar uma perspectiva radical, que busca, a exemplo de Marx, na crítica da economia política, as respostas para as transformações histórico-sociais e suas consequências no âmbito político-jurídico. A teoria da derivação procura mostrar como o Direito expressa a lógica particular do capital, resultando na crítica do Estado como um todo e igualmente na rejeição das esperanças de que reformismos jurídicos ou rearranjos políticos conduzirão à efetiva solução dos agudos problemas sociais atuais.

Como dissemos, a teoria da derivação do Estado surge justamente denunciando a impotência estatal para evitar as crises estruturais do capitalismo e as consequências sociais dela decorrentes. Em tempos de discurso neoliberal (um pouco arrefecido no momento, mas sempre latente), a crítica ao Estado de bem-estar social pode parecer temerária. No entanto, trata-se justamente de uma rejeição "pela esquerda", ou seja, evidenciando que as verdadeiras alternativas somente podem ser construídas superando os limites impostos pela forma de organização social inerente ao modo de produção capitalista.

Estudar a teoria da derivação do Estado é, portanto, manter a convicção a respeito da necessidade de se explicar o mundo considerando suas contradições econômicas, expressas na luta de classes, bem como o papel estrutural do Direito nessa realidade existente:

> Esse fato histórico e empírico de oposição conflitiva entre os estratos sociais, separados por interesses vitais inconciliáveis – onde o Direito garante o exercício da dominação – tornou-se

---

[10] Cf. ELBE, Ingo. *Marx im Westen*: Die neue Marx-Lektüre in der Bundesrepublik seit 1965, 2ªed. Berl*In:* Akademie, 2010, p. 319

conhecido como luta de classes. Estabelecido este fato de modo definitivamente claro e cientificamente fundado, mantém-se a antiga convicção de que a nossa existência depende de causas materiais e que por isso a nossa identidade tem seu ponto de partida numa situação ôntico-econômica.[11]

Finalmente, apontamos que a falta de estudos sistemáticos no Brasil sobre o tema objeto da presente obra faz com que nosso trabalho não seja a palavra final, mas apenas um diálogo inicial. Porém, da carência existente surge a virtude: a falta de pesquisas específicas e pormenorizadas faz com que o estudo ora desenvolvido se constitua como uma contribuição original no campo jurídico, permitindo assim que a reflexão a respeito do Estado e do Direito possa ser enriquecida de maneira inédita no Brasil.[12] Isso significa contribuir para avançarmos no entendimento acerca do papel estruturante do Estado na reprodução das relações econômicas existentes, cuja ocorrência se dá dentro e fora dos limites do Direito.

---

[11] MAMAN, Jeannette Antonios. Fenomenologia existencial do direito: crítica do pensamento jurídico brasileiro, 2ª ed. São Paulo: Quartier Latin, 2003, pp. 133-134. Mais do que isso, a apresentação do presente estudo significa contribuir para a consciência crítica do mundo, uma necessidade que permanece imperiosa até os dias de hoje, pois "Nosso dever de trabalhadores universitários e, como tais, privilegiados, está na resistência intelectual à continuação da situação injusta de que emana a ordem jurídica que lhe corresponde, igualmente injusta. Nossa resistência deve ser ativa, a fim de eliminar a opressão econômica e promover a liberdade igualitária do povo". MAMAN, Jeannette Antonios. Fenomenologia existencial do direito: crítica do pensamento jurídico brasileiro, 2ª ed. São Paulo: Quartier Latin, 2003, p. 140.

[12] No Brasil, algumas das mais profundas considerações sobre o tema podem ser encontradas na dissertação de Sérgio Roberto Rios do Prado; contudo, não se trata de um estudo específico, tampouco com enfoque em Teoria do Estado e do Direito. PRADO, Sérgio Roberto Rios do. *Descentralização do aparelho do Estado e empresas estatais*: um estudo sobre o setor público descentralizado brasileiro. Dissertação (Mestrado em Economia) – Instituto de Economia da Unicamp, Campinas, 1985. Disponível em: http://repositorio.unicamp.br/jspui/bitstream/REPOSIP/285742/1/Prado_SergioRobertoRiosdo_M.pdf. Acesso em: 19 de junho de 2012.

INTRODUÇÃO

A base metodológica fundamental para o desenvolvimento de nosso trabalho é o método materialista histórico apresentado pelo filósofo Karl Marx. Mais especificamente, nos valemos dos aportes trazidos pela teoria materialista do Direito desenvolvida pelo jurista russo Evgeni Pachukanis, que contribuiu decisivamente para uma melhor aplicação do método marxiano ao campo do Direito e da ciência política.

Do ponto de vista procedimental-metodológico, a fim de que os elementos anteriormente mencionados possam ser organizados e apresentados, abordaremos os temas do presente trabalho da maneira a seguir detalhada.

Em primeiro lugar, estudaremos e apresentaremos os pensadores que podem ser considerados como integrantes da teoria da derivação do Estado. Eles estão organizados em dois grupos principais: os alemães e os britânicos. Pode ser difícil indicar com precisão quais seriam todos os integrantes do debate derivacionista. No presente estudo, servimo-nos das referências da literatura especializada cotejada com a análise das ideias e argumentos de tais pensadores que permite apontar como eles estão alinhados dentro dos contornos gerais da teoria da derivação do Estado. Mesmo assim, reconhecemos que, muitas vezes, a exclusão ou inclusão de um pensador sempre pode ensejar polêmica, sobretudo quando se trata de um interlocutor que dialoga com tal teoria e, portanto, participa de alguma maneira do "debate da derivação do Estado" (*Staatsableitungsdebatte*).

Em segundo lugar, procederemos a uma contextualização da teoria da derivação do Estado. Trata-se de uma tarefa dupla: primeiro, situaremos a teoria derivacionista em relação às principais correntes de pensamento que estão no seu entorno: o stalinismo (doutrina que permaneceu impregnada na União Soviética até sua dissolução); a teoria do capitalismo monopolista de Estado; a Escola de Frankfurt (mais particularmente, a sua segunda geração, representada, sobretudo, por Jürgen Habermas e Claus Offe); a filosofia de Nicos Poulantzas (e alguns aspectos da de Miliband). Nosso propósito, aqui, é apontar como o derivacionismo procura ser uma alternativa teórica no interior do marxismo, na tentativa de explicar: as relações entre política e economia; o funcionamento e os limites do poder de intervenção estatal no capitalismo; a razão pela qual o Estado de bem-estar social constitui, na expressão dos derivacionistas, uma "ilusão". Num segundo momento, descreveremos resumidamente a situação histórico-econômica na qual a Alemanha e o Reino Unido se encontravam quando do surgimento dessa teoria (semelhante à da Europa ocidental em geral e, em certa medida, do mundo como um todo). Conforme será detalhado, trata-se de um momento de crise econômica, de profundas agitações sociais, de rearranjo de forças políticas e de mudanças partidárias significativas nos governos dos Estados.

Finalmente, no terceiro eixo procederemos propriamente à abordagem da teoria da derivação do Estado. O estudo aqui apresentando, que constitui a maior parte de nossa exposição, apoia-se nas duas anteriores, iniciando-se a partir da análise do texto inaugural da teoria da derivação do Estado, das críticas a ele feitas e do debate estabelecido internamente a partir de então.

Nesse ponto, algumas questões – relacionadas com a epistemologia marxista – podem ser destacadas: (i) a percepção de que o embate a respeito dos "dois" Marx (juventude e maturidade) perpassa as correntes envolvidas no debate; (ii) como as linhas de argumentação existentes priorizam mais a análise do capital ou então o estudo do desenvolvimento da luta de classes; (iii) como a compreensão a respeito da relação entre forma jurídica e forma mercantil é apontada por alguns autores como metodologicamente essencial para fundamentar uma explicação a respeito da derivação do Estado (neste último ponto, perceberemos que a interlocução com a teoria de Evgeni Pachukanis se fez essencial).

Ademais, na terceira parte, além de questões de ordem metodológica, mostraremos as argumentações iniciais que dão origem à teoria da derivação do Estado e à denominada "Escola Lógica do Capital", esta última preocupada diretamente com o exame da forma e funções inerentes ao Estado na economia capitalista. Em seguida, mostraremos algumas das críticas feitas aos primeiros pensadores da derivação, inclusive as elaboradas por aqueles que defendem a necessidade de incluir na reflexão sobre o Estado o estudo a respeito do Direito e seu papel na reprodução do capital. Esta parte conduzirá a outras controvérsias, que versam sobre a distinção e a complementaridade entre constituição formal e histórica do Estado. Neste ponto, alguns pensadores envolvidos no debate apontarão a existência de um viés excessivamente funcionalista na teoria da derivação do Estado, cujo reparo deveria ser feito por meio de demonstrações empíricas, capazes de evidenciar a causa da ocorrência de certos fenômenos – sobretudo a forma adquirida pelo Estado e do Direito contemporaneamente – no curso da história das transformações econômicas. As discussões sobre este tema, que divide opiniões entre os envolvidos nas celeumas, suscitarão ainda o exame sobre: a ruptura e a funcionalidade da legalidade no capitalismo e o papel da luta de classes e seus efeitos no nível político e estatal. Por fim, dois pontos atrelados aos anteriores são abordados: a economia mundial e as crises econômicas. Tais assuntos estão relacionados entre si e com os anteriores, uma vez que o Estado no capitalismo, historicamente, tem desempenhado suas atividades numa realidade na qual o fluxo de capital, trabalho e mercadorias se expande internacionalmente e tem praticado intervenções diante das diversas crises econômicas do passado e do presente. Serão justamente estes dois últimos tópicos que irão marcar os escritos posteriores de grande parte dos pensadores originalmente envolvidos no debate da derivação, contudo, em discussões cada vez mais isoladas entre si, o que conduzirá a uma dispersão dos círculos teóricos existentes naquele período, um momento sobre qual não nos deteremos profundamente nessa oportunidade, mas permanecerá como um possível caminho a ser seguido no futuro.

Capítulo I

OS PENSADORES DO DEBATE DA DERIVAÇÃO DO ESTADO

Os principais pensadores alemães do debate derivacionista são oriundos dos círculos universitários de Berlim e Frankfurt. São eles: Rudolf Wolfgang Müller,[1] Christel Neusüß,[2] Elmar Altvater,[3] Bernhard Blanke,[4] Ulrich Jürgens,[5] Joachim Hirsch,[6] Freerk Huisken,[7] Margaret

---

[1] Professor de Ciência Política da Universidade de Hannover. Nascido em 1934 em Kobe no Japão, graduou-se na Alemanha.

[2] Nascida em 1937, professora de Economia Política da Faculdade de Economia e Direito de Berlim.

[3] Nascido em 1938, professor do Departamento de Ciência Política da Universidade Livre de Berlim.

[4] Nascido em 1943, professor de Ciência Política na Faculdade de Ciências Sociais, História e Filosofia da Universidade de Hannover. Diretor do Instituto de Ciência do Estado da Faculdade de Direito da Universidade de Hannover.

[5] Nascido em 1943, professor do Departamento de Ciência Política da Universidade Livre de Berlim.

[6] Nascido em 1938, professor de Ciência Política no Departamento de Ciências Sociais da Universidade de Frankfurt.

[7] Nascido em 1941, professor de Economia Política do setor de educação da Universidade de Bremen.

Wirth,[8] Claudia von Braunmühl,[9] Heide Gerstenberger,[10] Sybille von Flatow e Hans Kastendiek.[11] Todos eles estiveram vinculados à revista intitulada *Probleme des Klassenkampfs* – *Problemas da luta de classes* – (conhecida como *Prokla*),[12] periódico berlinense para o qual contribuíram pensadores conhecidos mundialmente, como Louis Althusser, Nicos Poulantzas, Noam Chomsky, Andre Gorz, David Harvey, Étienne Balibar, Naomi Klein, dentre outros. Dentre autores mencionados anteriormente, dois deles – Wolfgang Müller e Christel Neusüß – foram responsáveis pela redação de um artigo que se convencionou como marco inicial da teoria derivacionista do Estado, cujo título era "A ilusão do Estado Social e a contradição entre trabalho assalariado e capital" – *Die Sozialstaatsillusion und der Widerspruch von Lohnarbeit und Kapital* –, cuja primeira edição foi publicada em 1970 na revista Política Socialista – *Sozialistische Politik (Sopo)* – sendo posteriormente republicado na *Prokla*[13] (pelas razões que veremos a seguir), em edição que contém apenas dois artigos, dentre eles o de Müller e Neusüß.

---

[8] Professora de ciência política da Universidade de Bremen. Nascida em 1943, em Oxford, na Inglaterra, graduou-se na Alemanha.

[9] Nascida em 1944, professora na área de Ciências Políticas na Universidade de Bielefeld e professora visitante da Universidade de Edinburgo e de Viena.

[10] Nascida em 1940, professora de Teoria do Estado e da Sociedade da Universidade de Bremen.

[11] Professor de Cultura Americana e Britânica na Faculdade de Filosofia da Universidade Técnica de Chemnitz-Zwickau na Alemanha.

[12] Ver: Prokla: Zeitschrift für kritische Sozialwissenschaft. Disponível em: http://www.prokla.de. Acesso em: 5.05.2011. A primeira publicação dos autores encontra-se em: MÜLLER, Rudolf; WOLFGANG; NEUSÜß, Christel. *Die Sozialstaatsillusion und der Widerspruch von Lohnarbeit und Kapital*. Disponível em: http://www.dearchiv.de/php/dok.php?archiv=sop&brett=sopo70&fn=mueller.270&menu=sopinh. Acesso em: 5 de maio de 2011.

[13] Disponível em: http://www.prokla.de/wp-content/uploads/1971/Prokla--Sonderheft1.pdf. Acesso em: 5 de maio de 2011.

CAPÍTULO I - OS PENSADORES DO DEBATE DA DERIVAÇÃO DO ESTADO

Entre os pensadores britânicos que integram a teoria derivacionista, destacamos John Holloway,[14] Sol Picciotto,[15] Bob Jessop[16] e dois interlocutores de destaque: Werner Bonefeld[17] e Simon Clarke.[18] A publicação que marca o debate da derivação no âmbito inglês é a obra intitulada *State and capital: a marxist debate*, organizada por Holloway e Picciotto.[19] O texto inicial do livro, após uma introdução dos organizadores, é justamente o artigo, em inglês, de Müller e Neusüß, mencionado anteriormente, numa versão resumida[20] (uma versão integral havia sido publicada três anos antes na revista norte-americana *Telos*),[21] seguido de textos de Elmar Altvater, Joachim Hirsch, Bernhard Blanke, Ulrich Jürgens, Hans Kastendiek, Heide Gerstenberger, Helmut Reiche e Claudia Von Braunmühl.

Trata-se de pensadores com formação na área de humanidades (principalmente sociologia e ciência política, mas também Direito,

---

[14] Nascido em Dublin na Irlanda em 1947. Professor de Sociologia da Universidade de Puebla no México, ligado do movimento mexicano zapatista. Professor visitante da Universidade de Leeds na Inglaterra.

[15] Professor de Direito da Universidade Lancaster, Diretor do Programa de Direito Internacional e Relações Internacionais desta mesma Instituição. Foi editor do *International Journal of the Sociology of Law* e da *Social and Legal Studies*.

[16] Nascido em 1946, professor de Sociologia da Universidade de Lancaster.

[17] Professor de Política Alemã e de Teorias Críticas da Economia Política Internacional na Universidade de York no Reino Unido. Participou como professor na pós-gradução da Universidade de Puebla no México. Estudou na Universidade de Marburgo, na Universidade Livre de Berlim e na Universidade de Edinburgo.

[18] Professor de Sociologia da Universidade de Warwick.

[19] HOLLOWAY, John; PICCIOTTO, Sol (Coord.). *State and capital*: a marxist debate. Londres: Edward Arnold, 1978.

[20] MÜLLER, Rudolf Wolfgang; NEUSÜß, Christel. "The 'Welfare-State illusion' and the contradiction between wage labour and capital". *In*: HOLLOWAY, John; PICCIOTTO, Sol (Coord.). *State and capital:* a marxist debate. Londres: Edward Arnold, 1978, pp. 32-39.

[21] MÜLLER, Rudolf Wolfgang; NEUSÜß, Christel. "The 'Welfare-State illusion' and the contradiction between wage labour and capital". *In:* PICCONE, Paul (Coord.). *Telos*. St. Louis, Missouri (USA): Department of Sociology of Washington University, n. 25, 1975, pp. 13-90.

economia e filosofia), que exerceram a atividade docente principalmente em seus respectivos países. Considerando o nascimento deles em meados da década de 30 e 40 do século XX, seus estudos começaram a ser publicados a partir da década de 1960 e assim permanecem até os dias de hoje (por meio de reedições ou publicações de novos escritos), tratando de questões mais específicas ou mais gerais no campo da economia, da sociologia e da política, o que implicou, em certa medida, no enfrentamento de temas diretamente relacionados ao Direito.[22]

Ainda que seja difícil descrever com precisão o modo como tais grupos foram se constituindo, é possível considerar as duas publicações mencionadas anteriormente – a alemã e a britânica – como marcos significativos[23] que evidenciam as posições políticas e teóricas dos autores e o contexto no qual tais textos apareceram.[24]

A publicação do artigo considerado marco inicial da teoria – *A ilusão do Estado Social e a contradição entre trabalho assalariado e capital* – remete ao momento político vivido pelo grupo alemão à época. No prefácio à primeira edição da revista *Prokla*, na qual tal artigo aparece publicado, os editores da revista explicam, em esclarecimento

---

[22] Assinale-se ainda que uma parte do debate se desenvolve nos Estados Unidos por meio do coletivo da "Bay Area" (São Francisco) denominado *Kapitalistate,* fundado por James O'Connor, cujo periódico homônimo, criado em 1973, abrigou algumas publicações dos pensadores da teoria da derivação do Estado.

[23] Cf. BONNET, Alberto R. "*Estado y capital*: debates sobre la derivación y la reformulación del Estado". *In:* REY, Mabel Thwaites (Coord.). *Estado y marxismo*: un siglo y medio de debates. Buenos Aires: Prometeo libros, 2007.

[24] Simon Clarke editou em 1991 uma obra – *The state debate*. Londres: Palgrave Macmillan, 1991. a respeito do debate marxista acerca do Estado, que contou com artigos e contribuições de vários autores ligados à teoria da derivação: Joachim Hirsch, Bob Jessop, John Holloway, Werner Bonefeld, Sol Picciotto, além de Colin Baker e Andrea Wittkowsky. O autor esclarece a interação entre esses pensadores ao mencionar que os textos em questão foram desenvolvidos durante a década 1970 por meio dos grupos de trabalho da Conferência de Economistas Socialistas (CSE – *Conference of Socialists Economists*), que tinha se originado em 1969, como um fórum de economistas preocupados em debater o sistema capitalista, sua crise e os conflitos político-ideológicos daquele momento.

CAPÍTULO I - OS PENSADORES DO DEBATE DA DERIVAÇÃO DO ESTADO

preliminar,[25] que esse periódico surgiu após o Conselho Editorial *(Redaktionskonferenz)* da revista *Política Socialista (Sopo)* ter destituído o coletivo da redação *(Redaktionskollektiv)* – constituído até então por vários pensadores da teoria da derivação. Após um embate judicial decorrente de manobras jurídicas e políticas de membros ligados ao Partido Comunista Alemão (DKP),[26] os antigos membros da *Sopo* foram proibidos de utilizar este nome. Assim, diante da decisão do tribunal, eles se viram obrigados a se associar e criar uma pessoa jurídica própria, tendo como sócios os antigos membros do coletivo da *Sopo*.[27]

Os editores da *Prokla*, dentre os quais se destaca Elmar Altvater – mencionado anteriormente – comentava que naquela época várias revistas haviam sido tomadas por grupos revisionistas e sectários, mesmo não sendo eles responsáveis pela fundação ou construção desses periódicos. Eles citam como exemplo, a *Kürbiskern, Extradienst, Argument*[28] pelo *Sozialistische Einheitspartei Westberlins (SEW)*[29] e pelo *Deutsche Kommunistische Partei (DKP)*[30] e a *Rote Presse Kor respondenz*[31] pelo *Kommunistische Partei Deutschlands (KPD)*.[32] Eles denunciavam que os métodos adotados pelos revisionistas, em todos os casos, eram semelhantes: realizar golpes políticos e apelar, juntamente, para o Direito

---

[25] *Probleme des Klassenkampfs*: Zeitschrift für politische Ökonomie und sozialistis che Politik. Erlangen: [editora] Politladen, Sonderhefte [edição especial], n. 1, jun. 1971, p. 1. Disponível em: http://www.prokla.de/wp/wp-content/uploa-ds/1971/Prokla--Sonderheft1.pdf. Acesso em: 13 de janeiro de 2011.

[26] Deutsche Kommunistische Partei (DKP).

[27] Cf. *Probleme des Klassenkampfs*: Zeitschrift für politische Ökonomie und sozialistis che Politik.Erlangen: [editora] Politladen, Sonderhefte [edição especial], n. 1, jun. 1971. Disponível em: http://www.prokla.de/wp/wp-content/uploa-ds/1971/Prokla-Sonderheft1.pdf. Acesso em: 13 de janeiro de 2011, p. 1.

[28] Em uma tradução literal: Semente de abóbora, Serviço Extra e Argumento.

[29] Partido Unificado Socialista de Berlim Ocidental.

[30] Partido Comunista Alemão.

[31] Correspondente da imprensa vermelha.

[32] Partido Comunista da Alemanha.

burguês.[33] Os membros da *Prokla* afirmavam ainda que nos últimos anos havia se desenvolvido um debate sobre a linha e o conteúdo político da revista *Sopo* e a respeito da relação a ser estabelecida com os grupos estudantis universitários e de trabalhadores na Alemanha ocidental, discussões estas que foram interrompidas pela usurpação da revista, tornada, por meio da "utilização do Direito burguês", "linha de frente e instrumento" do DKP/SEW, segundo as palavras dos membros da *Prokla*,[34] antigos integrantes da *Sopo*.

De outra parte, a obra *State and Capital: a marxist debate* – grande marco do derivacionismo britânico – já se apresentava em um momento no qual o debate alemão estava relativamente desenvolvido, mas ainda pouco difundido fora das fronteiras germânicas. Holloway e Picciotto, portanto, procuravam, ao mesmo tempo, analisar e trazer à tona uma nova contribuição marxista no estudo do Estado e do Direito. Ao comentar um dos objetivos da obra, seus organizadores descreviam o contexto no qual estavam situados:

> Vamos começar por olhar a maneira pela qual o Estado é analisado por esses autores, os teóricos políticos e economistas, que atualmente exercem influência na discussão marxista no país. Em nossa opinião, há uma dicotomia subjacente no debate na Grã-Bretanha. Algumas análises prestam pouca ou nenhuma atenção para a especificidade da política e argumentam (ou mais frequentemente assumem) que as ações do Estado fluem mais ou

---

[33] Ironicamente, os pensadores da teoria da derivação também se valeram dos Tribunais para tentar garantir o seu controle sobre a revista Sopo. Justificaram sua ação afirmando que não havia outro recurso senão utilizar-se desse mecanismo, uma vez que seus adversários, secretamente, haviam registrado para si a revista na junta comercial. Cf. *Probleme des Klassenkampfs*: Zeitschrift für politische Ökonomie und sozialistische Politik, Erlagen: Sonderhefte. Politladen, n. 1, jun. 1971, p.2. Disponível em: http://www.prokla.de/wp/wp-content/uploa-ds/1971/Prokla-Sonderheft1.pdf. Acesso em: 13 de janeiro de 2011.

[34] *Probleme des Klassenkampfs*: Zeitschrift für politische Ökonomie und sozialistische Politik, Erlagen: Sonderhefte. Politladen, n. 1, jun. 1971, p. 1. Disponível em: http://www.prokla.de/wp/wp-content/uploa-ds/1971/Prokla-Sonderheft1.pdf. Acesso em: 13 de janeiro de 2011.

CAPÍTULO I - OS PENSADORES DO DEBATE DA DERIVAÇÃO DO ESTADO

menos diretamente das exigências do capital: tais análises às vezes são acusadas de 'reducionismo' ou 'determinismo econômico'. Outras análises, em reação a esta abordagem, têm insistido na 'autonomia relativa' do político, negando (ou mais frequentemente com vista sobre) a necessidade de teóricos da política prestarem muita atenção para as condições de acumulação do capital: esta tendência talvez possa ser chamada de 'politicista'. O que ambos os polos dessa dicotomia (...) têm em comum é uma teorização inadequada da relação entre o econômico e o político como formas distintas das relações sociais capitalistas. A única maneira de avançar, segundo nossa sugestão, é romper com essa dicotomia através do desenvolvimento de uma teoria adequada dessa relação, uma teoria que fundamentada tanto na especificidade do político e do desenvolvimento de formas políticas a partir da análise da produção capitalista. Este é precisamente o objetivo do atual debate alemão. Depois de elaborar a nossa crítica das teorias do Estado atual na Grã-Bretanha, delinearemos o curso deste debate, explorando alguns de seus pontos fracos e iremos sugerir maneiras pelas quais a análise deve ser levada adiante.[35]

Criticar a ilusão "das políticas de bem-estar social" e as "teorias tradicionais sobre o Estado", quebrar a dicotomia entre "economicismo e politicismo", tais referências vão mostrando o momento vivenciado pelos pensadores marxistas alemães e britânicos naquela década.

Além do debate na Europa, os desdobramentos desse debate nos Estados Unidos a partir do periódico *Kapitalistate*,[36] publicado entre os anos de 1973 e 1983 como resultado da articulação entre coletivos organizados em diversas localidades do mundo – Estados Unidos (San Francisco, California; Madison, Wisconsin; Boulder, Colorado);

---

[35] HOLLOWAY, John; PICCIOTTO, Sol. "Introduction: towards a materialist theory of the state". *In*: HOLLOWAY, John; PICCIOTTO, Sol (Coord.). *State and capital*: a marxist debate. Londres: Edward Arnold (Publishers) Ltd., 1978, pp. 2-3. Tradução nossa.

[36] *Kapitalistate:* the working papers on the capital state. Disponível em: https://www.ssc.wisc.edu/~wright/kapitalistate.htm. Acesso em: 16 de maio de 2020.

Alemanha; Itália; Reino Unido e Canadá. Dentre eles, o coletivo da área da baía de São Francisco – *San Francisco Bay Area* – teve atuação de destaque, sob a liderança do professor James O'Connor.

As edições de *Kapitalistate* contém publicações de pesquisas de diversos pensadores do mundo, que tratam de temas ligados essencialmente a sociologia, história, economia, ciências políticas e Direito. Mais especificamente, nota-se o desenvolvimento de uma teoria crítica preocupada em compreender as mudanças em curso, seja no campo da política (e.g. declínio do Estado de bem-estar social e crescimento do neoliberalismo), da economia (e.g. crise estrutural do capitalismo) e da sociedade (e.g. ascensão de novos movimentos sociais e desaglutinação da classe trabalhadora em torno espaços políticos tradicionais, como partidos e sindicatos).

Kapitalistate foi publicado em solo germânico, mas a partir da reunião de pensadores em território estadounidense, cujo contexto político-econômico era semelhante ao da Europa, onde se desenvolveu o debate da derivação do Estado. Evidentemente, o fato de haver uma coincidência do ponto de vista temporal faz com que os artigos publicados pelo grupo dos Estados Unidos e o da Europa apresentem pontos de convergência.

No capítulo a seguir, apresentamos uma breve descrição do contexto histórico (econômico, governamental e político-social) existente entre as décadas de 1970 e 1980 na Alemanha, a Inglaterra. De antemão, cabe destacar que em linhas gerais elas são semelhantes aos dos Estados Unidos da América, no qual se observa: (i) no *plano econômico*, os Estados Unidos enfrentava o primeiro sinais de crise, pois apesar do crescimento em 1967 (2,7%), ele foi bem menos animador que os anteriores (em 1966 o crescimento atingira seu pico, 6,6%), de modo que nos anos seguintes, crises sucessivas apareceriam: crescimento de apenas 0,2% em 1970 e recessão nos anos de 1974, 1975, 1980 e 1982 (com PIB encolhendo 1,9%).[37] Veremos que tanto o debate da derivação do

---

[37] THE ORGANIZATION FOR ECONOMIC CO-OPERATION AND DEVELOPMENT (OECD). *Domestic Product*. Disponível em: https://data.oecd.org/gdp/real-gdp-forecast.htm#indicator-chart. Acesso em: 16 de maio de 2020.

CAPÍTULO I - OS PENSADORES DO DEBATE DA DERIVAÇÃO DO ESTADO

Estado quanto o coletivo *Kapitalistate* se desenvolveram neste ambiente de pessimismo econômico; (ii) no *plano governamental*, os partidos de esquerda haviam obtido importantes vitórias na década de 1960 e 1970, porém, no caso dos norte-americanos, a guinada neoliberal levou a eleição, em 1980, do republicano Ronald Reagan presidente dos Estados-Unidos, que governou até 1989, sendo sucedido pelo também republicano George W. Bush, que governou de 1989 a 1993. (iii) no plano político-social, a década de 1960 foi marcada pelo início do declínio da organização sindical e pela ascensão de outros movimentos sociais (neste período ocorreram episódios marcantes, tais como a Marcha sobre Washington, em 1963, liderada por Martin Luther King, que veio a ser assassinado em 1968; a criação dos Panteras Negras, em 1966, e a prisão da líder Angela Davis, em 1970; os protestos contra a guerra do Vietnã, entre 1964-1973; a "segunda onda feminista", pós 1960, com o movimento de "liberação das mulheres" – *women's liberation* – sob a liderança de Carol Hanisch).

Com dito, o cenário acima descrito assinala diversos aspectos comuns entre a realidade dos Estados Unidos – onde se desenvolveu o *Kapitalistate* – e da Europa – na qual surgiu o debate da derivação do Estado. No plano da produção acadêmica, havia um esforço em desfazer a ilusão acerca do poder do Estado para atender as demandas sociais e evitar as crises econômicas cíclicas. Uma crítica feita dentro de uma linha marxista de pensamento que, portanto, evitava armadilhas do neoliberalismo e do monetarismo, que sob certa ótica, também criticava as intervenções do Estado na economia e na área social.

Não existe mera coincidência temática entre o debate da derivação do Estado e o coletivo *Kapitalistate*. Na realidade, este último pode ser considerado uma espécie de desdobramento das sementes lançadas pelos pensadores alemães e fruto da influência do althusserianismo orginário da França.[38] Não por acaso, parte dos derivacionistas

---

[38] WRIGHT, Erik Olin. "Introductory Comments to Alternative Perspectives in Marxist". *In:* LEVINE, Rhonda F. (Ed.). *Enriching The Sociological Imagination:* How Radical Sociology Changed The Discipline. Boulder: Paradigm Publishers, 2005, p. 251. Disponível em: https://books.google.com.br/books/about/Enriching_The_

contribuíram com artigos que foram publicados em edições do *Kapitalistate*, como Joachim Hirsch, Bob Jessop, Elmar Altvater e Simon Clarke, bem como alguns artigos de *Kapitalistate* são espécies de resenhas de artigos publicados anteriormente por autores participantes do debate da derivação do Estado, como Claudia von Braunmühl, John Holloway e Sol Picciotto.

Conforme dissemos, uma das principais obras de referência do debate da derivação do Estado é um livro organizado por John Holloway e Sol Picciotto denominado *State and Capital*.[39] Em uma das edições de *Kapitalistate* há uma resenha voltada justamente à análise dessa obra de Holloway e Picciotto.[40] A autora, Margaret A. Fay, publicou o artigo em 1978, um ano antes de sua precoce morte (a edição n. 8 de 1980 foi dedicada à memória dela). A resenha da autora pode ser aqui resumida a partir de dois recortes.

Em um primeiro movimento do texto, a autora destaca a importância e méritos da obra *State and Capital,* incluindo nessa análise o próprio artigo introdutório de Holloway e Picciotto. Neste ponto, um dos problemas apontados refere-se à falta de unidade teórica entre os diversos pensadores que participam do debate da derivação do Estado[41] (razão pela qual, alertamos em outra ocasião acerca das dificuldades

---

Sociological_Imagination.html?id=A50yRCY59FoC&redir_esc=y. Acesso em: 16 de maio de 2020.

[39] HOLLOWAY, John; PICCIOTTO, Sol (eds.). *State and Capital:* A Marxist Debate. Londres: Edward Arnold, 1978.

[40] FAY, Margaret A. "Review of John Holloway and Sol Picciotto (eds.), State and Capital: A Marxist Debate". SAN Francisco Bay Area Kapitalistate Group. *Kapitalistate:* the working papers on the capital state. Gaiganz/Ofr. (Bundesrepublik Deutschland): Politladen Erlangen, n. 7, pp. 130-152, 1978. Disponível em: https://www.ssc.wisc.edu/~wright/Kapitalistate/Kapitalistate7.pdf. Acesso em: 1º de junho de 2015.

[41] FAY, Margaret A. "Review of John Holloway and Sol Picciotto (eds.), State and Capital: a Marxist Debate". SAN Francisco Bay Area Kapitalistate Group. *Kapitalistate:* the working papers on the capital state. Gaiganz/Ofr. (Bundesrepublik Deutschland): Politladen Erlangen, n. 7, pp. 130-152, 1978, p. 136. Disponível em: https://www.ssc.wisc.edu/~wright/Kapitalistate/Kapitalistate7.pdf. Acesso em: 1º de junho de 2015.

CAPÍTULO I - OS PENSADORES DO DEBATE DA DERIVAÇÃO DO ESTADO

em se falar em uma teoria da derivação do Estado). Como exemplo ilustrativo, veja-se a discrepância entre Elmar Altvater, que centraliza sua análise na relação entre as várias frações do capital, e Joachin Hirsch, que trata da derivação do Estado a partir da relação entre capital e trabalho. No segundo movimento do texto, a autora procura adentrar propriamente ao mérito do debate, destacando alguns dos autores e os argumentos envolvidos na tentativa de estabelecer uma derivação do Estado a partir do estudo das relações sociais do modo de produção capitalista.

Em suma, o coletivo *Kapitalistate*, sem dúvida nenhuma, se relaciona profundamente com o debate da derivação do Estado, porém, como dito anteriormente, optamos por concentrar nossa análise sobretudo naqueles que poderiam ser considerados os participantes originários germânico-britânicos do debate.

Esse conjunto de breves remissões serve para indicar que a localização histórico-geográfica mais apurada desses pensadores e suas teorias nos ajudarão a compreender a origem e o movimento dos debates empreendidos pelos pensadores do derivacionismo. Nosso objetivo, portanto, a seguir, será mostrar com mais precisão o entorno teórico existente à época e apontar em que contexto histórico os pensadores em questão estão situados.

Capítulo II
CONTEXTUALIZAÇÃO DA TEORIA DERIVACIONISTA DO ESTADO

Nosso propósito, neste capítulo, é estabelecer duas contextualizações: uma teórica e outra histórico-social. A primeira remete a um panorama do pensamento marxista naquele período, especialmente às vertentes e temáticas que predominavam à época. A segunda refere-se à situação histórica concreta – política, econômica, social etc. – na qual o derivacionismo aparece na Alemanha Ocidental e posteriormente no Reino Unido.

2.1 Entorno teórico

Há pelo menos três vertentes teóricas marxistas com relação às quais a teoria derivacionista do Estado procura se opor e se diferenciar. A primeira, e mais importante, é o pensamento stalinista, assumido institucionalmente pela União Soviética, difundido em escala mundial por meio da poderosa estrutura daquele país e reconhecido como doutrina "oficial" por diversos partidos comunistas ao redor do planeta, inclusive na Alemanha oriental e ocidental. A segunda corrente do pensamento marxista é a Escola de Frankfurt (expoente do "marxismo ocidental",[42] ambígua denominação aos pensadores não alinhados com

---

[42] Trata-se de uma obra que se estabelece a partir de *Les aventures de la dia lectique*, de Merleau-Ponty, na qual o filósofo francês afirma que o marxismo ocidental se inicia com *História e consciência de classe*, de Georg Lukács.

os soviéticos), mais particularmente sua segunda geração, cujo conjunto de pensadores constitui um dos núcleos mais organizados e influentes que divergiam da doutrina soviética stalinista e, ao mesmo tempo, não renunciavam aos pressupostos teóricos do marxismo, ainda que suas vertentes tenham variações consideráveis. A terceira corrente abrange os marxistas franceses e, particularmente, no tocante à abordagem do Estado, o filósofo francês Nicos Poulantzas (1936-1979).

De todos os assuntos tratados criticamente pela escola derivacionista que são encontrados nas correntes acima mencionadas, dois podem ser destacados: a concepção de Estado como instrumento da classe dominante e a autonomia relativa do Estado em relação à economia. Conforme veremos a seguir, a primeira questão irá remeter diretamente à primeira vertente acima mencionada (stalinismo). A segunda irá se relacionar com as duas outras correntes (Escola de Frankfurt e a teoria do Estado de Poulantzas). Vejamos, então, cada uma dessas questões separadamente.

2.2 A concepção de Estado como instrumento da classe dominante

2.2.1 Aspectos iniciais

Um dos lugares-comuns mais difundidos a respeito do marxismo é a ideia de que tal doutrina enxerga o Estado como mero instrumento da classe dominante, inclusive no capitalismo. De fato, é correto afirmar que essa visão existe no marxismo; no entanto, trata-se de uma perspectiva particular, que abrange certos pensadores marxistas, não sua totalidade. O que se pode observar (e mostraremos mais adiante) é que a ideia de Estado-instrumento é criticada por diversas correntes marxistas, inclusive por aqueles que integram a teoria da derivação do Estado.

Existem motivos que levaram à difusão, em escala mundial, da concepção de Estado como instrumento da classe. Vejamos essa questão e por meio de quais pensadores e argumentos ela se constituiu.

CAPÍTULO II - CONTEXTUALIZAÇÃO DA TEORIA DERIVACIONISTA DO ESTADO

De todas as teorias marxistas surgidas no século XX, uma delas teve particular destaque, não propriamente por sua consistência e sofisticação, mas especialmente porque se disseminou em âmbito mundial por intermédio da União Soviética e dos países que estavam sob sua influência. Trata-se do stalinismo.

O stalinismo surgiu com a ascensão de Joseph Stalin (1878-1953) ao governo da União Soviética após a morte de Lenin (1924), que assumira o comando do país após a Revolução Russa de 1917. No campo político-jurídico, o jurista Andrey Vichinsky (1883-1954), que atuou como Procurador Geral da União Soviética, tornar-se-ia um dos mentores intelectuais das teorias sobre o Estado e o Direito durante o governo de Joseph Stalin (1924-1953).

A estrutura da União Soviética permitiu a criação de uma poderosa força bélica e de uma máquina de propagação de ideias numa escala nunca vista antes na história do marxismo, fazendo assim com que a doutrina stalinista fosse difundida mundialmente. O Comitê Central do Partido Comunista Soviético converteu-se no porta-voz da doutrina marxista "oficial", segundo a qual desvios teóricos, inclusive de outros marxistas, constituíam uma ameaça a ser combatida de todas as formas. No Brasil, o stalinismo penetrou profundamente no Partido Comunista do Brasil (originalmente PCB e posteriormente desmembrado noutro partido, o PC do B), sendo a sua cisão decorrência justamente do embate entre as correntes stalinistas e não stalinistas que se formaram no seu interior.

A visão soviético-stalinista difundiu a ideia de que o Estado, e consequentemente o Direito originado por este, eram instrumentos historicamente utilizados pelas classes dominantes para exploração dos trabalhadores. Nessa perspectiva, não se explicitavam as especificidades do Estado e Direito com o advento do capitalismo, razão pela qual eram vistos como formas gerais da organização da política e do exercício da força que possibilitavam a exploração econômica de uma classe por outra.[43]

---

[43] Uma crítica pormenorizada a respeito do stalinismo pode ser encontrada em FABRÈGUES, Bèrnard. "Staline, la lutte des classes, l'État." *Communisme*, Paris, n. 24, set-out, 1976, pp. 15-49.

As decorrências dessa concepção jurídico-estatal eram significativas. Se o Estado e o Direito correspondem ao interesse da classe dominante, então seria necessário apenas que a classe trabalhadora assumisse o comando do Estado e, instalando a "ditadura do proletariado", mudasse as leis, passando a conduzir a atividade estatal conforme seu interesse. Esse tipo de ideia pode ser verificado, por exemplo, num clássico fragmento de uma das obras de Stalin na qual ele trata a respeito do Estado:

> O Estado é uma máquina nas mãos da classe dominante para afastar a resistência dos seus adversários de classe. *Neste sentido*, a ditadura do proletariado não se distingue essencialmente em nada da ditadura de qualquer outra natureza ou classe, dado que o Estado proletário é uma máquina para afastar a burguesia. Mas existe aqui uma diferença *essencial*. Essa diferença consiste em que todos os Estados de classe existentes até agora eram a ditadura de uma minoria exploradora sobre uma maioria explorada, enquanto a ditadura do proletariado é a ditadura da maioria explorada sobre a minoria exploradora.[44]

Ainda que Stalin insistisse que a ditadura do proletariado não era "simples mudança de pessoa dentro de um governo, uma mudança de 'gabinete' etc.",[45] mas "expropriação dos latifundiários e capitalistas, da socialização dos instrumentos e meios de produção fundamentais",[46] o problema essencial se resumia à questão da propriedade privada (sua mera transferência jurídica para o Estado). O escravagismo, o feudalismo e o capitalismo tinham sua distinção fundamental no fato de *quem* era proprietário e sobre *o que* ou *quem* a propriedade era exercida,[47]

---

[44] STALIN, Joseph. *Fundamentos do Leninismo*. vol. 33. São Paulo: Global, p. 51.

[45] STALIN, Joseph. *Fundamentos do Leninismo*, vol. 33. São Paulo: Global, p. 50.

[46] STALIN, Joseph. *Fundamentos do Leninismo*, vol. 33. São Paulo: Global, p. 50.

[47] "Materialismo histórico e materialismo dialético". *In*: PAULO NETTO, José (Coord.). STALIN. São Paulo: Ática, 1982, pp. 149-150.

CAPÍTULO II - CONTEXTUALIZAÇÃO DA TEORIA DERIVACIONISTA DO ESTADO

Dentro dessa linha de raciocínio, portanto, o Estado somente aparece com um papel genérico, indiferente em cada um dos períodos: garantir a propriedade privada e a exploração de uma classe por outra.

Essa visão perdurou mesmo após o fim "oficial" do stalinismo em 1956, três anos após a morte de Stalin, quando o então ministro Krushev, no XX Congresso do Partido Comunista, deflagrou a autocrítica marxista, condenando publicamente os abusos perpetrados pelo antigo governante.[48] Assim, é possível apontar que, até os últimos momentos da União Soviética em 1991, as publicações patrocinadas pelos soviéticos mantiveram a visão acima mencionada a respeito do Estado e do Direito, que continuavam a ser difundidas mundo afora, inclusive no Brasil, conforme se lê na seguinte obra, fruto da doutrina oficial de Moscou:

> A experiência milenária da humanidade comprova que o Estado de *qualquer tipo histórico e de qualquer formação socioeconómica* é, quanto à sua essência, um *instrumento* do poder político *da classe* (ou classes) que exerce o domínio econômico. Por exemplo, o Estado escravista (mesmo na república mais democrática, como, por exemplo, Atenas na época do seu florescimento) era um órgão da ditadura dos senhores de escravos; o Estado feudal (também nos países do Leste) era um instrumento da ditadura dos feudais; o Estado burguês, que substituiu o feudalismo em resultado das vitórias das revoluções burguesas no século XVII na Inglaterra, no século XVIII em França e no século XIX no Japão, é a organização política do domínio de classe da burguesia. (...) Portanto, *o Estado de qualquer tipo histórico* é uma organização do domínio político inerente à sociedade de classe. Traduz e *defende os interesses de uma determinada classe* ou classes.[49]

---

[48] A autocrítica não alterou substancialmente a doutrina stalinista a respeito do Estado. Cf. FABREGUÈS, Bèrnard. "Staline, la lutte des classes, l'État". *Communisme*, Paris, n. 24, set-out, 1976, pp. 47-48.

[49] TCHÍRKINE, V.; IÚDINE, Iú. *O Estado de orientação socialista*. Moscou: Progresso, 1983, p. 10. Grifos nossos.

A citação acima evidencia as ideias de que o Estado é o instrumento de poder político da classe dominante que subsiste em qualquer forma econômica da história (escravagismo, feudalismo, capitalismo). Nesse mesmo sentido estão as ideias de outro autor do mesmo período, também alinhado com a corrente oficial soviética:

> O Estado é a 'violência organizada' – assinalava Lenin, ao caracterizar as concepções de Marx e Engels. Surgiu em determinada fase do desenvolvimento, quando a *sociedade* se dividiu em classes e *sentiu necessidade de um 'poder'*, aparentemente colocado acima dela, para conciliar os diferentes interesses de classe. O Estado tornou-se, na realidade, o poder da classe dominante. O Estado antigo era o aparelho dos escravistas para manter os escravos submetidos; o Estado feudal ajudava a nobreza e a igreja a sujeitar os camponeses servos. O *Estado burguês*, mesmo sob a forma da república parlamentar, *é o instrumento que os capitalistas utilizam* para explorar os operários.[50]

Ainda que o sob o governo de Stalin tenha se dado o impulso para a difusão da concepção de Estado instrumento (correspondente dos interesses da classe dominante), não se pode dizer que se trata de uma formulação exclusivamente stalinista. Ela pode ser identificada desde a origem do marxismo, inclusive nas próprias ideias de Friedrich Engels, companheiro intelectual de Marx, pois

> (...) enquanto Marx faz a sua investigação a partir do Estado *moderno* ou burguês e da sua especificidade histórica, Engels elabora a sua com a proposição – tanto para o Estado como para a família e a propriedade – daquilo que Marx definia como o "romance das origens". Para um [Marx], o presente e o mais complexo é a chave do passado e do mais simples; para o outro – como para

---

[50] VÓLKOV, G. N. et al. *Fundamentos da doutrina marxista-leninista*. Moscou: Progresso, 1984, p. 63. Destaque nosso.

CAPÍTULO II - CONTEXTUALIZAÇÃO DA TEORIA DERIVACIONISTA DO ESTADO

tantos positivistas – é o passado que explica o presente, fixando uma cadeia evolutiva unilinear.[51]

Dentro dessa perspectiva, argumenta-se que a doutrina soviética promoveu uma "aceitação acrítica das formulações engelsianas do 'Estado-instrumento', 'invenção' das classes dominantes, e a consequente recondução de toda a teoria política e do Direito (reduzida à mera esfera da vontade) dentro de uma teoria geral ahistórica",[52] de modo que o Estado e o Direito apareciam apenas em decorrência da "consciência de classes" oriunda do desenvolvimento das diferentes organizações sociais. Essa visão foi inclusive um obstáculo para os juristas soviéticos não alinhados ao stalinismo (por exemplo, Pachukanis que veremos mais adiante).

O mesmo se pode dizer com relação ao líder revolucionário Lenin, que antecedera Stalin no governo russo e, não obstante a argúcia teórica diferenciada,[53] não fora capaz de captar o Estado moderno na sua especificidade histórica dentro do capitalismo. Conforme explica Umberto Cerroni, Lenin

> (...) tal como Engels, não concebe que existam tipos de organização política em que o poder coactivo não esteja separado do poder econômico (da propriedade), nem que a separação

---

[51] CERRONI, Umberto. *Teoria política e socialismo.* Mira Sintra – Mem Martins: Publicações Europa-América, 1976, p. 127. Destaque nosso.

[52] CERRONI, Umberto. *Il pensiero giuridico sovietico.* Roma: Riuniti, 1969, p. 117. Tradução nossa, destaque nosso. Em português: CERRONI, Umberto. *O pensamento jurídico soviético.* Póvoa de Varzim: Publicações Europa-América, 1976, pp. 123-124.

[53] Umberto Cerroni explica que a evolução teórica de Lenin e seus méritos "(...) não foi, de facto, unilinear pelo menos por duas razões: porque ele descobre (e não 'aplica'!) um Marx que os intérpretes e os comentadores tinham sepultado sob um cúmulo de enfáticas 'integrações' que lesaram gravemente o método científico de Marx e porque o campo da sua experiência intelectual e prática é a Rússia, um país muito diferente, pelas tradições intelectuais e pela estrutura histórico-social, quer do ambiente de Marx, quer do objeto sobre o qual Marx construíra o seu raciocínio (o capitalismo evoluído da Inglaterra)" (*Teoria política e socialismo.* Mira Sintra – Mem Martins: Publicações Europa--América, 1976, p. 95).

moderna diga respeito não só aos 'setores especiais' de homens armados, mas também a todo corpo político e, portanto, ao Estado representativo, que, precisamente por intermédio da representação política (as delegações mediante a eleição), *se separa e se une* ao mundo das atividades produtoras.[54]

Os pensadores do derivacionismo, inclusive, afirmam que a teoria do imperialismo de Lenin é mais relevante do que sua teoria sobre o Estado, apresentada em sua célebre obra *Estado e Revolução*.[55] Isso porque o líder soviético "tende a discutir o Estado em geral, independentemente das formas particulares que ele adota nas várias fases históricas da organização da reprodução material da sociedade".[56] Lenin, portanto, não foi capaz de contribuir decisivamente com considerações que ajudassem a entender como o Estado atua no processo de valorização do capital.

A crítica à Lenin é feita justamente por conta de uma das questões mais sensíveis para a teoria da derivação do Estado: mostrar o capital como pré-condição da particularização do Estado, ou ainda, apontar as especificidades e o papel próprio do Estado com o advento da economia capitalista (o que implica também entender os limites da função do Estado), temas que adiante explicaremos em detalhes.

---

[54] CERRONI, Umberto. *Teoria política e socialismo*. Mira Sintra – Mem Martins: Publicações Europa-América, 1976, p. 131.

[55] LENIN, Vladmir I. *Estado e Revolução. A revolução proletária e o renegado Kautsky*. São Paulo: Sundermann, 2005. Nessa edição reúnem-se dois textos clássicos do líder soviético. Ver: ainda: LENIN, Vladimir. Ilitch. *O desenvolvimento do capitalismo na Rússia*: o processo de formação do mercado interno para a grande indústria. São Paulo: Nova Cultural, (1899) 1985.

[56] MÜLLER, Rudolf Wolfgang; NEUSÜß, Christel. *Die Sozialstaatsillusion und der Widerspruch von Lohnarbeit und Kapital*, p. 10. Disponível em: http://www.derchiv.de/php/dok.php?archiv=sop&brett=SOPO70&FN=MUELLER.270&menu=sopinh. Acesso em: 5 de maio de 2011.Tradução nossa. Em inglês: MÜLLER, Rudolf Wolfgang; NEUSÜß, Christel. "The 'Welfare-State illusion' and the contradiction between wage labour and capital". PICCONE, Paul (Coord.). *Telos*, St. Louis, Missouri (USA): Department of Sociology of Washington University, n. 25, 1975, p. 16.

CAPÍTULO II - CONTEXTUALIZAÇÃO DA TEORIA DERIVACIONISTA DO ESTADO

Certamente, pode haver controvérsia na tentativa de se determinar com precisão quando e a partir de quem surge a visão de Estado-instrumento. Mesmo assim, é possível afirmar com certeza que a visão stalinista compactua desse ponto de vista e que a União Soviética, durante e após o governo de Joseph Stalin, foi a maior responsável pela difusão dessa concepção a respeito do Estado.

A visão stalinista do Direito não foi apenas propagada pela União Soviética e nos países sob sua influência. No Brasil, opositores declarados do marxismo, como o professor Miguel Reale, incumbiram-se de difundir essa visão particular do marxismo, na qual a relação entre o econômico e o político é simplificada e o Direito aparece como instrumento da classe que detém o poder político do Estado. Isso pode ser observado, por exemplo, na explicação de Miguel Reale sobre os fundamentos do Direito:

> Não faltam, evidentemente, outras interpretações do problema do fundamento, entre as quais merece ser lembrada, por sua imensa influência na história de nosso século, a do 'materialismo histórico', segundo o qual o Direito não passa de uma superestrutura governada pela infraestrutura econômica. Embora os marxistas reconheçam certa inter-relação entre o Direito e a economia, não é menos verdade que essa concepção só pode levar à conclusão dos juristas soviéticos, conforme conceito exposto pela maioria dos seus expoentes, de que o Direito é um conjunto de regras coercitivas a serviço da classe dominante, detentora dos meios de produção, seja a burguesia ou o proletariado.[57]

Nesse excerto, é significativo ainda o fato de Miguel Reale destacar tal visão como dominante na maioria dos expoentes jurídicos da União Soviética. O trecho evidencia, por consequência, que pensadores

---

[57] REALE, Miguel. *Lições preliminares de direito*, 22ª ed. São Paulo: Saraiva, 1995, p. 369. Destaques nossos.

marxistas soviéticos que divergiam dessas teses não se sobressaiam. É o caso, por exemplo, de Pachukanis (condenado e morto no regime stalinista), cujas ideias não se alinham com os apontamentos acima, conforme veremos mais adiante.

Além disso, esse fragmento de Miguel Reale reproduz a concepção de uma vertente marxista do Estado que os pensadores da teoria derivacionista, como Müller e Neusüß, consideram equivocada,[58] justamente porque veem o Estado como um "(...) cálice sagrado, que pode ser preenchido com conteúdos capitalistas ou socialistas conforme a situação histórica" e como responsável "(...) pela produção das formas por meio das quais a vida social é reproduzida".[59]

Por fim, podemos apontar que a concepção de Estado-instrumento também subjaz fora do stalinismo nas teorias revisionistas (desde Bernstein, Kautsky e outros até o revisionismo mais contemporâneo) que defendem a possibilidade de construção do socialismo por meio de reformas jurídicas obtidas por meio da tomada gradual do poder estatal pelas classes trabalhadoras. É justamente se insurgindo contra as vertentes revisionistas do marxismo que surge o primeiro texto[60] da teoria derivacionista do Estado.[61]

---

[58] Trata-se de uma questão que será mais bem desenvolvida adiante, quanto tratarmos a respeito da crítica de Müller e Neusüß ao revisionismo.

[59] MÜLLER, Rudolf Wolfgang; NEUSÜß, Christel. *Die Sozialstaatsillusion und der Widerspruch von Lohnarbeit und Kapital*, p. 8. Disponível em: http://www.derchiv.de/php/dok.php?archiv=sop&brett=SOPO70&FN=MUELLER.270&menu=sopinh. Acesso em: 5 de maio de 2011. Tradução nossa. Em inglês: "The 'Welfare-State illusion' and the contradiction between wage labour and capital". PICCONE, Paul (Coord.). *Telos*, St. Louis, Missouri (USA): Department of Sociology of Washington University, n. 25, 1975, p. 14.

[60] A abordagem do conteúdo deste primeiro texto será feita mais adiante.

[61] MÜLLER, Rudolf Wolfgang; NEUSÜß, Christel. *Die Sozialstaatsillusion und der Widerspruch von Lohnarbeit und Kapital*, pp. 7 12. Disponível em: http://www.derchiv.de/php/dok.php?archiv=sop&brett=SOPO70&FN=MUELLER.270&menu=sopinh. Acesso em: 5 de maio de 2011. Em inglês: "The 'Welfare-State illusion' and the contradiction between wage labour and capital". PICCONE, Paul (Coord.). *Telos*, St. Louis, Missouri (USA): Department of Sociology of Washigton University, n. 25, 1975, pp. 13-18.

CAPÍTULO II - CONTEXTUALIZAÇÃO DA TEORIA DERIVACIONISTA DO ESTADO

Assim, conforme veremos adiante, as teorias derivacionistas desenvolvem-se numa linha distinta do "marxismo soviético-stalinista", também denominado de "ortodoxo" e contra o pensamento revisionista, que compactua igualmente da concepção de Estado instrumento.

Hirsch, nesse sentido, explica que as "reflexões sobre a forma política da sociedade burguesa desenvolvida durante os anos 1970 na Alemanha no contexto do chamado 'debate sobre a derivação do Estado' não consideram o Estado ou o político como 'simples reflexo das estruturas econômicas', ou 'superestrutura', mas um campo de ação que possui condições e dinâmicas próprias", o que lhe permitiu a elaboração de uma variante da teoria materialista centrada na ação (e nas relações de produção), em comparação com o marxismo ortodoxo.[62]

Assim, o derivacionismo pode ser visto como uma crítica da tradição soviética stalinista (e do mecanicismo economicista) e ao mesmo tempo como uma busca pelas "condições e dinâmicas próprias" do Estado. Ao se desenvolver nesse sentido, a teoria da derivação precisa enfrentar outra questão clássica do marxismo: a autonomia do político face ao econômico (cujo representante maior é Poulantzas).

2.2.2 A teoria do capitalismo monopolista do Estado (Stamocap)

Um dos desdobramentos do pensamento leninista sobre Estado pode ser encontrado na teoria do *Capitalismo Monopolista de Estado* (SMK ou Stamocap),[63] expressão utilizada por Lenin no prefácio de sua

---

[62] HIRSCH, Joachim. Teoria Materialista do Estado. São Paulo: Revan, 2010, p. 22.

[63] Em alemão: *Staatsmonopolistischer Kapitalismus* (SMK). Em inglês: *State Monopoly Capitalism* (Stamocap).

obra *Estado e Revolução*[64] e no texto "A catástrofe que nos ameaça",[65] escritos em 1917. Conforme explica Bob Jessop,[66] Lenin é comumente invocado como um pioneiro da Stamocap; contudo, o líder soviético não trata propriamente de elaborar uma teoria a respeito de uma fase distinta do capitalismo, como farão os pensadores soviéticos pós década de 1950. As análises feitas por Lenin são de natureza mais conjuntural e aparecem nos seus estudos a respeito do imperialismo, sendo que sua preocupação é entender sua relação com a formação dos monopólios e as transformações do Estado, bem como as implicações para a estratégia da luta revolucionária.

Após as décadas de 1950 na União Soviética, de 1960 na França e de 1970 no Reino Unido,[67] haverá propriamente o desenvolvimento de teorias a respeito do capitalismo monopolista de Estado, que na

---

[64] "A questão do Estado assume, em nossos dias, particular importância, tanto do ponto de vista teórico como do ponto de vista política prática [sic]. A guerra imperialista acelerou e avivou ao mais alto grau o processo de transformação do capitalismo monopolizador em capitalismo monopolizador de Estado. A monstruosa escravização dos trabalhadores pelo Estado, que se une cada vez mais estreitamente aos onipotentes sindicatos capitalistas, atinge proporções cada vez maiores. Os países mais adiantados se transformam (referimo-nos à 'retaguarda' desses países) em presídios militares para os trabalhadores" (LENIN, Vladmir I. *Estado e Revolução*. Disponível em: http://www.marxists.org/portugues/lenin/1917/08/estadoerevolucao/prefacios.htm. Acesso em: 20 de fevereiro de 2011.

[65] Nela, o líder soviético escreve: "É precisamente o grande capitalismo actual, que se transforma em toda a parte em capitalismo monopolista, que retira qualquer sombra de razão ao segredo comercial, faz dele uma hipocrisia e um instrumento exclusivamente para dissimular as fraudes financeiras e os lucros inacreditáveis do grande capital. A grande empresa capitalista é, pela sua própria natureza técnica, uma empresa socializada, isto é, que trabalha para milhões de pessoas e une pelas suas operações, directa e indirectamente, centenas, milhares e dezenas de milhares de famílias. Ela não é como a empresa do pequeno artesão ou do camponês médio, que geralmente não mantém nenhuns livros comerciais e a quem, por isso, a abolição do segredo comercial não afecta!". LENIN, Vladmir I. *A Catástrofe que nos Ameaça e como Combatê-la*. Disponível em: https://www.marxists.org/portugues/lenin/1917/09/27-2.htm. Acesso em: 20 de fevereiro de 2011.

[66] JESSOP, Bob. *The capitalist state*. Oxford: Martin Robertson & Company Ltd., 1982, p. 33 *e ss*.

[67] JESSOP, Bob. *The capitalist state*. Oxford: Martin Robertson & Company Ltd., 1982, p. 40 *e ss*.

CAPÍTULO II - CONTEXTUALIZAÇÃO DA TEORIA DERIVACIONISTA DO ESTADO

realidade não constituem um "bloco monolítico",[68] mas nas quais dois elementos centrais de argumentação podem ser observados: a crise do capitalismo e o imperialismo, ambos vistos como tendências inerentes ao modo de produção capitalista.

O cerne das ideias do Stamocap consiste em afirmar que o momento inicial de *laissez-faire* no capitalismo, no qual a concorrência seria predominante, foi sucedido pela contínua concentração e centralização do capital, fazendo assim com que os monopólios dominassem progressivamente as frações de capital no âmbito da economia, o que constituiria a nova fase de um movimento inevitável decorrente do desenvolvimento das forças produtivas,[69] do qual um dos resultados seria a queda tendencial da taxa de lucro (conceito marxiano que será explicado no último capítulo deste trabalho). O capitalismo concorrencial seria assim sucedido por um capitalismo monopolista, em que o Estado passa a ser um instrumento da dominação dos monopólios, atuando a serviço destes. Conforme explica Margaret Wirth, uma das integrantes do debate da derivação, a teoria do Stamocap argumenta pela existência de uma nova fase do capitalismo na qual os monopólios são vistos como

---

[68] Cf. WIRTH, Margaret. "Zur Kritik der Theorie des staatsmonopolistischen Kapitalismus". *Probleme des Klassenkampfs*: Zeitschrift für politische Ökonomie und sozialistische Politik. Erlagen: Politladen, n. 8/9 (Doppelheft), mar. 1973, p. 18. Disponível em: https://www.prokla.de/index.php/PROKLA/article/view/1793/1727. Acesso em: 13 de janeiro de 2011

[69] "Pero la fase del capitalismo monopolista de Estado está también en ruptura con la precedente, en el sentido en que el Estado, si bien más directamente bajo el control de los monopolios, ve acentuarse su papel porque tal es objetivamente la necesidad y el interés de los grandes grupos monopolistas; este papel se ejerce, no obstante, según modalidades particulares que, en un momento dado, entran en contradicción con la acción propia de los mono polios y necesitan una transformación de la sociedad y de las relaciones de producción. Dicho de otra manera, entre los monopolios y el Estado, no hay ni fusión ni separación, pero si una estrecha interacción, teniendo cada uno a la vez, un papel proprio y un mismo objetivo: desarrollar la acumulación del capital y la concentración, reforzar la explotación capitalista y aumentar la ganancia de los grupos monopolistas. En última instancia, sin embargo, el papel determinante a los monopolios". *El capitalismo monopolista de Estado*: tratado marxista de economía política. México: Ediciones de Cultura Popular, 1972, p. 34.

contrários à livre concorrência[70] e responsáveis por repelir, ainda que parcialmente, a tendência da queda da taxa de lucro.[71] É o que pode ser observado no seguinte trecho dos teóricos franceses do capitalismo monopolista de Estado:

> Não é realmente senão no século XIX, onde florescerá o Estado clássico, caracterizado por uma concorrência livre e pelo desenvolvimento das forças produtivas encontradas na produção industrial. É sob a pressão de contradições econômicas e sociais e do progresso técnico, como a acumulação capitalista do trabalho e dos recursos, que se desenvolve. A economia do país tem sido progressivamente dominada por um número cada vez mais restrito de grupos capitalistas cada vez mais importantes. Nestas condições, o papel político da grande burguesia também não parou de crescer. Três características principais caracterizam o capitalismo monopolista ou imperialismo:
>
> – O desenvolvimento de empresas de caráter monopolistas que leva a uma transformação das condições de concorrência como eram conhecidos no Estado clássico.
>
> (...)
>
> – Em segundo lugar, a fase imperialista, caracterizada pelo desenvolvimento do capital financeiro, que interage e se funde com o capital industrial e capital bancário. Empresas monopolistas se

---

[70] Essa ideia parece óbvia, mas Étienne Balibar procura demonstrar justamente o oposto: a denominada fase "concorrencial", na verdade, é o momento no qual a concorrência está menos desenvolvida, pois ela deve ser observada no nível mundial e nesse contexto se percebe: a coexistência prolongada de modos pré-capitalistas na periferia do sistema; a limitação da concorrência a determinados espaços geográficos, que se encontra atenuada pelo "fraco desenvolvimento relativo do capital financeiro"; o domínio internacional da Inglaterra, do ponto de vista industrial, financeiro e comercial. *Cinco estudos do materialismo histórico*. Presença: Lisboa, 1975, p. 48 *e ss*.

[71] Cf. WIRTH, Margaret. "Zur Kritik der Theorie des staatsmonopolistischen Kapitalismus". *Probleme des Klassenkampfs*: Zeitschrift für politische Ökonomie und sozialistische Politik. Erlagen: Politladen, n. 8/9 (Doppelheft), mar. 1973, p. 22. Disponível em: https://www.prokla.de/index.php/PROKLA/article/view/1793/1727. Acesso em: 13 de janeiro de 2011.

CAPÍTULO II - CONTEXTUALIZAÇÃO DA TEORIA DERIVACIONISTA DO ESTADO

desenvolvem em grupos financeiros. A pilhagem de todas as formas de economia reforça a exploração capitalista.

– A terceira característica define o imperialismo: a exportação sistemática de capital, implicando na dominação do mundo pelas grandes potências imperialistas e pela exploração conjugada das classes trabalhadoras dos países dominantes e dos países subdesenvolvidos e colonizados.[72]

A teoria do Stamocap revela diversas inconsistências. Margareth Wirth afirma que uma delas consiste no fato das funções econômicas do Estado serem descritas como elementos exteriores ao capitalismo, em vez de serem pensados como parte inerente à relação de capital, ou seja, uma forma necessária para a reprodução das relações capitalistas sob determinadas condições históricas.[73] Ao mesmo tempo, Simon Clarke, um dos comentadores da teoria da derivação, esclarece ainda que se trata de uma teoria que mantém a identificação imediata do Estado com o capitalismo e o poder político da classe dominante, tendo como nuance a ideia de que o poderio estatal caminhava para uma estreita interação – não propriamente uma fusão[74] – com o poder estatal:

> Esta identificação foi baseada primeiramente no argumento de que a socialização da produção e a concentração e centralização associadas ao capital, obrigou o Estado a assumir muitas das funções do capital, na tentativa de evitar uma crise econômica e estabilizar a luta de classes. Assim, o sistema de dinheiro e crédito, o sistema fiscal, a nacionalização, os instrumentos de planejamento e as despesas do Estado civil e militar são usados

---

[72] *El capitalismo monopolista de Estado*: tratado marxista de economía política. México: Ediciones de Cultura Popular, pp. 28-29. Tradução nossa.

[73] Cf. WIRTH, Margaret. "Zur Kritik der Theorie des staatsmonopolistischen Kapitalismus". *Probleme des Klassenkampfs*: Zeitschrift für politische Ökonomie und sozialistische Politik. Erlagen: Politladen, n. 8/9 (Doppelheft), mar. 1973, p. 2. Disponível em: https://www.prokla.de/index.php/PROKLA/article/view/1793/1727. Acesso em: 13 de janeiro de 2011.

[74] *El capitalismo monopolista de Estado*: tratado marxista de economía política. México: Ediciones de Cultura Popular, p. 34. Tradução nossa.

para manter a acumulação de capital e assim garantir os interesses econômicos estratégicos de capitais nacionais monopolistas. A habilidade do capital monopolista de garantir que o Estado, de fato, sirva aos seus interesses, tanto em relação aos concorrentes capitais nacionais e da classe trabalhadora, foi determinada por sua concentração de poder econômico, suas conexões pessoais com o Executivo, o domínio do Executivo sobre o Legislativo e o domínio do reformismo sobre a classe operária.[75]

Dentre as questões tratadas pela teoria do capitalismo monopolista de Estado, uma deve ser destacada: o papel da atuação estatal para lidar com as crises no capitalismo. Marx, em seus escritos sobre economia, afirma que no capitalismo há uma tendência da queda da taxa de lucro,[76] sendo um de seus resultados a crise econômica. Partindo dessa ideia, os pensadores da Stamocap afirmavam que, na fase monopolista do capitalismo, tal tendência aumentava, levando à estagnação da produção, razão pela qual o Estado precisava intervir de diversas maneiras (oferecendo serviços essenciais, controlando crédito e câmbio, fomentando pesquisas tecnológicas, criando organismos financeiros internacionais etc.) e, de forma intensa e permanente, diferentemente das fases anteriores do capitalismo.[77]

Uma das consequências políticas da Stamocap foi difundir a ideia de que os partidos comunistas deveriam buscar alianças com os setores da pequena e média burguesia, como forma de enfrentar o imperialismo e os grupos monopolistas internacionais e de conquistar espaço político, projeto que encontrava eco inclusive no Partido Comunista do Brasil na década de 1960.[78]

---

[75] CLARKE, Simon (Coord.). *The state debate*. Londres: Palgrave Macmillan, 1991, p. 3.

[76] O conceito encontra-se mais bem explicado no capítulo "Regulação e crise".

[77] Conforme veremos mais adiante, a questão da crise no capitalismo e as intervenções estatais para lidar com suas causas e consequências também marcarão os debates existentes na teoria da derivação do Estado.

[78] Conforme se lê no texto da resolução política aprovada em 1960, no V Congresso do Partido Comunista do Brasil: "9. O principal inimigo da revolução brasileira é

CAPÍTULO II - CONTEXTUALIZAÇÃO DA TEORIA DERIVACIONISTA DO ESTADO

Ironicamente, as perspectivas revisionistas – que os partidos comunistas tentavam justamente rechaçar –,[79] defensoras da ampliação dos direitos e da atuação estatal, no interior do capitalismo como meios para construção do socialismo, tinham com os pensadores marxistas do Stamocap um ponto comum em suas teorias: a visão equivocada a respeito da autonomia do político, pensando o Estado como um instrumento da classe dominante, portanto, potencialmente sujeito ao controle da classe trabalhadora.

Como se sabe, o desdobramento das visões revisionistas acabou por resultar nas teorias da social-democracia[80] totalmente descoladas do marxismo, segundo as quais o Estado se apresentava como institucionalmente separado da economia, portanto, como uma instituição autônoma do ponto de vista político, supostamente maleável aos interesses

---

constituído pelo imperialismo norte-americano e por seus agentes internos. A fim de manter o seu domínio em nosso país, o imperialismo ianque conta com o apoio de setores de latifundiários e capitalistas, cujos interesses são vinculados ao sistema de exploração imperialista e que, por sua vez, se apoiam nos monopólios estrangeiros para assegurar seus privilégios. Estas forças constituem o apoio social interno do imperialismo, atuam dentro e fora dos órgãos do Estado para manter e agravar a situação de dependência do país. Embora minoria ínfima, dispõem de grande poder político e de fortes posições no aparelho estatal. *Ao inimigo principal da Nação se opõem forças muito amplas e poderosas: o proletariado, que é a classe mais firme e consequente na luta pela libertação nacional e a mais interessada em profundas transformações democráticas; os camponeses, interessados em liquidar uma estrutura agrária retrógrada que se apoia na dominação imperialista*; a pequena burguesia urbana, que não pode expandir suas atividades em virtude do atraso do país; a burguesia ligada aos interesses nacionais, que é prejudicada pela ação dos monopólios imperialistas. Em certas circunstâncias, de modo temporário e instável, podem também opor-se ao imperialismo ianque alguns setores de latifundiários e grupos capitalistas ligados a monopólios estrangeiros rivais dos norte-americanos" (PESSOA, Reynaldo X. Carneiro (Coord.). PCB: vinte anos de política: *Documentos*: 1958-1979. São Paulo: Liv. Edit. de Ciências Humanas, 1980, p. 50). Destaque nosso.

[79] No caso do Brasil, o Partido Comunista do Brasil (Pc do B), oriundo da divisão do PCB, compactuava da teoria do Stamocap, ao mesmo tempo que criticava as visões revisionistas. Ver: AMAZONAS, João et al. *30 anos de confronto ideológico*: marxismo e revisionismo. São Paulo: Anita Garibaldi, 1990.

[80] No caso do Brasil, o PPS (Partido Popular Socialista), surgido em 1992, oriundo do antigo PCB, ilustra perfeitamente esse fato.

dos governantes,[81] inclusive para promoção dos interesses de toda a sociedade (independentemente da sua divisão em classes), que, na vertente neoliberal, seria feita inclusive pela redução da intervenção estatal em certos setores.

Conforme explica Simon Clarke,[82] o pressuposto teórico para a cisão entre o político e o econômico é uma radical separação entre a esfera da produção e da distribuição, de tal modo que a ação estatal voltada para garantir a produção capitalista subordina o interesse burguês pelo lucro ao interesse de crescimento da riqueza nacional. Com isso o caráter classista do Estado não é visto no âmbito da produção, mas da distribuição. Como consequência, a solução para o conflito de classes significa atuar neste último, o que poderia ser feito por meio de legislações sociais, iniciativas tributárias e gastos em políticas públicas. Para os social-democratas de esquerda, portanto, a transição para o socialismo passaria pela estatização das empresas e, para os social-democratas de direita, isso seria irrelevante, ou ainda, contraproducente.

A teoria a respeito do capitalismo monopolista de Estado não conseguirá escapar totalmente dos mesmos equívocos dos pensadores social-democratas, pois a atuação do Estado para conter a crise, e seu viés imperialista, serão vistos como resultado da sua instrumentalização pelos monopólios,[83] que dominam o aparato estatal, fazendo assim com que seu poder econômico se imiscua com o do Estado e atue no interesse deles em detrimento dos setores médios e pequenos da burguesia e do proletariado.

---

[81] CLARKE, Simon (Coord.). *The state debate*. Londres: Palgrave Macmillan, 1991, p. 3.

[82] Cf. CLARKE, Simon (Coord.). *The state debate*. Londres: Palgrave Macmillan, 1991, pp. 3-4.

[83] Cf. WIRTH, Margaret. "Zur Kritik der Theorie des staatsmonopolistischen Kapitalismus". *Probleme des Klassenkampfs*: Zeitschrift für politische Ökonomie und sozialistische Politik. Erlagen: Politladen, n. 8/9 (Doppelheft), mar. 1973, p. 30. Disponível em: https://www.prokla.de/index.php/PROKLA/article/view/1793/1727. Acesso em: 13 de janeiro de 2011.

CAPÍTULO II - CONTEXTUALIZAÇÃO DA TEORIA DERIVACIONISTA DO ESTADO

A teoria da derivação do Estado, mais especificamente a denominada Escola Lógica do Capital (cujas ideias serão explicadas mais adiante), terá como uma de suas preocupações justamente apresentar uma teoria a respeito do Estado e de sua atividade que se contraponha à do Stamocap, atingindo mais especificamente a vertente soviética. Conforme explica Bob Jessop, os pensadores da Escola Lógica do Capital apresentam a seguinte crítica aos pensadores da teoria do capitalismo monopolista de Estado:

> (...) os estudos leninistas não tentam derivar a existência de monopólios do conceito geral de capital, sugerindo que o monopólio é a antítese da concorrência, consequentemente a análise de Marx do capital aplica-se apenas ao capitalismo competitivo e que novos conceitos e leis são necessários para interpretar monopólio e capitalismo monopolista de Estado, os monopólios são vistos como sujeitos lutando por dominação por meio da coação extra econômica e não como o *Träger*[84] (ou 'portadores') das relações sociais de produção. Negligencia-se a distinção entre capitais particulares e capital em geral ou deixa-se de estabelecer a forma pela qual o capitalismo monopolista ou Estado-monopólio é superado politicamente para consolidar o poder da burguesia monopolista como um todo. Atribui-se, sem razão, todo tipo de arbitrariedade, *ad hoc*, ou os recursos conjunturais para a essência do capitalismo monopolista ou Estado-monopólio. Reduz-se a exploração capitalista a um problema de distribuição, concentrando-se na cobrança de lucros monopolistas em vez da criação da mais-valia nas relações capitalistas de produção, e assim por diante.[85]

---

[84] Conforme veremos adiante, Jessop vai se opor à ideia de sujeitos como portadores (Träger) das relações sociais de produção, mostrando assim seu viés antialthusseriano.

[85] JESSOP, Bob. *The capitalist state*. Oxford: Martin Robertson & Company Ltd., 1982, p. 64. Tradução nossa.

Além disso, as teorias do Stamocap enfatizavam um primado do aspecto político na análise do funcionamento do Estado, pois a fusão entre poder do monopólio e do Estado é vista como resultado do desenvolvimento das forças produtivas[86] e como resposta da luta *política* de uma fração do capital, não como resultado das próprias relações econômicas inerentes ao modo capitalista de produção. Esta visão, portanto, reforça a ideia do Estado como instrumento da classe dominante, no caso dos grandes monopólios.

Tais explicações encontrarão resistência entre os pensadores da Escola Lógica do Capital, que rejeitam essa visão instrumentalista e propõem outra maneira de analisar a relação entre a esfera econômica e a política.[87]

No momento, cabe destacar o seguinte: tanto a teoria da Stamocap, quanto a dos social-democratas comungam de um ponto comum que será objeto de crítica pela teoria da derivação do Estado: ambos acabavam por enxergar a função exercida pelo Estado na economia como resultado do domínio político de determinados grupos sociais (no caso da teoria do Stamocap, uma fração do capital, os monopólios). A determinação econômica acabava, assim, por se tornar uma referência vaga, como algo que acontece "em última instância", pois, apesar de aparentemente autônomas, as ações do Estado estariam sendo determinadas, em última instância, economicamente, afinal os monopólios e seu poder político, decorrente de sua ingerência sobre o Estado, seriam resultados de uma nova fase da economia capitalista, ou seja, de um fator de ordem econômica.

---

[86] THÉRET, Bruno; WIEYIORKA, Michel. *Critique de la théorie du "capitalism monopoliste d'État"*. Paris: François Maspero, 1978, p. 13 *et ss.*

[87] Conforme mostraremos, o modo como a Escola Lógica do Capital explica essa relação será objeto de crítica no interior do debate da derivação do Estado.

CAPÍTULO II - CONTEXTUALIZAÇÃO DA TEORIA
DERIVACIONISTA DO ESTADO

2.3 A autonomia da política em relação à economia

Veremos neste subcapítulo que a teoria derivacionista também se desenvolve a partir da crítica sobre as teorias que explicam a *autonomia* relativa do Estado face à economia. Sendo assim, num primeiro momento, é preciso entender contra quais argumentos e pensadores o derivacionismo articula sua teoria. Nessa questão podemos apontar, primeiramente, Nicos Poulantzas (1936-1979) com Ralph Miliband (1924-1984), reunidos por razões que serão expostas logo a seguir; em segundo lugar, Claus Offe (1940-) e Jürgen Habermas (1929-).

A teoria da derivação não nega, conforme veremos, uma espécie de autonomia do político em relação ao econômico. O que se procura é criticar o modo como os pensadores acima citados explicam essa autonomia e o caráter estruturante do Estado na economia capitalista. Vejamos cada um dos grupos separadamente.

2.3.1. Poulantzas

A teoria da derivação dirige uma crítica conjunta a Poulantzas e Miliband. A princípio pode parecer inusitado, dentro da ótica marxista, reunir dois pensadores que formularam críticas recíprocas entre si no que diz respeito às suas respectivas teorias sobre o Estado. No entanto, conforme veremos a seguir, quando se trata da questão sobre a autonomia relativa do Estado, podem ser encontrados pontos de convergência que, segundo a teoria da derivação do Estado, conduzem a uma crítica de cunho comum contra ambos.

O filósofo grego Poulantzas e o belga Miliband, radicados na França e na Inglaterra respectivamente, são dois pensadores que se destacaram no cenário mundial, na década de 1960 e 1970, debatendo as teorias do Estado numa perspectiva marxista, fora do eixo teórico desenvolvido pelos soviéticos. Conforme explicam Codato e Perissinotto:

As questões relativas ao poder e ao Estado foram reintroduzidas na tradição marxistas por dois trabalhos bastante desiguais, na forma e no conteúdo: *Pouvoir politique et classes sociales*, de Nicos Poulantzas (publicado em Paris em 1968) e *The State in capitalist society*, de Ralph Miliband (publicado em Londres em 1969). Durante os anos 1970 o tema recebeu um impulso considerável a partir da polêmica entre ambos nas páginas do periódico radical inglês *New Left Review* a propósito de três tópicos: como haver-se com o legado teórico de Marx; como proceder corretamente no trabalho intelectual nas ciências sociais, tendo em vista os princípios 'epistemológicos' marxistas; e como compreender, tanto de um ponto de vista conceitual como empírico, a relação entre Estado capitalista, as classes dominantes e a burocracia (ou elite) estatal.[88]

A importância de Poulantzas e Miliband na França, no Reino Unido e na Europa como um todo, pode ser percebida nos textos dos pensadores do derivacionismo, que dialogam, de maneira explícita ou implícita, com os escritos daqueles dois filósofos, sobretudo o primeiro, seja para apoiar-se em suas considerações, seja para criticá-lo.

O debate entre Poulantzas e Miliband acabou sendo conhecido como o embate entre a perspectiva "estruturalista" do primeiro e "instrumentalista" do segundo. Para os pensadores do derivacionismo, essa polaridade, no entanto, é equivocada e empobrece a discussão a respeito do Estado e sua relação com a economia capitalista.[89] Sendo assim, o esforço empreendido não é o de mostrar aquilo em que os autores divergem, mas sim, a convergência existente entre eles, os pontos em comum que permitem fazer uma crítica conjunta contra ambos.

---

[88] CODATO, Adriano. "Poulantzas 1, 2 e 3". *In:* CODATO, Adriano; PERISSINOTO, Renato. *Marxismo como ciência social.* Curitiba: UFPR, 2011, pp. 95-96.

[89] HOLLOWAY, John; PICCIOTTO, Sol. "Introduction: towards a materialist theory of the state". *In:* HOLLOWAY, John; PICCIOTTO, Sol (Coord.). *State and capital*: a marxist debate. Londres: Edward Arnold (Publishers) Ltd., 1978, p. 3. Tradução nossa.

CAPÍTULO II - CONTEXTUALIZAÇÃO DA TEORIA DERIVACIONISTA DO ESTADO

É justamente em um dos pontos mais sensíveis para a teoria derivacionista que se desenvolve a crítica conjunta a Poulantzas e Miliband. Trata-se da questão acerca do caráter classista do Estado que é, ao mesmo tempo, *relativamente autônomo* em relação à economia.

Concluir em que medida Poulantzas e Miliband estabelecem a autonomia da política em face da economia é algo extremamente delicado. Isso ocorre especialmente porque nenhum dos dois caminhos para num extremo: de um lado, ambos querem se afastar de uma perspectiva "reducionista", "economicista" ou "mecanicista", que estabeleceria uma correlação determinista e inflexível da política em função da economia, como se o âmbito político apenas refletisse os interesses diretos da classe dominante, ou estivesse operando inevitavelmente a partir da ideologia desta. Por outro lado, Poulantzas e Miliband não afirmam a independência da uma esfera face à outra, tampouco invertem a relação entre elas (como muitas vezes ocorre fora do universo marxista, onde o econômico e mesmo o jurídico são vistos como determinações puras do político). Ao contrário, eles com partilham da tese marxiana, exposta no Prefácio de *Contribuição para crítica da economia política*, de que as "formas políticas" somente podem ser entendidas na sua relação com a "anatomia da sociedade civil".[90]

Sendo assim, fugindo dos dois extremos, o problema se torna entender *até onde e como* Poulantzas e Miliband estabelecem a autonomia e o caráter classista do Estado. Para Holloway, tais filósofos são alvos da crítica derivacionista por não conseguirem analisar com precisão a relação entre a economia e a política, ou seja, por não construírem uma teoria do Estado que tenha como fundamento *as categorias histórico-materialistas* desenvolvidas por Marx na análise da anatomia da sociedade civil em *O capital*.[91] Vejamos quais os fundamentos dessa crítica.

---

[90] MARX, Karl. "Para a crítica da economia política". *In*: GIANNOTI, José Arthur (Coord.). *Marx*. São Paulo: Abril Cultural, 1974, p. 50 *e ss*.

[91] HOLLOWAY, John; PICCIOTTO, Sol. "Introduction: towards a materialist theory of the state". *In*: HOLLOWAY, John; PICCIOTTO, Sol (Coord.). *State and capital*: a marxist debate. Londres: Edward Arnold (Publishers) Ltd., 1978, p. 4.

No pensamento de Poulantzas, a exemplo de outros autores, podem ser observadas "fases" distintas, ainda que tais divisões não sejam objeto de consenso entre seus estudiosos.[92] Para efeito de contextualização do debate da derivação do Estado, nosso propósito, no momento, é destacar as ideias de seu "primeiro período", marcado pela publicação de *Poder político e classes sociais*, no ano de 1968. Poulantzas procura rejeitar as visões instrumentalistas do Estado, razão pela qual recusa a interpretação das classes sociais como forças externas e independentes da estrutura estatal, capazes de manipular o poder do Estado conforme sua vontade e interesse. Assim, na formulação de sua teoria sobre o Estado, Poulantzas tentará explicar a distinção existente, específica do capitalismo, entre o nível econômico e o nível político. Para tanto, ele partirá das características do modo de produção capitalista: neste, no nível econômico, os trabalhadores estão separados dos meios de produção, a exemplo de outras realidades antecedentes no qual há exploração (escravagismo ou feudalismo); contudo, no nível político, o Estado não está sob o controle político direto e imediato dos burgueses (ao contrário dos modos de produção antecedentes). Poulantzas afirmará, assim, que, ao contrário das sociedades pré-capitalistas, nas quais existe a ideia de laços e de hierarquia natural, no capitalismo, o Estado é a estrutura responsável pela coesão social de uma sociedade dividida em classes, nos diversos níveis – político, econômico, social:

> (...) é necessário regressar à concepção marxista científica da superestrutura do Estado e mostrar como, no interior da estrutura de vários níveis defasados por desenvolvimento desigual, *o Estado possui a função particular de constituir o fator de coesão dos níveis de uma formação social.* É precisamente o que o marxismo exprimiu, concebendo o Estado como fator da 'ordem', como 'princípio de organização', de uma formação, não no sentido corrente dos

---

[92] Ver: CODATO, Adriano."Poulantzas 1, 2 e 3". *In*: CODATO, Adriano; PERISSINOTO, Renato. *Marxismo como ciência social*. Curitiba: UFPR, 2011, p. 99.

CAPÍTULO II - CONTEXTUALIZAÇÃO DA TEORIA DERIVACIONISTA DO ESTADO

>níveis de uma unidade complexa, e *como fator regulador do seu equilíbrio global enquanto sistema*.[93]

Poulantzas preocupa-se, por conseguinte, em mostrar o papel de promoção da unidade dos indivíduos – realizada pela atividade estatal – como resultado de *sobredeterminações* decorrentes do desempenho de funções políticas do Estado, cujo objetivo é ordenar e reproduzir as relações sociais existentes no capitalismo em dois níveis: econômico e ideológico.

>Esta função de ordem, ou de organização do Estado apresenta diversas *modalidades*, que se referem aos níveis sobre os quais ela se exerce em particular: função técnico-econômica – nível econômico; função propriamente política – nível da luta política de classes; função ideológica – nível ideológico. A função técnico-econômica e a função ideológica do Estado são, entretanto, *sobredeterminadas* pela sua função propriamente política – a que diz respeito à luta política de classes –, na *medida em que constituem* modalidades do papel global do Estado, fator de coesão da unidade de uma formação: *este papel global do Estado é um papel político*. O Estado está em relação com uma 'sociedade dividida em classes' e com a dominação política de classe, na medida precisamente em que ocupa tal lugar – e desempenha tal papel – em um conjunto de estruturas que têm como *efeito*, na sua unidade, a divisão de uma formação em classes e a dominação política de classe. Rigorosamente falando, não existe uma função técnico-econômica, uma função ideológica e uma função 'política' do Estado: existe antes uma função global de coesão, que lhe é atribuída pelo seu lugar e modalidades desta função *sobredeterminadas* pela modalidade especificamente política.[94]

---

[93] POULANTZAS, Nicos. *Poder político e classes sociais*. São Paulo: Martins Fontes, 1977, p. 42. Destaque no original.

[94] POULANTZAS, Nicos. *Poder político e classes sociais*. São Paulo: Martins Fontes, 1977, pp. 48-49.

A análise do Estado feita por Poulantzas, no entanto, será muito mais baseada num exame teórico das *classes* e não do *capital*,[95] um estudo no nível das *atividades* no campo da *política*, realizadas numa sociedade na qual essa instância está separada da econômica. Isso contraria diretamente a perspectiva por meio da qual o debate da derivação do Estado se desenvolve, o que explica o atrito teórico existente e a acusação do viés "politicista" do pensamento poulantziano por parte dos pensadores alemães.

Miliband, por sua vez, compactuaria das mesmas falhas de Poulantzas, ainda que pronunciadamente se opusesse ao filósofo grego. Miliband afirma a necessidade de se analisar a política, sociedade e ideologia burguesa na perspectiva materialista, a fim de se entender o desenvolvimento do Estado capitalista e a tendência – nos países capitalistas avançados – do predomínio de regimes de governo nos moldes da democracia burguesa, ainda que tais regimes não possam ser tomados como uma expressão necessária desse modo de produção.

> O capitalismo, como já demonstrou muitas vezes a experiência, produz, ou então, se isso é pedir demasiado, pode acomodar-se a muitos tipos diferentes de regime político, inclusive alguns ferozmente autoritários. A noção de que o capitalismo é incompatível ou de que fornece uma garantia contra o autoritarismo pode ser boa propaganda, mas é uma sociologia política pobre. Todavia, embora as estruturas socioeconômicas amplamente semelhantes do capitalismo avançado não possam ser *necessariamente* associadas a um tipo particular de regime político e a determinadas instituições políticas, elas no entanto *tenderam* para isso: pelo menos a partir da Segunda Guerra, *todos* os países capitalistas avançados tiveram regimes que se distinguiram pela competição política em bases pluripartidárias, com direito a oposição,

---

[95] JESSOP, Bob. *The capitalist state*. Oxford: Martin Robertson & Company Ltd., 1982, p. 159. Sobre a distinção entre "capital-theoretical approach" e "class-theoretical approach", ver: JESSOP, Bob. *State theory: putting the capitalist state in its place*. Polity Press: Cambridge, 1996, p. 85.

CAPÍTULO II - CONTEXTUALIZAÇÃO DA TEORIA DERIVACIONISTA DO ESTADO

eleições regulares, assembleias representativas, garantias civis e outras restrições ao uso do poder estatal etc.[96]

O autor procura mostrar como a democracia responde às necessidades de equilíbrio das relações sociais de exploração – mediante manipulação do consentimento – e à manutenção da desigualdade características ao capitalismo.[97] Contudo, suas teorias, a exemplo de Poulantzas, não são elaboradas a partir da correlação entre a forma do Estado e o processo de acumulação existente no capitalismo, tampouco a partir do estudo das *categorias econômicas* de Marx (pontos-chave da teoria de derivação do Estado, conforme veremos adiante). Com isso, o autor trata da igualdade e da liberdade política como se estivessem no mesmo nível da igualdade e liberdade econômica – como se tivessem a mesma causa –, ambas determinadas apenas pela intervenção do Estado, que, por contingências históricas, faria uma limitação maior ou menor de ambas. Além disso, ele afirma que tais liberdades seriam uma espécie de "mitigação" da dominação de classe. Isso pode ser observado no seguinte excerto:

> Considerada essa preponderância permanente, a afirmação comum, ou melhor, a suposição comum, de que se trata de países que há muito conquistaram a igualdade política, qualquer que seja o caso em relação à igualdade política, qualquer que seja o caso em relação à igualdade econômica não pode ser separada da vida política. O poder econômico desigual, na escala e do tipo encontrado nas sociedades capitalistas avançadas, inerentemente *produz* a desigualdade política, dentro de uma escala mais ou menos comensurável, não importa o que possa dizer a constituição. Simultaneamente, é o contexto capitalista de desigualdade generalizada no qual opera o Estado que determina

---

[96] MILIBAND, Ralph. *O Estado na sociedade capitalista*. Rio de Janeiro: Zahar, 1972, pp. 34-35.

[97] MILIBAND, Ralph. *O Estado na sociedade capitalista*. Rio de Janeiro: Zahar, 1972, pp. 219.

basicamente suas políticas e ações. A concepção prevalecente é a de que o Estado, em tais sociedades, pode ser e é realmente, na maioria dos casos, o agente de uma ordem social-democrática, sem qualquer tendência preconceituosa inerente em relação a qualquer classe ou grupo. O seu ocasional lapso de imparcialidade deve ser atribuído a algum fator acidental externo à sua natureza real. Mas isso é também um engano fundamental: o Estado, naquelas sociedades de classe, é antes de mais nada e inevitavelmente o guardião e protetor dos interesses econômicos que nela estão dominando. Seu objetivo e missão real é assegurar o seu predomínio continuado, e não impedi-lo.

No entanto, a maneira como o Estado desempenha tal papel e o grau em que ele manifesta sua tendência preconceituosa diferem enormemente de acordo com lugar e circunstância. A manutenção de uma ordem social caracterizada pela dominação de classe pode exigir a ditadura do Estado, a supressão de toda a oposição, a abolição de todas as garantias constitucionais e das liberdades políticas. Mas, nos países do capitalismo avançado, isso geralmente não ocorre. Com exceções ocasionais e importantes, *a dominação de classe naquelas sociedades tem sido compatível com uma ampla gama de liberdades civis e políticas e o exercício destas ajudou, sem dúvida, a mitigar a forma e o conteúdo da dominação de classe em muitas áreas da sociedade civil. O agente principal dessa mitigação tem sido o Estado, o que ajuda a explicar por que ele foi capaz de apresentar-se e por que tem sido amplamente aceito, como servidor da sociedade*. De fato, essa função mitigadora não elimina a dominação de classe e até mesmo serve, em certo preço, para garanti-la. Mas isso não diminui a sua importância para as classes subordinadas.[98]

A proposta da teoria da derivação será justamente tratar de maneira distinta os dois níveis (econômico e político), mostrando que a liberdade e a igualdade no nível econômico – que se estrutura por meio das categorias jurídicas – devem ser explicadas a partir da natureza das

---

[98] MILIBAND, Ralph. *O Estado na sociedade capitalista*. Rio de Janeiro: Zahar, 1972, p. 321.

CAPÍTULO II - CONTEXTUALIZAÇÃO DA TEORIA DERIVACIONISTA DO ESTADO

relações sociais existentes no capitalismo e não simplesmente pelo arbítrio da decisão política no nível do Estado. Assim, a liberdade e a igualdade existentes, sobretudo no campo econômico, não são mitigações (ou meras ilusões) da dominação de classe, mas sim, conforme veremos, a própria expressão de como estas relações sociais se estruturam numa economia capitalista, de troca de mercadorias.

Como resultado, Miliband acaba "(...) realmente reproduzindo a tendência liberal de discutir política isolando-a da complexa articulação com as forças econômicas".[99] Assim, a crítica de Miliband à teoria de Poulantzas se desenvolve num sentido oposto ao das ideias que dão início à teoria da derivação do Estado: mostrar como o caráter de classe do Estado está ligado a determinadas condições sociais objetivas, inerentes ao capitalismo, atuando na sua reprodução (ideias a que Miliband procura justamente se opor). Noutras palavras, o ponto de aproximação entre Poulantzas e a teoria da derivação do Estado é justamente o de distanciamento com as teorias de Miliband.

A teoria da derivação do Estado opõe-se a Poulantzas e Miliband mostrando ainda que as categorias econômicas de Marx (mercadoria, mais-valia, acumulação, capital etc.) não são importantes apenas para o âmbito econômico, mas são igualmente úteis para iluminar o entendimento de outras esferas, portanto, indispensáveis para se entender a estrutura do conflito de classes, seja no nível econômico, seja no político. Isso significa, igualmente, que as categorias econômicas jogam lume sobre a compreensão das formas e concepções geradas a partir da estrutura social conflituosa existente, de modo que o conjunto instrumental formulado para a crítica da economia política pode ser utilizado também para estudar a *forma política*[100] e a *forma jurídica* das relações sociais.

---

[99] JESSOP, Bob. "Recent theories of the capitalist state". *Cambridge Journal of Economics*. London, vol. 1, n. 4, out.-dez., 1977, p. 357.

[100] Cf. HOLLOWAY, John; PICCIOTTO, Sol. "Introduction: towards a materialist theory of the state". *In:* HOLLOWAY, John; PICCIOTTO, Sol (Coord.). *State and capital:* a marxist debate. Londres: Edward Arnold (Publishers) Ltd., 1978, p. 5.

Assim, se o reducionismo economicista era criticável, a *autonomia relativa* de Poulantzas[101] e sua explicação a respeito do caráter estruturante do Estado no capitalismo também são. Além disso, apesar do economicismo operar uma redução indevida do político em função de econômico, ele tinha um mérito: colocava o desafio de explicar a política numa perspectiva materialista. Se por um lado a resposta economicista era muito crua e simplista, ela evitava, por outro, que a autonomia comprometesse a compreensão do político a partir das leis que operam no capitalismo (não que Poulantzas recuse a relação entre econômico e político, o problema, e daí a crítica do derivacionismo, é não conseguir fazer das leis do movimento capitalista um ponto de partida para entender a política).[102] Poulantzas e Miliband, "falharam em prover uma sistemática base para construir uma teoria do Estado. O problema não era simplesmente localizar o Estado no contexto da relação entre classe dominante e dominada",[103] mas localizá-lo no contexto histórico da relação de capital numa sociedade cujo modo de produção é o capitalismo.

Assim, a consequência das teorias de Poulantzas era bastante expressiva: obscurecia a possibilidade de se entender por quais razões exatamente o Estado está relacionado com o funcionamento da economia capitalista. Conforme veremos, isso significava tocar num dos pontos mais sensíveis da teoria da derivação, que justamente queria afastar a

---

[101] O tratamento do caráter relativamente autônomo da política aparecerá em obras pertencentes a outras "fases" de Poulantzas, como em *O Estado, o poder e o socialismo* (1978), na qual o filósofo grego parte da seguinte ideia: assim como *O capital*, de Marx analisa a economia com um objetivo científico autônomo e específico, é necessário proceder da mesma maneira com relação à política, estabelecendo conceitos próprios dessa ciência. Isso se justificaria em razão da autonomia que o político possui no capitalismo especificamente. Cf. POULANTZAS, Nicos. *O Estado, o poder, o socialismo*. São Paulo: Graal, 2000, p. 15 *e ss.*

[102] Cf. HOLLOWAY, John; PICCIOTTO, Sol. "Introduction: towards a materialist theory of the state". *In:* HOLLOWAY, John; PICCIOTTO, Sol (Coord.). *State and capital*: a marxist debate. Londres: Edward Arnold (Publishers) Ltd., 1978, p. 6.

[103] HOLLOWAY, John; PICCIOTTO, Sol. "Capital, Crisis and State". *Capital and Class*. London: Conference of Socialist Economists, vol. 1, n. 2, Summer 1977, p. 78.

ilusão acerca dos poderes estatais, sobretudo a respeito do poder transformador do Estado de bem-estar social e de sua força para superar as crises econômicas.

Em que pesem todas as críticas feitas a Poulantzas, o filósofo grego, sem dúvida, estabelece certas bases a partir das quais a teoria da derivação se desenvolve.[104] A contraposição mais forte e direta, dirigida contra os pensadores marxistas, será apresentada a dois membros da Escola de Frankfurt daquele período, ponto que será abordado a seguir.

2.3.2 A Escola de Frankfurt

A Escola de Frankfurt, também conhecida como *Teoria crítica*, tem sua origem na fundação do Instituto de Pesquisa Social – *Institut für Sozialforschung* –, na década de 20 do século XX, anexado à Universidade de Frankfurt, cuja direção assumida por Max Horkheimer conduziria à agregação de filósofos como Theodor W. Adorno, Herbert Marcuse, Friedrich Pollock, Erich Fromm, Otto Kirchheimer, Leo Löwenthal, aproximando-se ainda de Walter Benjamin. A influência desses pensadores, que se faz sentir até o presente, ganhou um impulso decisivo na década de 1960, diante da crise do stalinismo e da própria União Soviética, cujas práticas e teorias se tornaram alvos de constantes ataques e críticas não apenas das forças políticas conservadoras e reacionárias, mas também das correntes libertárias e marxistas. No contexto do derivacionismo, destacavam-se dois pensadores da "segunda geração" da Escola de Frankfurt: Claus Offe[105] (1940-) e Jürgen Habermas (1929-), em relação aos quais haverá um intenso confronto de ideias.

---

[104] Cf. PERISSINOTO, Renato. "Marx e a teoria contemporânea do Estado." *In*: CODATO, Adriano; PERISSINOTO, Renato. (Coord). *Marxismo como ciência social*. Curitiba: UFPR, 2011, pp. 79-80.

[105] Offe, ressalve-se, mostrava uma afinidade bem maior com o derivacionismo e é constantemente identificado com o debate.

Müller e Neusüß, ao redigirem o artigo que marca o início do debate da derivação,[106] centralizam parte de suas críticas a Offe e, principalmente, a Habermas, aos quais imputam uma adesão ao pensamento reformista/revisionista, segundo o qual a transformação do capitalismo e do Estado poderia ser obtida por meio da utilização das oportunidades que a democracia burguesa oferece.[107] Sem nos atermos a todos os detalhes da argumentação apresentada no referido artigo, podemos destacar os seguintes aspectos da crítica de Müller e Neusüß.

Com relação a Habermas, existem referências a diversos artigos[108] escritos por ele na década de 1960, nos quais ele manifesta um otimismo com relação às possibilidades de um Estado intervencionista: haveria neste um potencial democrático a ser explorado, por meio do aumento do poder do Estado (um equívoco compartilhado pela teoria do Capitalismo Monopolista de Estado),[109] que poderia e deveria ser

---

[106] MÜLLER, Rudolf Wolfgang; NEUSÜß, Christel. *Die Sozialstaatsillusion und der Widerspruch von Lohnarbeit und Kapital*. Disponível em: http://www.dearchiv.de/php/dok.php?archiv=sop&brett=sopo70&fn=mueller.270&menu=sopinh. Acesso em: 5 de maio de 2011; Em inglês: MÜLLER, Rudolf Wolfgang; NEUSÜß, Christel. "The 'Welfare-State illusion' and the contradiction between wage labour and capital". PICCONE, Paul (Coord.). *Telos*. St. Louis, Missouri (USA): Department of Sociology of Washington University, n. 25, 1975, pp. 13-90.

[107] MÜLLER, Rudolf Wolfgang; NEUSÜß, Christel. "The 'Welfare-State illusion' and the contradiction between wage labour and capital". *In:* PICCONE, Paul (Coord). *Telos*. St. Louis, Missouri (USA): Department of Sociology of Washigton, n. 25, 1975, pp. 18 *e ss*.

[108] Os textos mencionados por eles no artigo são: *Theorie und Praxis: Sozial philosophische Studien*, Neuwied-Berl*In:* Luchterhand, 1963. "Wissenschaft und Politik". *Offene Welt*, n. 86, Köln, 1964, pp. 413-423. *Strukturwandel der Öffentlichkeit: Untersuchungen zu einer Kategorie der bürgerlichen Gesellschaft*. Frankfurt a. M.: Suhrkamp, 1962. E também o artigo de autoria coletiva: *Student und Politik: Eine soziologische Untersuchung zum politischen Bewußtsein Frankfurter Studenten*. Neuwied-Berl*In:* Luchterhand, 1961.

[109] Para a teoria do capitalismo monopolista de Estado, a estatização de setores da economia é um progresso, e o desafio consiste em colocar a atividade estatal verdadeiramente a serviço do interesse geral e de uma gestão racional, o que não ocorre no capitalismo. Trata-se de um equívoco decorrente justamente da insuficiência de compreensão acerca das relações de produção capitalistas. Ver: THÉRET, Bruno; WIEVIORKA, Michel. *Critique de la théorie du "capitalism monopoliste d'État"*. Paris: François Maspero, 1978, pp. 116-117.

CAPÍTULO II - CONTEXTUALIZAÇÃO DA TEORIA
DERIVACIONISTA DO ESTADO

direcionado em busca da justiça social e racionalização da ordem. Isso ocorreria tanto por meio da ação política no âmbito estatal, quanto na sociedade civil, o que exigiria uma mudança no nível da consciência dos que conduzem as ações estatais. A rejeição dessas ideias leva Müller e Neusüß inclusive a satirizar expressamente os sociólogos da Escola de Frankfurt, que, na década 1950, julgavam ser importante, para promover uma mudança de pensamento e explorar o potencial democrático existente, que os estudantes ocupassem posições de comando nas grandes corporações e no funcionalismo público.[110]

Com relação a Offe, as críticas feitas por Müller e Neusüß são menos severas e baseadas num único texto dele: *Autoridade política e estrutura de classe: uma análise das sociedades capitalistas tardias*.[111] Eles reconhecem que Offe não compactua da ideia de emancipação social por meio do Estado de bem-estar social e o intervencionismo estatal. Também afirmam que as ideias de Offe a respeito da transformação da consciência e das necessidades humanas e sua ligação com o movimento de reprodução do capital estão apenas subentendidas, não expressas. Contudo, não obstante tais ressalvas, Müller e Neusüß afirmam que uma mesma crítica pode ser feita contra Offe e Habermas: a crença equivocada de que uma "(...) mudança fundamental na forma e conteúdo dos poderes distributivos do Estado" não requer uma revolução "(...) nas relações de produção, mas meramente uma mudança na formação da vontade política".[112]

---

[110] MÜLLER, Rudolf Wolfgang; NEUSÜß, Christel. "The 'Welfare-State illusion' and the contradiction between wage labour and capital". *In*: PICCONE, Paul (Coord). *Telos*. St. Louis, Missouri (USA): Department of Sociology of Washigton, n. 25, 1975, p. 35.

[111] OFFE, Claus. "Politische Herrschaft und Klassenstrukturen: Zur Analyse spätkapitalistischer Gesellschaften". *In*: KRESS, Gisela; SENGHAAS, Dieter (Coord.). *Politikwissenschaft*: eine Einführung in ihre Probleme. Frankfurt: *Europäische Verlagsanstalt*, 1969. Em inglês: OFFE, Claus."Political authority and class structures: an analysis of late capitalist societies". *International Journal of Sociology*. vol. 2, n. 1, New York: Art And Science Press, pp. 73-108, Spring, 1972.

[112] MÜLLER, Rudolf Wolfgang; NEUSÜß, Christel. *Die Sozialstaatsillusion und der Widerspruch von Lohnarbeit und Kapital*. p. 27. Disponível em: http://www.de-archiv.de/php/dok.phparchiv=sop&brett=sopo70&fn=mueller.270&menu=sopinh.

Poucos anos depois, Habermas[113] e Offe[114] publicaram uma réplica direta às críticas recebidas por Müller e Neusüß, cujos argumentos podem ser resumidos, muito sinteticamente, da seguinte maneira.

Habermas acusa Müller e Neusüß de se aproximarem de uma posição ortodoxa, que subestima o papel da luta política, vista por eles como resultado inconsciente do processo econômico, apto apenas a reproduzir a lógica de reprodução do capital. Do ponto de vista metodológico, o erro de Müller e Neusüß seria acreditar que poderiam responder *se* e *como* a estrutura de classe mudou, focando-se apenas no nível analítico (derivando o Estado da lei do valor, por exemplo), quando, na realidade, isso somente seria verificável empiricamente. A tese central da resposta de Habermas consistirá em argumentar que o Estado, mais recentemente, ao contrário do que ocorria antes, passou a desempenhar um papel fundamental para o funcionamento do modo de produção capitalista, de tal maneira que: (i) "a estrutura de classe pode agora ser diretamente afetada pelas disputas políticas" em torno da administração do Estado e (ii) as funções do Estado não podem ser simplesmente "derivadas do movimento imanente do capital",[115] pois acabam sendo expressão da luta política existente no interior do Estado.

Offe, por sua vez, reage de maneira mais contundente recusando explicitamente a associação de suas ideias com os pensadores "revisionistas"

Acesso em: 5 de maio de 2011. Tradução nossa. Em inglês: MÜLLER, Rudolf Wolfgang; NEUSÜß, Christel. "The 'Welfare-State illusion' and the contradiction between wage labour and capital". *In:* PICCONE, Paul (Coord.). *Telos.* St. Louis, Missouri (USA): Department of Sociology of Washington University, n. 25, 1975, p. 36.

[113] HABERMAS, Jürgen. "A reply to Müller and Neusüß". *In:* PICCONE, Paul (Coord.). *Telos.* St. Louis, Missouri (USA): Department of Sociology of Washington University, n. 25, 1975, pp. 91-98.

[114] OFFE, Claus. "Further comments on Müller and Neusüß". *In:* PICCONE, Paul (Coord.). *Telos.* St. Louis, Missouri (USA): Department of Sociology of Washington University, n. 25, 1975, pp. 99-111.

[115] HABERMAS, Jürgen. "A reply to Müller and Neusüß." *In:* PICCONE, Paul (Coord.). *Telos.* St. Louis, Missouri (USA): Department of Sociology of Washington University, n. 25, 1975, p. 91.

CAPÍTULO II - CONTEXTUALIZAÇÃO DA TEORIA DERIVACIONISTA DO ESTADO

e acusa igualmente Müller e Neusüß de adotarem uma posição ortodoxa, subestimando o processo concreto de realização do capital e de funcionamento do aparato do Estado e suas respectivas funções estabilizantes. De certo modo, Offe compactua de parte das críticas de Habermas, procurando demonstrar que o Estado, após a Segunda Guerra Mundial, passou a estar imiscuído nas condições de reprodução em inúmeros níveis (ciência e tecnologia; infraestrutura; finanças e tributação; regulação monetária e de mercado; controle da economia mundial e organização de blocos internacionais etc.), não podendo mais pensá-lo apenas a partir do seu papel "negativo" em relação à dinâmica dos capitais individuais.[116] Contudo, Offe não demonstra o mesmo otimismo de Habermas com relação às oportunidades de ação política na condução das ações deste Estado mais intervencionista e voltado ao bem-estar social.[117] Como consequência, a crítica de Offe a Müller e Neusüß, por sobrevalorizarem um estudo analítico em detrimento do empírico, adquire outro sentido: afirmar que a função do sistema político é, simplesmente, salvaguardar as relações do capital significa ignorar a dinâmica histórica real – a ser conhecida empiricamente – na qual existem inúmeras contradições, privações, relações de dominação etc., que estão na margem, não no centro, da esfera de produção, mas nem por isso são menos necessárias para o desenvolvimento da economia capitalista e, portanto, são igualmente essenciais. Noutras palavras, Offe quer reforçar a importância de examinar a necessidade dessa dinâmica conflituosa, que no entender dele não é necessária *para* o sistema (no sentido, por exemplo, de que o trabalho assalariado é necessário *para* o capital), mas sim, *com* o sistema, não podendo ser eliminada sem o próprio fim do capitalismo.

Pode-se perceber, desse modo, que, no cerne das considerações de Müller e Neusüß a Habermas e Offe, encontra-se uma rejeição a

---

[116] OFFE, Claus. "Further comments on Müller and Neusüß". *In:* PICCONE, Paul (Coord.). *Telos.* St. Louis, Missouri (USA): Department of Sociology of Washington University, n. 25, 1975, p. 102

[117] OFFE, Claus. "Further comments on Müller and Neusüß". *In:* PICCONE, Paul (Coord.). *Telos.* St. Louis, Missouri (USA): Department of Sociology of Washington University, n. 25, 1975, pp. 104 *e ss.*

uma visão reformista a respeito do Estado. A preocupação, por conseguinte, da teoria da derivação era evitar uma perspectiva revisionista (não por acaso, os paralelos feitos com Bernstein,[118] aos quais Offe se incumbiu de responder expressamente),[119] que sobrevalorizava o nível político. Ao mesmo tempo, a pretensão do derivacionismo era evitar os erros da ortodoxia marxista tradicional.

Por fim, destacamos desde já que algumas das questões apontadas acima aparecerão nas críticas recíprocas entre os autores do debate da derivação do Estado, sobretudo nas polêmicas a respeito da constituição formal e histórica do Estado e, também, nas discussões sobre o papel da luta de classes, temas que serão oportunamente analisados em capítulos específicos.

2.2 Circunstâncias históricas

Após as explicações anteriores a respeito do entorno teórico do debate derivacionista do Estado, explicaremos o contexto histórico na década de 1970 na antiga República Federal da Alemanha e na Grã-Bretanha que, no fundo, reflete a situação geral do capitalismo vivida pelos demais países desenvolvidos, em que pesem eventuais particularidades, nos quais há um amplo debate a respeito das formas de intervenção estatal na economia.[120] Esse panorama econômico ajuda a entender os debates teóricos a respeito do Estado e do Direito que

---

[118] MÜLLER, Rudolf Wolfgang; NEUSÜß, Christel. *Die Sozialstaatsillusion und der Widerspruch von Lohnarbeit und Kapital*, pp. 17-19 e 23. Disponível em:http://www.dearchiv.de/php/dok.php?archiv=sop&brett=sopo70&fn=mueller.270&menu=sopinh. Acesso em: 5 de maio de 2011.

[119] OFFE, Claus. "Further comments on Müller and Neusüß". *In*: PICCONE, Paul (Coord.). *Telos*. St. Louis, Missouri (USA): Department of Sociology of Washington University, n. 25, 1975, p. 105.

[120] No Brasil, neste período, também se observa o desenvolvimento de discussões dessa natureza, conforme explica BERCOVICI, Gilberto. *Constituição econômica e desenvolvimento*: uma leitura a partir da Constituição de 1988. São Paulo: Malheiros, 2005. p. 1 *e ss*. Ver ainda: BERCOVICI, Gilberto. *Desigualdades regionais, Estado e Constituição*. São Paulo: Max Limonad, 2003, pp. 83 *e ss*.

CAPÍTULO II - CONTEXTUALIZAÇÃO DA TEORIA
DERIVACIONISTA DO ESTADO

estavam se desenvolvendo naquele período, bem como quais forças políticas existiam e como elas se mobilizavam diante daquela realidade e dos horizontes que despontavam. Iniciemos, pois, com uma descrição a respeito da Alemanha Ocidental.

2.2.1 Alemanha na década de 1970

Os elementos que contribuem decisivamente para o desenvolvimento da teoria derivacionista surgem no final da década de 1960. São basicamente três: a recessão econômica alemã de 1966-1967; a ascensão do Partido Social-Democrata da Alemanha, em 1966, e as intensas lutas estudantis na Europa que eclodiram a partir de maio de 1968. Vejamos cada um desses itens separadamente.

a) O "milagre" alemão

Após a Segunda Guerra Mundial, a Alemanha Ocidental viveu um período de forte crescimento econômico conhecido como o *"milagre"* alemão. O PIB *per capita* alemão cresceu 6,8% por ano entre 1950-1960, e 3,1% entre 1960-1967.[121] Apesar da destruição provocada pela guerra, a economia alemã conseguiu recuperar-se em função da existência de mão de obra disponível (grande parte oriunda de refugiados do Leste-Europeu) e qualificada para produção tecnológica (parte dela oriunda da Alemanha Oriental). Além da força de trabalho, a Alemanha Ocidental recebeu vultosas injeções de capital estrangeiro norte-americano – especialmente entre 1948 e 1951, por meio do conhecido *Plano Marshall*. Finalmente, a crescente liberalização do comércio internacional foi uma condição propícia para aprofundar a integração da Alemanha na divisão internacional do trabalho, favorecendo assim investimentos e o crescimento econômico naquele país. Quando da criação do Mercado Comum Europeu, os encargos trabalhistas na Alemanha

---

[121] SINGER, Paul. O milagre brasileiro: causas e consequências. [S.l.]: Ceprab, Brasiliense, 1975, p. 9.

Ocidental eram inferiores aos da Bélgica, França, Itália e Holanda e a média salarial superava apenas a destes dois últimos países. Assim, com o fim das barreiras alfandegárias, os alemães puderam expandir fortemente suas exportações que cresceram a uma taxa anual de 12%, sendo que a parcela exportada do PIB (coeficiente de exportações) subiu de 1% para 20% na Alemanha Ocidental nesse período.[122]

> Esse cenário de prosperidade contribuiu para mostrar as supostas virtudes do capitalismo alemão ocidental face ao vizinho socialista oriental que, por sua vez, contribuiu para o "milagre", uma vez que as condições salariais mais favoráveis da República Federativa (capitalista) atraíam os alemães mais qualificados da República Democrática (socialista). Tal fluxo de mão de obra, aliado a outros (como dos refugiados poloneses e de outras regiões) permitiu que os salários crescessem menos que a produtividade, garantindo assim que a acumulação de capital se expandisse continuamente.[123]

No entanto, em 1966-1967 o "milagre" alemão chegou ao fim, a exemplo do que ocorreu em outros países capitalistas, inclusive na América Latina e no Brasil, que vivenciaram experiências semelhantes de crescimento "milagroso" (1968/1973) seguido de estagnação e recessão a partir de 1974. O Estado que desempenhara um papel fundamental para que o crescimento econômico acontecesse também seria o encarregado de administrar a crise e recessão.[124] Nesse contexto, os pensadores da teoria derivacionista aparecem explicando quais os problemas e qual a ilusão vivenciada durante aquele período.

---

[122] SINGER, Paul. *O milagre brasileiro*: causas e consequências. [S.l.]: Ceprab, Brasiliense, 1975, p. 9.

[123] SINGER, Paul. *O milagre brasileiro*: causas e consequências. [S.l.]: Ceprab, Brasiliense, 1975, p. 10.

[124] SINGER, Paul. *O milagre brasileiro*: causas e consequências. [S.l.]: Ceprab, Brasiliense, 1975, p. 10.

CAPÍTULO II - CONTEXTUALIZAÇÃO DA TEORIA DERIVACIONISTA DO ESTADO

b) A ascensão do Partido Social-Democrata

Em 1966 o Partido Social-Democrata da Alemanha (SPD – *Sozialdemokratische Partei Deutschlands*) conseguiu voltar ao governo desde o final da Segunda Guerra Mundial. Isso foi possível por meio de uma aliança, na qual também era minoria, com a União Democrata-Cristã (CDU – *Christlich Demokratische Union Deutschlands*). Dessa forma, o SPD conseguiu eleger Willy Brandt como vice-chanceler de 1966 a 1969. Após uma aliança, na qual era maioria, com o Partido Democrático Liberal (FDP – *Freie Demokratische Partei*), Brandt viria a assumir o posto de chanceler, exercendo assim o papel de chefe de governo até maio de 1974.

A vitória de Brandt marcou o retorno de um chanceler de esquerda após mais de quarenta anos. Seu governo procurou tentar equilibrar as relações com a Alemanha Oriental e demais países do bloco soviético, por meio da *Ostpolitik* (Política do Leste). De um lado, o SPD passou a sofrer ataques das forças políticas conservadoras, em função de sua tentativa de diálogo e entendimento com o Leste Europeu. Por outro lado, Brandt viria a ser criticado pelos comunistas alemães ocidentais, que tratariam de mostrar como a social-democracia do SPD não seria suficiente para resolver os problemas sociais e econômicos vividos pela Alemanha Ocidental. Nas forças de esquerda estava o grupo de pensadores da teoria derivacionista, crítico à ilusão vivenciada pela vitória política da social-democracia naquele tempo.[125]

c) As lutas estudantis de maio de 1968

A década de 1960 na Europa foi marcada por uma intensa agitação política, na qual diversos movimentos sociais – operários, estudantes, minorias etc. – fizeram reivindicações pela positivação de direitos ou pela transformação radical do Estado, da sociedade e da economia.

---

[125] Conforme sustenta Simon Clarke, a crítica da social-democracia está associada à ascensão desses partidos na Alemanha. Cf. CLARKE, Simon (Coord.). *The state debate*. Londres: Palgrave Macmillan, 1991, p. 5.

O evento simbolicamente mais relevante ocorreu em maio de 1968, em Paris na França, quando mais de 10 milhões de operários iniciaram uma greve geral e juntamente com os estudantes, desenvolveram violentos protestos, sendo duramente reprimidos pelo presidente Charles de Gaulle que acuado chegou a se refugiar na Alemanha, criou um Quartel General voltado especialmente para reprimir os movimentos populares e dissolveu a Assembleia Nacional, convocando eleições parlamentares, que ocorreram em 23 de junho de 1968.

Movimentos semelhantes vinham ocorrendo na Alemanha, intensificando-se após junho de 1967 quando o estudante Benno Ohnesorg foi morto pela polícia alemã durante os protestos estudantis contra a visita do Xá Reza Pahlevi à República Alemanha Oriental. Em abril de 1968, os protestos também ganharam impulso com a tentativa de assassinato do líder estudantil de esquerda Rudi Dutschke, que foi ferido gravemente com tiros na cabeça pelo extremista de direita, Josef Bachmann. Assim, em maio de 1968, o movimento alemão, em solidariedade aos estudantes e operários franceses, chegou ao seu ápice.

Nos meses seguintes, o movimento iria se enfraquecer, não alcançando suas reivindicações por mais democracia, representatividade e direitos no campo social. A desarticulação do movimento estudantil com o proletariado alemão e seu caráter reformista chamariam a atenção dos pensadores derivacionistas, que explicavam como o hiato entre os estudantes e os trabalhadores ajudava a entender a base material sobre a qual repousava a crença disseminada no reformismo.[126] Segundo Müller e Neusüß, a crítica às ideias reformistas era mais importante em relação às agitações estudantis, uma vez que os universitários estavam mais próximos do Estado do que os trabalhadores assalariados[127] (que

---

[126] Cf. HOLLOWAY, John; PICCIOTTO, Sol. "Introduction: towards a materialist theory of the state". *In*: HOLLOWAY, John; PICCIOTO, Sol. (Coord.). *State and Capital*: a marxist debate. Londres: Edward Arnold (Publishers) Ltd., 1978, p.16.

[127] MÜLLER, Rudolf Wolfgang; NEUSÜß, Christel. "The 'Welfare-State illusion' and the contradiction between wage labour and capita". *In*: PICCIONE, Paul (Coord.). *Telos*. St. Louis, Missouri (USA): Department of Sociology of Washington University, n. 25, 1975, p. 18.

CAPÍTULO II - CONTEXTUALIZAÇÃO DA TEORIA
DERIVACIONISTA DO ESTADO

vivenciavam as contradições do capitalismo cotidianamente), portanto, mais propensos às ilusões acerca do potencial transformador do Estado.

2.2.2 Reino Unido na década de 1970

Conforme mencionamos anteriormente, o debate derivacionista do Estado e do Direito que surgiu originalmente na Alemanha irá se desenvolver na Grã-Bretanha a partir da publicação dos artigos dos pensadores alemães na obra *State and capital: a marxist debate*, organizada conjuntamente por John Holloway e Sol Picciotto.

No caso do Reino Unido, o debate derivacionista ganha força num momento semelhante àquele vivido pela Alemanha anteriormente, no entanto, com algumas distinções bastante significativas.

No final da década de 1960, o capitalismo britânico também se encontrava no início de uma crise que iria se agravar na década de 1980, já se manifestando em indicadores bastante negativos: estagnação, desvalorização da moeda, inflação, déficit na balança comercial, aumento do desemprego.[128]

No cenário político, o partido conservador vinha dominando o parlamento desde 1951 quando Winston Churchill ocupou, pela segunda vez, o cargo de Primeiro Ministro. Apenas no final de 1964 o Partido Trabalhista voltaria ao poder com a renúncia do conservador Douglas Home e a eleição de Harold Wilson. Após décadas de derrotas, a esquerda britânica ganhava uma vantagem sobre a direita, no entanto, não de maneira tão linear quanto na Alemanha, pois os conservadores voltariam ao poder seis anos depois elegendo o primeiro-ministro Edward Heath (cujo governo durou de 1970-1974), especialmente em função da desvalorização da libra e o fracasso do plano nacional da economia que ocorreram durante o governo de Wilson. De tal sorte que os

---

[128] Cf. NICKELL, Stephen; NUNZIATA, Luca; OCHEL; Wolfgang. *Unemployment in the OECD since the 1960's: what do we know?* Disponível em: http://www.res.org.uk/economic/freearticles/january05.pdf. Acesso em: 4 de abril de 2011.

trabalhistas apenas voltariam à frente do parlamento entre 1974 e 1979, com Harold Wilson novamente e James Callaghan depois.

Outro aspecto de semelhança com os alemães foram os diversos confrontos entre os movimentos sociais e o governo no curso da década de 1970. O movimento estudantil britânico, a exemplo do francês e alemão, também se envolveu em diversos embates significativos e prolongados.[129] Os operários na Grã-Bretanha, por sua vez, organizaram intensas lutas, com participação maciça dos ferroviários, trabalhadores da indústria elétrica e principalmente, dos mineradores de carvão (cuja greve, coincidindo com a crise internacional do petróleo, impulsionou, inclusive, a queda do primeiro-ministro conservador Edward Heath em 1974).[130]

A principal distinção encontra-se no fato de que naquele momento, no Reino Unido, o pensamento político já se voltava para as soluções da crise econômica fora da perspectiva do Estado de bem-estar social e, consequentemente, o horizonte neoliberal já se avizinhava, o que acabou se materializando, em definitivo, com a vitória, em 1979, de Margareth Thatcher como primeira-ministra da Inglaterra, cujo governo, somado ao do conservador John Major, durou quase 20 anos, até 1997 (na Alemanha, situação semelhante ocorreu em 1982, com a eleição do chanceler de direita Helmut Kohl, que permaneceu no cargo até 1998).

---

[129] Ver: ROBERTSON, Jack. *25 years after the Great Miners' Strike*. Disponível em: http://www.isj.org.uk/?id=640. Acesso em: 2 de julho de 2011.

[130] "In 1974 the Heath government was effectively forced out of office by its inability to beat the trade unions. Its Industrial Relations Act had proved completely ineffective in the face of an official boycott by most of the unions and through mass unofficial action. Both of Heath's attempts to impose wage controls were wrecked when they ran into the resistance of the miners in the spring of 1972 and the winter of 1973-1974. Instead of shifting the balance of power on the shop floor towards the employers, government measures fanned the flames of discontent in industry; hostility to them provided a single political focus for forms of industrial militancy that had not previously had an overt political goal" (ROBERTSON, Jack. *25 years after the Great Miners'* Strike. Disponível em: http://www.isj.org.uk/?id=640. Acesso em: 2 de julho de 2011).

CAPÍTULO II - CONTEXTUALIZAÇÃO DA TEORIA DERIVACIONISTA DO ESTADO

Atualmente, as ações e propostas de desmonte da estrutura de bem-estar social e de diminuição da intervenção do Estado no domínio econômico se tornaram cotidianas na agenda da política e da mídia. No entanto, naquele período se tratava de uma novidade no discurso e nas práticas políticas que surgiram após o término da Segunda Guerra Mundial.

Todo esse cenário aqui descrito aparece de forma resumida logo no primeiro parágrafo da introdução da obra *State and capital*, que marca o início do debate da derivação do Estado no Reino Unido, no qual Holloway e Picciotto escrevem o seguinte:

> A crise atual do capitalismo aparece, mais do que nunca, como uma crise do Estado. A atenção esteve centrada, na Grã-Bretanha e em outros lugares, não apenas sobre o fracasso habitual do Estado de 'gerir a economia', mas sobre a necessidade de reduzir e reestruturar a despesa do Estado e, consequentemente, para a reestruturação do aparelho. Pela primeira vez desde a Segunda Guerra, a utilidade de uma grande parte da administração do Estado foi seriamente posta em causa.
>
> Perante estes desenvolvimentos, as pessoas estão sendo obrigadas a modificar seus pontos de vista sobre a força e a fragilidade, as possibilidades e as limitações do Estado e muitas das opiniões, amplamente sustentadas de alguns anos atrás, demonstraram-se ilusórias. Aqueles que acreditavam em um 'novo capitalismo', que ainda pode ser opressivo, mas em que o problema da crise econômica havia sido em grande parte resolvido pela intervenção do Estado, estão agora confrontados com o retorno do alto desemprego, cortes salariais e redução de despesas. Aqueles, por outro lado, que acreditavam que um retorno de alto desemprego e uma queda geral do nível de vida seria uma ameaça mortal para o sistema político não deve ter menor vergonha pelo curso real do desenvolvimento: a crise trouxe à luz não só os limites da atividade do Estado, mas igualmente a notável capacidade do Estado para crise do clima.[131]

---

[131] HOLLOWAY, John; PICCIOTO, Sol. "Introduction: towards a materialist theory of the state". *In*: HOLLOWAY, John; PICCIOTO, Sol. (Coord.). *State and Capital*: a marxist debate. Londres: Edward Arnold (Publishers) Ltd., 1978, p. 1.

O eixo predominante de discussão não era a crise do capitalismo, mas a sua reestruturação, o que significava entender as mudanças da economia e do Estado nessa nova situação. Isso pode ser verificado tanto entre os neoliberais, quanto pelos marxistas (que evidentemente divergiam a respeito da solução para o problema), inclusive nos pensadores da teoria da derivação, que agora procuravam compreender como e em que medida a crise estava transformando o âmbito econômico, político e jurídico.

Essas tentativas de compreensão da nova realidade e das transformações em curso levariam os pensadores marxistas, incluindo-se aqui a teoria derivacionista, a criar novos conceitos e teorias, especialmente a partir da ideia de *pós-fordismo* (um momento – ou uma nova fase do capitalismo – cuja denominação, características, causas e consequências encontrariam – e encontram até hoje – grandes variações e polêmicas dentro e fora da literatura marxista).

2.2.3 A ilusão a respeito do poder estatal

Entender todo o contexto político-social no qual emerge a teoria derivacionista constituiria um estudo à parte. Aos elementos envolvidos naquele momento poderíamos agregar outros, por exemplo, no plano fático, o aprofundamento da crise alemã na década de 1970 e, na Grã-Bretanha, na década de 1980, o aumento da repressão policial contra os movimentos sociais; no plano teórico, os problemas relacionados à funcionalidade do Estado e a sua natureza repressiva.[132]

De todo esse complexo cenário, pretendemos extrair duas questões centrais que serão tratadas pelas teorias derivacionistas do Estado: os limites da ação estatal em prol da classe trabalhadora e a ilusão a respeito do seu poder para lidar com as crises econômicas. Sobre esse ponto,

---

[132] HOLLOWAY, John; PICCIOTTO, Sol. *In*: HOLLOWAY, John; PICCIOTO, Sol. (Coord.). *State and Capital*: a marxist debate. Londres: Edward Arnold (Publishers) Ltd., 1978, p. 16.

CAPÍTULO II - CONTEXTUALIZAÇÃO DA TEORIA DERIVACIONISTA DO ESTADO

os pensadores do derivacionismo julgavam que as teorias marxistas até então estariam defasadas, sendo assim insuficientes na abordagem de tais questões.

Não é à toa que o artigo de Rudolf Wolfgang Müller e Christel Neusüß, marco inaugural da teoria derivacionista do Estado, tinha como título: "Die Sozialstaatsillusion",[133] a ilusão do Estado Social. Conforme apontamos anteriormente, tal ilusão seduzia os pensadores revisionistas, os membros da Escola de Frankfurt (com destaque para Habermas e Offe, já referidos) e os simpatizantes da Teoria do Capitalismo Monopolista de Estado – Stamocap (já mencionada anteriormente). Como resultado, a ideologia da classe dominante se propagava no proletariado tornando-se referência para a classe trabalhadora. E essa propagação tinha como elemento fundamental para seu sucesso a experiência concreta – não apenas hipotética – do Estado de bem-estar social (tal fato reforça os argumentos materialistas, segundo os quais uma determinada ideologia – como a ilusão acerca do Estado de bem-estar social, por exemplo – sedimenta-se a partir da sua existência real, não apenas por conta de uma concepção ideal). É justamente tratando disso que Müller e Neusüß iniciam seu artigo, advertindo que:

> O desenvolvimento do revisionismo no movimento operário em si depende crucialmente da experiência de legislação de 'bem-estar social' promulgada pelo Estado burguês, que limita as formas particulares de exploração do trabalhador na empresa capitalista. Ao estabelecer um nível mínimo de subsistência (através da legislação dos trabalhadores a proteção e a sistemas de segurança social), a existência de material dos assalariados é assegurada durante os momentos em que eles não podem vender sua força de trabalho como mercadoria no mercado (doença, velhice, desemprego). Essa legislação poderia facilmente parecer uma limitação da dominação do capital sobre o trabalho vivo,

---

[133] MÜLLER, Rudolf Wolfgang; NEUSÜß, Christel. *Die Sozialstaatsillusion und der Widerspruch von Lohnarbeit und Kapital*. Disponível em: http://www.dearchiv.de/php/dok.php?archiv=sop&brett= sopo70&fn=mueller.270&menu= sopinh. Acesso em: 5 de maio de 2011.

especialmente porque sua promulgação sempre foi o resultado mediado pelas lutas de classes. Aos olhos da classe trabalhadora, ou especialmente de sua organização, o Estado poderia, portanto, parecer ser um instrumento que poderia ser utilizado por meio da 'tática do salame', alcançando-se o poder político e social pouco a pouco (uma fatia por vez).[134]

Partindo desse ponto, trataremos, a seguir, de entender os pormenores desse texto e da teoria da derivação nos seus contornos gerais iniciais.

---

[134] MÜLLERüller, Rudolf Wolfgang; NEUSÜß, Christel. "The 'Welfare-State illusion' and the contradiction between wage labour and capital". *In:* HOLLOWAY, John; PICCIOTTO, Sol (Coord.). *State and capital*: a marxist debate. Londres: Edward Arnold (Publishers) Ltd., 1978, p. 34. Nesta citação, optamos pela republicação do artigo que apresenta o argumento de maneira mais sintética. Na edição da *Telos*, citada anteriormente, ver pp. 17-18. Tradução nossa.

Capítulo III

A TEORIA DERIVACIONISTA DO ESTADO

O panorama anteriormente apresentado nos permite entender historicamente a situação política, econômica e filosófica na qual a teoria derivacionista surge. Tais referências são essenciais para se compreender quais as questões enfrentadas naquele período, como elas se apresentavam e como eram respondidas por certas vertentes do pensamento marxista, bastante influentes naquela época.

Passaremos a expor agora as bases a partir das quais a teoria da derivação do Estado se estabelece e quais são as principais teses e argumentos articulados pelos integrantes do debate.

3.1 A especificidade do Estado no capitalismo

Conforme apontamos anteriormente, a concepção de "Estado-instrumento da classe dominante" foi difundida a partir de certas correntes do pensamento marxista. Também mencionamos que essa visão tem suas raízes em concepções engelsianas, leninistas e revisionistas de Estado (com nuances que as diferenciam entre si), mas que o impulso decisivo para a difusão dessa doutrina se deu por meio do stalinismo e da influência da União Soviética ao redor do mundo. A expansão de tais teorias atingiu inclusive o Brasil, conforme indicado anteriormente.

Na década de 1960, despontavam discordâncias em relação à concepção instrumentalista antes referida, com destaque para as que foram apresentadas por Habermas, Offe, Poulantzas e Miliband, que estão justamente no centro das críticas dos pensadores do derivacionismo alemão, cujo objetivo era avançar na compreensão sobre a relação existente entre o Estado e o processo de acumulação capitalista, proposta que abrangia o estudo dos limites da intervenção estatal nas situações de crise.

O caminho adotado pela teoria da derivação partia da premissa de que era insuficiente relacionar o *conteúdo* da atividade estatal e do Direito com os interesses da classe dominante,[135] ou ainda explicar as funções do Estado apenas a partir da luta de classes e predomínio de uma delas. Assim, o derivacionaismo – rejeitando a concepção de Estado como um aparelho genérico de dominação de classe – partia da análise da natureza das relações de produção capitalistas, mais precisamente, do estudo das categorias econômicas de Marx – utilizadas para explicar o capitalismo – derivando destas o Estado, e explicando sua *forma política*[136] particular, ou seja, existente apenas nesse modo de produção.

A teoria da derivação, portanto, procurava mostrar o Estado como algo próprio de um momento histórico, um ente dotado de características específicas a partir da modernidade, o que significava mostrá-lo como decorrente das particularidades do processo de acumulação que constitui o modo de produção capitalista. Joachim Hirsch explica que o passo teórico do debate da derivação do Estado consistiu justamente em tratar do desenvolvimento teórico da *forma política*

---

[135] Sol Picciotto destaca ainda o fato de o debate jurídico, equivocadamente, não conseguir estabelecer uma discussão sobre o Direito que vá além da dicotomia coerção/consenso, abrangendo, por exemplo, uma explicação sobre "qual forma de coerção está envolvida e *como* o consenso é obtido". The theory of the state, class struggle and the rule of law. *In:* FINE, Bob et al. (Coord.). *Capitalism and the rule of law*: from deviancy theory to marxism. London: Hutchinson. 1979, p. 165.

[136] Cf. HOLLOWAY, John; PICCIOTTO, Sol. "Introduction: towards a materialist theory of the state". *In:* HOLLOWAY, John; PICCIOTO, Sol. (Coord.). *State and Capital*: a marxist debate. Londres: Edward Arnold (Publishers) Ltd., 1978, p. 2.

CAPÍTULO III - A TEORIA DERIVACIONISTA DO ESTADO

na sociedade capitalista explicando como e por que surgem os Estados e assim responder à seguinte indagação:[137] por que, no capitalismo "a comunidade política, o Estado, assume de fato uma configuração separada da sociedade e das classes sociais e que consequências isso tem para o desenvolvimento das instituições e dos processos políticos?".[138]

Conforme veremos ao longo de nossa exposição, a teoria da derivação examinou a *forma* do Estado no capitalismo, que não encontra precedentes exatos nos modos de produção anteriormente existentes. Tornemos mais clara nossa exposição: no capitalismo, o domínio de uma classe por outra, materializada na exploração econômica existente, adquire uma *forma* distinta em relação aos demais modos de produção. Altvater, cuja teoria será mais bem explicada (e criticada), afirma, por exemplo, que "(...) a *forma adequada* do Estado no capitalismo é (...) sua existência particular contra os capitais individuais e não como uma 'ferramenta dos monopólios'"[139] (uma tese que se opõe diretamente àquelas da teoria do Capitalismo Monopolista de Estado).

Tem-se, assim, na teoria da derivação, como ponto comum, a tentativa de mostrar que tanto a *forma* econômica, quanto a *forma* política, no capitalismo, são distintas entre si e em relação às existentes em outros modos de produção. Isso significa explicar por que, no capitalismo, o Estado necessariamente existe diante de uma "separação"

---

[137] Conforme veremos adiante, Hirsch afirma que esta questão fundamental foi colocada pelo jurista soviético Pachukanis, numa formulação que se tornaria consagrada: "Por que é que o domínio da classe não se mantém naquilo que é, a saber, a subordinação de uma parte da população a outra? Por que é que ele reveste a forma de um domínio estatal oficial, ou, o que significa o mesmo, por que é que o aparelho de coação estatal não se impõe como aparelho privado da classe dominante, por que é que ele separa desta última e reveste a forma de um aparelho de poder público impessoal, deslocado da sociedade?" PACHUKANIS, Evgeni B. *Teoria geral do direito e marxismo*. São Paulo: Acadêmica, 1988, p. 95.

[138] HIRSCH, Joachim. *Teoria Materialista do Estado*. São Paulo: Revan, 2010, p. 30. Itálico no original.

[139] ALTVATER, Elmar. "Some problems of state interventionism". *In*: HOLLOWAY, John; PICCIOTTO, Sol (Coord.). *State and capital*: a marxist debate. Londres: Edward Arnold (Publishers) Ltd., 1978, p. 42.

(na realidade, uma "separação-na-unidade"),[140] estruturando, portanto, dois âmbitos – econômico e político – que anteriormente (no escravagismo e no feudalismo) se apresentavam numa espécie de unidade. Além disso, trata-se de compreender como essa separação impacta as próprias funções desempenhadas pelo Estado e também o exercício do poder – dentro e fora do Estado – no interior de uma sociedade assim organizada. Afinal, as instituições estatais – o espaço político, portanto – ganham certa autonomia em relação ao poder da classe dominante. A abordagem desta questão, no entanto, será feita de maneira diferente daquela feita por Poulantzas.

A teoria da derivação, a exemplo do pensamento poulantzano, mas discordando dos métodos e ideias deste pensador, pretende seguir os passos formulados por Marx,[141] segundo o qual as *formas políticas poderiam ser entendidas* apenas por meio da *anatomia da sociedade civil*. Entretanto, no caso da teoria da derivação, isso significa não adotar como ponto de partida categorias puramente políticas (como faz Poulantzas), mas sim, categorias econômicas (valor, mais-valia, acumulação, mercadoria, capital etc.) marxianas, derivando destas a forma e função do Estado. Assim, a referida separação do político e do econômico não será pensada como fruto de um acaso ou de contingências históricas, mas do próprio modo como as relações sociais se constituem na economia capitalista (o que ensejará acirrados debates sobre o papel da luta de classes e o peso das ações estritamente políticas na manutenção e modificação da ordem constituída). Veremos ainda que, para alguns pensadores, uma formulação teórica a respeito do Estado deve levar em conta necessariamente o conceito de *forma jurídica*, que consequentemente deve ser estudado com as ideias de *forma mercantil* e *forma política*.

Conforme explica Hirsch, para a teoria da derivação, entender as especificidades do Estado no capitalismo, significou compreender a

---

[140] Cf. HOLLOWAY, John. "From scream of refusal to scream of power: the centrality of work". *In:* BONEFELD, Werner; GUNN, Richard; PSYCHOPEDIS, Kosmas (Coord.). *Open Marxism*. vol. 3. London: Pluto Press, 1995, p. 168.

[141] MARX, Karl. "Para a crítica da economia política". *In:* GIANNOTI, José Arthur (Coord.). Marx. São Paulo: Abril Cultural, 1974, p. 51.

CAPÍTULO III - A TEORIA DERIVACIONISTA DO ESTADO

dinâmica própria – distinta historicamente – que a política e a luta de classes possuem nesse modo de produção e,[142] consequentemente, os caminhos para extinção deste. Müller e Neusüß, por sua vez, iniciando o debate, afirmavam que partiriam das "qualidades especiais particulares" da relação de capital para explicar "em detalhes a conexão entre relações econômicas e *formas* políticas, entre economia e luta política",[143] bem como as particularidades do Estado no capitalismo. Vejamos, então, a argumentação desenvolvida por estes dois autores.

3.2 A competição entre os capitais individuais: o Estado como capitalista coletivo ideal

Para Müller e Neusüß, a relação entre Estado e sociedade capitalista é considerada um dos elementos fundamentais para o debate de duas questões decisivas para a classe trabalhadora: qual estratégia política e qual forma de organização devem ser adotadas no combate ao capitalismo? Isso implica, consequentemente, a necessidade de se responder à seguinte pergunta: qual o papel do Estado na sociedade capitalista e como os trabalhadores devem lidar com ele? As respostas para essas perguntas são comumente formuladas a partir de duas posições distintas que marcam aquele período: a revolucionária e a revisionista.[144]

---

[142] Cf. HIRSCH, Joachim. *Teoria materialista do Estado*. São Paulo: Revan, 2010, pp. 22 *e ss*.

[143] MÜLLER, Rudolf Wolfgang; NEUSÜß, Christel. *Die Sozialstaatsillusion und der Widerspruch von Lohnarbeit und Kapital*, p. 12. Tradução nossa. Disponível em: http://www.dearchiv.de/php/dok.php?archiv=sop&brett=sopo70&fn=mueller.27 0&menu= sopinh. Acesso em: 5 de maio de 2011. Em inglês: MÜLLER, Rudolf Wolfgang; NEUSÜß, Christel. "The 'Welfare-State illusion' and the contradiction between wage labour and capital". *In:* PICCONE, Paul (Coord.). *Telos*, St. Louis, Missouri (USA): Department of Sociology of Washington University, n. 25, 1975, p. 18.

[144] Cf. MÜLLER, Rudolf Wolfgang; NEUSÜß, Christel. *Die Sozialstaatsillusion und der Widerspruch von Lohnarbeit und Kapital*, p. 14. Disponível em: http://www.dearchiv.de/php/dok.php?archiv=sop&brett=sopo70&fn=mueller.270%menu=sopinh. Acesso em: 5 de maio de 2011.

A divisão mencionada por Müller e Neusüß – revolucionários e revisionistas – remete a uma denominação clássica, que se estabeleceu após a publicação da obra de Edward Bernstein (1850-1932), em 1899, intitulada *As premissas do socialismo e as Tarefas da social-democracia – Die Voraussetzungen des Sozialismus und die Aufgaben der Sozialdemokratie*[145] – na qual o autor procura estabelecer uma "revisão" à teoria marxiana para defender uma transição gradual e pacífica do capitalismo para o socialismo, ideias que contariam com a adesão de outros líderes da época, se disseminando posteriormente como um suposto caminho alternativo para o socialismo.[146]

Müller e Neusüß destacam os seguintes aspectos a respeito das ideias e práticas dos adeptos do revisionismo:[147]

a) em todos, inclusive os revisionistas alemães da época, subjaz uma concepção de Estado como instituição mais ou menos independente, pairando acima das contradições da sociedade (portanto, como portadora de uma autonomia relativa, no pior sentido da expressão);

b) aposta-se numa transformação pacífica e contínua por meio de *reformas jurídicas*, obtidas a partir da tomada gradual do poder do Estado pela classe trabalhadora (para os críticos dessa

---

[145] BERNSTEIN, Eduard. *Die Voraussetzungen des Sozialismus und die Aufgaben der Sozialdemokratie*. Disponível em: https://www.marxists.org/deutsch/referenz/bernstein/1899/voraus/index.html. Acesso em: 27 de março de 2011.

[146] Dentre os líderes da época, destaca-se Karl Kautsky (1854-1938), membro do Partido Social-Democrata Alemão – *Sozialdemokratische Partei Deutschlands* (SPD) – autor do programa revisionista do SPD, o *Erfurt Programm*, juntamente com August Bebel e Eduard Bernstein e do texto *Marxism and Bolshevism: Democracy and Dictatorship* (1934). Suas ideias revisionistas seriam criticadas por Lenin no célebre texto *A revolução proletária e o renegado Kautsky*, publicado em português numa edição que contém dois clássicos do leninismo: *Estado e Revolução* e *A revolução proletária e o renegado Kautsky*. São Paulo: Sundermann, 2005.

[147] MÜLLER, Rudolf Wolfgang; NEUSÜß, Christel. *Die Sozialstaatsillusion und der Widerspruch von Lohnarbeit und Kapital*, pp.13-14. Disponível em: http://www.de-archiv.de/php/dok.php?archiv=sop&brett=sopo70&fn=mueller.270%menu=sopinh. Acesso em: 5 de maio de 2011.

CAPÍTULO III - A TEORIA DERIVACIONISTA DO ESTADO

ideia, ao contrário, escolher o método da reforma legislativa não significa escolher uma estrada lenta e calma para o mesmo destino, mas escolher outro destino);[148]

c) a "revolução pelo alto",[149] promovida pelo Estado e defendida pelos revisionistas, implica o abandono gradual do conceito de *movimento dos trabalhadores*, o que leva, por exemplo, a não mais se falar em "classe trabalhadora", mas em "forças democráticas";

d) historicamente, a opção revisionista sempre terminou no explícito abandono do socialismo como objetivo político.

A partir dessas ideias, nota-se que a crítica elaborada pela teoria derivacionista, por consequência, rejeita a possibilidade de se abolir o modo capitalista de produção por intermédio de graduais reformas no aparato do Estado e por meio de aprimoramentos legislativos, ou seja, no nível meramente jurídico. Portanto, para eles, a revolução pela classe trabalhadora seria o único caminho que poderia implicar a transformação radical das relações econômicas capitalistas.

Essa questão que marca o início do debate alemão sobre o derivacionismo também é encontrada no âmbito do Reino Unido, no qual permanece a questão, colocada por Müller e Neusüß, a respeito das possibilidades de o Estado evitar e resolver as crises capitalistas e de ser utilizado para uma transição socialista lenta, gradual e pacífica.[150]

---

[148] Sustentando essa posição, Müller e Neusüß remetem a essa clássica ideia de Rosa Luxemburgo, a mais famosa adversária alemã das teorias revisionistas do passado.

[149] Esse conceito também pode ser encontrado na doutrina stalinista a respeito do Estado e da luta de classes. Ver: FABRÈGUES, Bèrnard. "Staline, la lutte des classes, l'État." *Communisme*, Paris, n. 24, set.-out., 1976, pp. 47 *e ss*.

[150] MÜLLER, Rudolf Wolfgang; NEUSÜß, Christel, *Die Sozialstaatsillusion und der Widerspruch von Lohnarbeit und Kapital*, p. 14. Disponível em: http://www.dearchiv.de/php/dok.php?archiv=sop&brett=sopo70&fn=mueller.270%menu=sopinh. Acesso em: 5 de maio de 2011.

Tais questões, por sua vez, interligam-se com outras três. A democracia representativa e as liberdades civis são ideais intrínsecos do capitalismo ou são apenas circunstanciais? Por que o Estado, mesmo sendo classista, é visto pelos trabalhadores como instância neutra voltada para o bem comum de todos? E mais, por que o Estado, muitas vezes, é criticado pela burguesia no seu aspecto geral, no seu todo e não apenas em aspectos pontuais ou por força de decisões particulares que prejudicam os interesses particulares da classe burguesa?

Ponderando sobre essas três indagações, percebemos, inclusive, como elas mantêm a sua atualidade, pois no presente podemos perceber:

(i) com relação à primeira pergunta: a democracia (mesmo o mínimo instituído com o capitalismo) e as liberdades civis são constantemente violadas e ignoradas nos dias de hoje sob o pretexto da existência de "ameaças terroristas" (no caso da América Latina, tais ameaças, segundo o discurso das grandes potências, surgem diante da aproximação de alguns países com ideias consideradas socialistas);

(ii) com relação à segunda questão: o Estado não apenas permanece sendo visto como uma instância neutra, como tal ilusão acaba sendo reforçada pela chegada de partidos e personagens distintos ao poder (sindicalistas, sociólogos, negros, índios, mulheres etc.) – inclusive no Brasil e na América Latina –, o que aumenta a crença na ideologia de que o Estado é uma instância desvinculada de uma classe em particular (a burguesia);

(iii) com relação à terceira questão: o neoliberalismo impulsionou uma violenta e insistente crítica – reproduzida pela mídia em geral – oriunda dos setores empresariais que atacam o Estado no seu todo, como se ele fosse o principal responsável, por exemplo, pelo desemprego (ao manter legislação trabalhista "atrasada" e não respeitar a "autonomia da vontade entre empregado e empregador"), ou pelos entraves ao crescimento econômico (em função da tributação exercida

CAPÍTULO III - A TEORIA DERIVACIONISTA DO ESTADO

por ele, que, aliás, nos últimos anos, passou a ser visto quase como um mal em si mesmo).

Para se responder a estas e outras indagações, na perspectiva da teoria da derivação, é preciso desenvolver uma teoria materialista do Estado, analisando, por exemplo, a relação entre o Estado capitalista e a forma de produção na sociedade capitalista.[151] Para tanto, a "teoria materialista do Estado" – preconizada pelo derivacionismo – "diferencia o 'Estado' de outras formas históricas de dominação política. Sob o termo Estado, compreende-se o 'Estado Moderno', implantado como aparelho centralizado de força com o desenvolvimento do capitalismo e da sociedade burguesa".[152]

Ademais, uma teoria materialista do Estado nos moldes do derivacionismo, pretende ultrapassar as limitações das teorias revisionistas, que, dentre outros problemas, se restringe a atacar as instituições políticas existentes, denunciando seu "caráter burguês". É preciso ir além, num nível de crítica mais profunda, percebendo as ligações estruturais da organização política existente com o modo a partir do qual as relações econômicas funcionam e se desenvolvem no capitalismo.[153]

Assim, o ponto de partida para Müller e Neusüß[154] iniciarem uma teoria materialista a respeito do Estado está num excerto da obra *A ideologia alemã*, na qual Marx escreve:

---

[151] HOLLOWAY, John; PICCIOTTO. "Introduction: towards a materialist theory of the state". *In*: HOLLOWAY, John; PICCIOTO, Sol. (Coord.). *State and Capital*: a marxist debate. Londres: Edward Arnold (Publishers) Ltd., 1978, p. 9.

[152] HIRSCH, Joachim. *Teoria materialista do Estado*. São Paulo: Revan, 2010. p. 22.

[153] MÜLLER, Rudolf Wolfgang; NEUSÜß, Christel. *Die Sozialstaatsillusion und der Widerspruch von Lohnarbeit und Kapital*, pp. 15-16. Disponível em: http://www.de-archiv.de/php/dok.php?archiv=sop&brett=sopo70&fn=mueller.270%menu=sopinh. Acesso em: 5 de maio de 2011.

[154] MÜLLER, Rudolf Wolfgang; NEUSÜß , Christel. *Die Sozialstaatsillusion und der Widerspruch von Lohnarbeit und Kapital*, p. 72. Disponível em: http://www.dearchiv.de/php/dok.php?archiv=sop&brett=sopo70&fn=mueller.270%menu=sopinh. Acesso em: 5 de maio de 2011.

A burguesia, por ser uma classe, não mais um estamento, é forçada a organizar-se nacionalmente, e não mais localmente, e a dar a seu interesse médio uma forma geral. Por meio da emancipação da propriedade privada em relação à comunidade, o Estado se tornou uma existência particular ao lado e fora da sociedade civil; mas esse Estado não é nada mais do que a forma de organização que os burgueses se dão necessariamente, tanto no exterior como no interior, para a garantia recíproca de sua propriedade e de seus interesses. A autonomia do Estado tem lugar atualmente apenas naqueles países onde os estamentos não se desenvolvem completamente até se tornarem classes, onde os estamentos já eliminados nos países mais avançados ainda exercem algum papel e onde existe uma mistura; daí que, nesses países, nenhuma parcela da população pode chegar à dominação sobre as outras.[155]

O desafio posto é entender por que Marx afirma que a burguesia é compelida a adotar o Estado como meio para assegurar suas condições de existência enquanto classe? A resposta formulada na perspectiva da teoria da derivação, nestes autores, conforme apontamos anteriormente, pretende rejeitar a identidade pura do Estado com o capital, mas, ao mesmo tempo, quer evitar a desvinculação do Estado em relação à realidade econômica existente no âmbito da sociedade civil (sob pena de cair nas armadilhas da autonomia da política face à economia).

Marx, no fragmento mencionado, destaca que o Estado se particulariza justamente quando a propriedade privada se emancipa da unidade original da propriedade comum, tornando o Estado uma entidade particular ao lado e acima da sociedade civil. Isso significa dizer que a particularização estatal, no modo de produção capitalista, ocorre sobre uma base internamente contraditória ante a existência de fracionamentos da propriedade (e dos proprietários respectivos).

---

[155] MARX, Karl; ENGELS, Friedrich. *A ideologia alemã*. São Paulo: Boitempo Editorial, 2007, p. 74.

CAPÍTULO III - A TEORIA DERIVACIONISTA DO ESTADO

Müller e Neusüß apontam que é o fato de a particularização do Estado se dar sobre essas relações contraditórias que faz com que as concepções sobre o mundo apareçam, segundo Marx, de forma invertida,[156] mística, idealista etc.[157] E uma das manifestações dessas concepções invertidas consiste justamente em tomar o Estado como algo independente e oposto à sociedade, um sujeito que tem como objeto a sociedade.

Os argumentos de Müller e Neusüß procuram ainda mostrar que o Estado é visto sob uma *forma* independente e oposta à sociedade apenas no capitalismo, justamente porque somente neste modo de produção se desenvolvem relações sociais com uma *forma* específica, dada a existência de *capital* e *trabalho assalariado*. No capitalismo, as relações são interações entre os agentes do capital (entre si e com os trabalhadores); estas, porém, se desenvolvem a partir de consequências que tais sujeitos, *isoladamente*, não desejam e contra os quais são impotentes enquanto *indivíduos*,

---

[156] "Este é o fundamento da crítica irreligiosa: o homem *faz a religião*, a religião não faz o homem. E a religião é de fato a autoconsciência e o autossentimento do homem, que ou ainda não conquistou a si mesmo ou já se perdeu novamente. Mas o *homem* não é um ser abstrato, acocorado fora do mundo. O homem é o *mundo do homem*, o Estado, a sociedade. Esse Estado e essa sociedade produzem a religião, uma *consciência invertida do mundo*, porque eles são um *mundo invertido*. A religião é a teoria geral deste mundo, seu compêndio enciclopédico, sua lógica em forma popular, seu *point d'honneur* espiritualista, seu entusiasmo, sua sanção moral, seu complemento solene, sua base geral de consolação e de justificação. Ela é a *realização fantástica* da essência humana, porque a essência humana não possui uma realidade verdadeira. Por conseguinte, a luta contra a religião é, indiretamente, contra aquele mundo cujo aroma espiritual é religião" (MARX, Karl. *Crítica da filosofia do direito de Hegel*. 2ª ed. São Paulo: Boitempo, 2010, p. 145). Itálicos no original.

[157] "Os indivíduos que não estão mais subsumidos à divisão do trabalho foram representados pelos filósofos como um ideal sob o nome 'o homem', e todo esse processo que aqui expusemos foi apreendido como o processo de desenvolvimento 'do homem', de modo que 'o homem' foi, em cada fase histórica, furtivamente introduzido por sob os indivíduos precedentes e apresentado como a força motriz da história. O processo inteiro foi, então, apreendido como processo de autoalienação [Selbstentfremdung] 'do homem', e isso ocorreu essencialmente porque o indivíduo médio da fase posterior [foi] sempre introduzido sub-repticiamente na fase anterior e a consciência posterior nos indivíduos abstrai das condições reais, foi possível transformar a história in teira num processo de desenvolvimento da consciência" (MARX, Karl; ENGELS, Friedrich. *A ideologia alemã*. São Paulo: Boitempo Editorial, 2007, p. 75).

ou seja, do ponto de vista individual. Existe, portanto, uma impotência e uma contrariedade que se manifestam entre burgueses apenas enquanto indivíduos, não enquanto classe. Nas palavras de Marx, aproveitadas por Müller e Neusüß, trata-se de perceber que "(...) o capitalista individual se rebela continuamente contra os interesses comuns da classe capitalista".[158]

Tais ideias permitem uma compreensão inicial de como tais autores argumentam que o Estado deriva da economia capitalista, noutras palavras, como eles explicam sua *particularização* nesse modo de produção. Para prosseguir nesse sentido, Müller e Neusüß destacam que o papel do Estado pode ser entendido a partir da observação de duas espécies de relações existentes no capitalismo: (i) entre capital-trabalho; (ii) entre capitalistas individuais.

Müller e Neusüß, tratando a respeito da relação entre *capital* e *trabalho*, argumentam que a obra O *capital*, de Marx, contém elementos que explicam por que, no capitalismo, o Estado assume uma forma particular, ou seja, se particulariza *a par e fora da sociedade civil*. Para isso, os filósofos alemães recorrem à explicação marxiana a respeito do desenvolvimento dialético da forma valor e da forma dinheiro e da contradição entre valor e valor de uso que a mercadoria contém,[159] argumentando que:

> Leitores do capital não terão nenhum problema para compreender o desenvolvimento do Estado como uma 'existência particular, ao lado e fora da sociedade burguesa' se eles se lembrarem do desenvolvimento dialético da forma valor e da forma dinheiro decorrente da contradição entre valor e valor de uso inerente à mercadoria. Contida no caráter duplo do

---

[158] MARX, Karl. "Para a crítica da economia política: manuscrito de 1861-1863 (cadernos I a V; terceiro capítulo: o capital em geral)". In: *Economia Política e Sociedade*, vol. 1, p. 201. Belo Horizonte: Autêntica, 2010.

[159] Conforme exposição de Marx na primeira parte de O *capital*: livro 1, vol. 1. 28ª ed. São Paulo: Civilização Brasileira, 2011.

produto do trabalho como uma mercadoria, essa contradição se torna visível apenas porque se manifesta em uma determinada mercadoria, a mercadoria do dinheiro. A forma valor da mercadoria, que não pode expressar-se em seu próprio valor de uso, se manifesta no valor de uso de um determinado produto, tornando-se assim o dinheiro. O dinheiro aparece como uma entidade independente, ligado a qualquer particular, cujo caráter sócio-histórico de valor é 'natural' ou cujo caráter lhe é atribuído pelos homens na base do consenso. A forma de Estado possui o mesmo tipo de 'fetichismo'. De acordo com noções burguesas, o Estado sempre existiu. O homem, por natureza, 'foi criado em relação ao Estado [auf den Staat him]', ou o Estado é uma condição *sine qua non* para a vida (e.g.: burguesa) humana. Mas o Estado também é concebido como conscientemente estabelecido através de um contrato social. O fato de ser o Estado uma particularidade de um modo específico de produção capitalista foi invertido.[160]

A partir dessa explicação, Müller e Neusüß afirmam que o mesmo "fetichismo" existente com relação à mercadoria e ao dinheiro pode ser observado nas ideias políticas burguesas, segundo as quais o Estado: (i) sempre existiu (manifestação justamente que decorre da incompreensão das especificidades históricas das formas políticas e jurídicas estatais); (ii) é indispensável para a vida social (talvez o maior fetiche a respeito do Estado e do Direito); (iii) é fruto de um consenso tácito ou expresso dos cidadãos (lugar comum verificável nos contratualistas modernos e nos neocontratualistas). Com isso, tais pensadores apontam que a reificação e a autonomização do Estado são uma *forma ilusória* – assim como valor, capital trabalho assalariado,

---

[160] MÜLLER, Rudolf Wolfgang; NEUSÜß, Christel. *Die Sozialstaatsillusion und der Widerspruch von Lohnarbeit und Kapital*, p. 56-57. Disponível em: http://www.dearchiv.de/php/dok.php?archiv=sop&brett=sopo70&fn=mueller.270%menu=sopinh. Acesso em: 5 de maio de 2011. Em inglês: MÜLLER, Rudolf Wolfgang; NEUSÜß, Christel. "The 'Welfare-State illusion' and the contradiction between wage labour and capital". *In*: PICCONE, Paul (Coord). *Telos*, St. Louis, Missouri (USA): Department of Sociology of Washington University, n. 25, 1975, p. 73. Tradução nossa.

lucro etc. também são – sendo impostas sobre os agentes da produção pelos mecanismos particulares da forma de produção capitalista, que ao mesmo tempo determinam a atividade deles. Portanto, o Estado, segundo Müller e Neusüß, não deve ser concebido como capitalista coletivo *real*, mas sim como capitalista coletivo *ideal*,[161] fictício,[162] conceito igualmente compartilhado por Altvater,[163] apoiado no *Anti--Dühring* de Engels, no qual este afirma que: "O Estado moderno, qualquer que seja sua forma, é essencialmente uma máquina capitalista, o Estado dos capitalistas, a personificação ideal do capital total nacional".[164]

---

[161] Este tipo de concepção a respeito do Estado pode ser observado em: HIRATA, Helena. "O Estado como abstração do real?". *In: Estudos Cebrap* 26, pp. 163-164. Disponível em: http://www.cebrap.org.br/v1/upload /biblioteca_virtual/o_estado_ como_ abstracao_real.pdf. Acesso em: 21 de julho de 2012

[162] MÜLLER, Rudolf Wolfgang; NEUSÜß, Christel. *Die Sozialstaatsillusion und der Widerspruch von Lohnarbeit und Kapital*, p. 73. Disponível em: http://www.dearchiv.de/php/dok.php?archiv=sop&brett=sopo70&fn=mueller.270%menu=sopinh. Acesso em: 5 de maio de 2011.

[163] "In this sense, the state is thefore never a real material total capitalist, but always only an *ideal or fictitious total capitalist*". ALTVATER, Elmar. "Some problems of state interventionism". *In:* HOLLOWAY, John; PICCIOTTO, Sol (Coord.). *State and capital*: a marxist debate. Londres: Edward Arnold (Publishers) Ltd., 1978, p. 42. Itálico no original.

[164] Esta frase é extraída do seguinte contexto: "But the transformation, either into joint-stock companies, or into state ownership, does not do away with the capita listic nature of the productive forces. In the joint-stock companies this is obvious. And the modern state, again, is only the organization that bourgeois society takes on in order to support the general external conditions of the capitalist mode of production against the encroachments as well of the workers as of individual capitalists. *The modern state, no matter what its form, is essentially a capitalist machine, the state of the capitalists, the ideal personification of the total national capital.* The more it proceeds to the taking over of productive forces, the more does it actually become the national capitalist, the more citizens does it exploit. The workers remain wageworkers — proletarians. The capitalist relation is not done away with. It is rather brought to a head. But, brought to a head, it topples over. State ownership of the productive forces is not the solution of the conflict, but concea led within it are the technical conditions that form the elements of that solution" (ENGELS, Friedrich. *Anti--Dühring*). Disponível em: https://www.marxists.org/archive/marx/works/1877/anti-duhring/ch24.htm. Acesso em: 5 de maio de 2011. Destaque nosso.

CAPÍTULO III - A TEORIA DERIVACIONISTA DO ESTADO

Müller e Neusüß, mais adiante, procuram explicar que somente *a posteriori* surge o interesse da burguesia de se manter as bases que garantem a reprodução do sistema capitalista (ou seja, o interesse de manutenção do Estado e da legalidade não é causa, mas consequências de uma realidade) de modo a evitar ameaças que possam comprometer o elemento mais importante que nele existe: a exploração da classe trabalhadora.

Esclarecido isso, podemos passar à segunda espécie de relação existente no capitalismo (entre capitalistas individuais, citada anteriormente), remetendo, por conseguinte, a uma das características essenciais desse modo de produção: nele a extração da mais-valia – do valor produzido por meio do trabalho – ocorre a partir de uma relação com o capital *individual*, não com seu todo. Assim, as intervenções necessárias para manutenção da acumulação de *capital* precisam ser feitas por uma instância que seja externa, dotada de poderes coercitivos sobre os indivíduos, ou seja, pelo Estado desvinculado do controle de um capitalista em particular. Ademais, "(...) como qualquer intervenção na compulsão imanente de valorização do capital precisar ser imposta sobre o capital como um direito imanente decorrente de uma instituição externa, a instituição precisa estar equipada com a jurisdição e poderes sancionatórios efetivos".[165]

Os autores destacam ainda que o simples fato de o Estado aparecer como um gigantesco aparato burocrático de coerção reforça justamente a ilusão sobre sua autonomia e reificação – afinal, ele se manifesta como algo que subsiste por si mesmo, apenas se relacionando com a vontade política dos governantes. Não é à toa, portanto, que o discurso burguês a respeito da voracidade do Estado e dos desmandos de representantes políticos – cotidianamente propagado pela mídia na atualidade – tenha tanta adesão entre os trabalhadores, que, no entanto, não compreendem

---

[165] MÜLLER, Rudolf Wolfgang; NEUSÜß, Christel, *Die Sozialstaatsillusion und der Widerspruch von Lohnarbeit und Kapital*, p. 58. Disponível em: http://www.dearchiv.de/php/dok.php?archiv=sop&brett=sopo70&fn=mueller.270%menu=sopinh. Acesso em: 5 de maio de 2011. Tradução nossa. Em inglês: MÜLLER, Rudolf Wolfgang; NEUSÜß, Christel. "The 'Welfare-State illusion' and the contradiction between wage labour and capital". *In:* PICCONE, Paul (Coord.). *Telos.* St. Louis, Missouri (USA): Department of Sociology of Washington University, n. 25, 1975, p. 74.

o alcance e também o limite das *duas intervenções* mais essenciais do Estado no campo da economia capitalista: uma primeira, que existe invariavelmente, possibilitando a apropriação da mais-valia pela classe burguesa; uma segunda, que jamais pode existir no capitalismo, a saber, a politização total da economia, com o fim da propriedade privada dos meios de produção, das relações sociais tipicamente capitalistas e dos demais mecanismos de dominação de classe.

Vejamos com mais detalhes, em outro autor – o cientista político alemão Elmar Altvater – como é elaborada a argumentação de que no capitalismo o Estado não atua apenas na relação entre capital e trabalho, mas também na relação entre os vários capitalistas individuais.

Altvater comenta que um dos caminhos para se entender a particularização do Estado na sociedade burguesa – ainda que insuficiente para completar o "processo de derivação" – consiste em explicar o papel da ação estatal sobre diversos capitais individuais.

Ele argumenta que Marx desenvolve uma análise a respeito do capital em geral que pressupõe a existência do capital como *capital social total*. Assim, na realidade, o que há são os vários capitais individuais – as ações particulares –, mas a combinação existente entre eles resulta nas condições médias que são, concretamente, as condições para o capital social total. Por isso, as "leis do movimento" no modo de produção capitalista sempre se referem ao capital social total, nunca aos vários capitais individuais, cujas ações são o meio inconsciente pelo qual a regularidade capitalista se constrói. Nas palavras de Altvater:

> Pois não é o capital social total que realiza operações, mas os muitos capitais individuais, entretanto, por meio de suas operações, os capitais individuais produzem as condições de existência do capital social total: condições médias de exploração, taxas equivalentes de mais-valia, as taxas médias de lucro. No nível conceitual do 'capital em geral' são as condições médias e seus movimentos regulares que são analisados, ou seja, as transações de capitais individuais são de interesse não como tal, mas nos resultados que produzem. É, de fato, também no nível conceitual do capital em geral que vemos revelada a forma em

CAPÍTULO III - A TEORIA DERIVACIONISTA DO ESTADO

que as leis gerais (como tendências) do modo de produção capitalista se constituem, e em ação contrária às operações dos tantos capitais individuais. Essa forma é a concorrência, em que as leis imanentes coercitivas do modo capitalista de produção estabelecem a sua validade. Competição, no entanto, não é mera forma que pode conter qualquer conteúdo indiferente, mas é precisamente a forma de implementação das leis imanentes do capital. Portanto, não é um mero instrumento, indiferente ao conteúdo, mas de um momento real e compreensível necessário ao estabelecimento do capital como capital social total. As condições médias e movimento do real capital social são a base real da abstração conceitual 'capital em geral'.[166]

O capital social total se constitui a partir da ação comum entre os vários capitais, que mesmo estando num sistema de competição operam, necessariamente, por meio da acumulação da mais-valia. No entanto, não se pode esperar que os capitais possam individualmente se articular para ações que não atendem diretamente aos seus interesses particulares de lucro – por exemplo, construindo certas bases materiais necessárias para a produção. Por essa razão, observa-se que *os capitais individuais* constituem o *capital social total* por meio da competição, mas a sociedade capitalista não se constitui apenas pela forma de competição. A razão disso está na própria natureza do capital: essa forma específica de relação social – na qual há troca de mercadorias e produção de capital – cuja propensão intrínseca é permitir relações que resultem na acumulação de mais-valia, sem, no entanto, ser capaz, por si só, de evitar que sua maneira e sua escala ameacem o todo da sociedade, colocando em risco a própria existência dessas relações sociais.[167] A insalubridade dos ambientes de trabalho no passado ou a destruição ambiental no

---

[166] ALTVATER, Elmar. "Some problems of state interventionis". *In:* HOLLOWAY, John; PICCIOTTO, Sol (Coord.). *State and capital:* a marxist debate. London: Edward Arnold (Publishers) Ltd., 1978, p. 40. Tradução nossa.

[167] ALTVATER, Elmar. "Some problems of state interventionis". *In:* HOLLOWAY, John; PICCIOTTO, Sol (Coord.). *State and capital:* a marxist debate. London: Edward Arnold (Publishers) Ltd., 1978, p. 41.

presente, que têm um potencial poder destrutivo para a reprodução das relações sociais capitalistas, são exemplos que ilustram perfeitamente esse argumento.

Existe assim uma incapacidade social inerente do capital de manter-se por si mesmo, razão pela qual se pode falar numa tendência autodestrutiva do capital. Noutras palavras, as ações dos vários capitalistas individuais são incapazes de sustentar as condições necessárias para a reprodução do capital; ao contrário, dão origem a problemas que conduzem à sua destruição. Essa impossibilidade faz do Estado, no capitalismo, uma instituição especial, "a par e fora da sociedade burguesa" que, ao mesmo tempo, proporciona as condições imanentes que o capital necessita.[168] Conforme veremos adiante, tal explicação, dada sua insuficiência e imprecisão, é severamente criticada pelos próprios autores do derivacionismo.[169]

A partir da explicação de Altvater, pode-se concluir: o Estado não está determinado pela necessidade de produção de mais-valia – não contém, portanto, as mesmas limitações inerentes aos capitalistas – e pode, assim, (i) *criar as condições materiais gerais para produção* e (ii) *minimizar os*

---

[168] ALTVATER, Elmar. "Some problems of state interventionis". *In:* HOLLOWAY, John; PICCIOTTO, Sol (Coord.). *State and capital:* a marxist debate. London: Edward Arnold (Publishers) Ltd., 1978, p. 41.

[169] "The dominant approaches derived the state from the need for an institution standing above the self-destructive competition of individual capitals, to ensure that such competition did not compromise the expanded reproduction of capital. However this simple functionalist approach was soon found to be unsatisfactory, for it endows the state with an independence, an omniscience and an omnipotence, on the basis of which if can formulate and implement the 'general interest' of capital, which it manifestly does not have. The fact that the capitalist mode of production rests on contradictory foundations, and so is potentially self-destructive, does not provide sufficient grounds for arguing that an institution will arise, standing above civil society, to resolve these contradictions and to curb capitalism's self-destructive tendencies. More fundamentally, this functionalist approach presupposes the derivation it is supposed to achieve. In deriving the necessity of the state from the self-destructive tendencies of economic development, it already presupposes the existence of an autonomous 'economic' sphere, and so the separation of the 'economic' from the 'political' which it is supposed to explain" (CLARKE, Simon. "The state debate". *In:* CLARKE, Simon (Coord.). *The state debate*. Londres: Palgrave Macmillan, 1991, p. 10).

CAPÍTULO III - A TEORIA DERIVACIONISTA DO ESTADO

riscos para o todo social (em última instância para o próprio capital). A atuação estatal nesses dois sentidos não é difícil de ser observada: o primeiro diz respeito às ações estatais nos mais diversos níveis, seja naqueles que geram a estrutura necessária para o desenvolvimento econômico (construção de porto, aeroportos, estradas, usinas de energia etc.), seja naqueles que capacitam e conservam os trabalhadores (educação, saúde, previdência etc.); o segundo diz respeito às intervenções voltadas para evitar o colapso total da sociedade em função da degradação ambiental, insalubridade, criminalidade etc., o que pode ensejar ações em diversos níveis: legislações específicas, especialização do Judiciário, aparelhamento da Polícia, políticas públicas etc.

Cabe destacar ainda que Müller e Neusüß mostram outra afinidade com Altvater ao desenvolverem a particularização do Estado no capitalismo a partir da utilização dos conceitos marxianos de mais-valia, mercadoria e valor. Os autores esclarecem que quando a produção está voltada para a subsistência, portanto para a criação de *valor de uso* apenas, não são necessárias regulações e coações externas que evitem a destruição social por meio do excesso de trabalho. Essa necessidade somente se manifesta na economia capitalista por duas razões: nesse sistema, as mercadorias são produzidas para a criação de *valor de troca* e apropriação da *mais-valia*, criando o problema do esgotamento da força de trabalho no processo de valorização do capital descrita por Marx;[170] o processo de produção é conduzido por leis ocultas em relação à vontade consciente dos indivíduos, implementadas nas suas costas, mas ao mesmo tempo criadas pelas suas ações.[171] Sendo assim, o Estado, por meio do Direito, constitui-se como autoridade externa, que estabelece limites para a exploração dos trabalhadores como forma de manutenção da extração da mais-valia produzida. A intervenção estatal ocorre,

---

[170] MARX, Karl. "Para a crítica da economia política: manuscrito de 1861-1863 (cadernos I a V): terceiro capítulo: o capital em geral". In: *Economia Política e Sociedade*, vol. 1. Belo Horizonte: Autêntica, 2010, pp. 196 *e ss*.

[171] MÜLLER, Rudolf Wolfgang; NEUSÜß, Christel. *Die Sozialstaatsillusion und der Widerspruch von Lohnarbeit und Kapital*, p. 77. Disponível em: http://www.dearchiv.de/php/dok.php?archiv=sop&brett=sopo70&fn=mueller.270%menu=sopinh. Acesso em: 5 de maio de 2011.

portanto, sobre uma relação antinômica, na qual o interesse individual burguês – valorização do capital por meio do esgotamento do trabalhador – confronta-se com o interesse da sua própria classe – manutenção da capacidade de trabalho a fim de explorá-la.

Marx inclusive apresenta uma descrição dessa antinomia – resgatada por tais pensadores do derivacionismo – da seguinte maneira:

> (...) do que foi dito resulta que há uma antinomia na própria relação geral, antinomia que decorre disto: por um lado, abstraídos os limites naturais que impedem absolutamente o prolongamento do tempo de trabalho além de certa duração de tempo, não decorre da relação geral entre capital e trabalho – a venda da capacidade de trabalho – qualquer limite para o mais-trabalho. Por outro lado, na medida em que o mais-trabalho destrói o valor da própria capacidade de trabalho, enquanto seu valor de uso é vendido somente na extensão em que ela se conserva e se reproduz como capacidade de trabalho e que, portanto, também seu valor é conservado numa determinada duração de tempo normal – o mais-trabalho contradiz, além de certa fronteira móvel, a natureza da própria relação, que é dada com a venda da capacidade de trabalho pelo trabalhador.[172]

E em seguida, Marx explica como o Estado se manifesta nesse contexto econômico:

> Sabemos que, na prática, a venda de uma mercadoria abaixo ou acima de seu valor é algo que depende da relativa relação de poder (que cada vez é determinada economicamente) entre comprador e vendedor. Igualmente, aqui, se o trabalhador fornece ou não o mais-trabalho além da medida normal é algo

---

[172] MARX, Karl. "Para a crítica da economia política: manuscrito de 1861-1863 (cadernos I a V): terceiro capítulo: o capital em geral". In: *Economia Política e Sociedade*, vol. 1. Belo Horizonte: Autêntica, 2010, pp. 200-201.

CAPÍTULO III - A TEORIA DERIVACIONISTA DO ESTADO

que dependerá da força de resistência que pode opor à desmesurada pretensão do capital. A história da indústria moderna nos ensina, todavia, que a pretensão desmesurada do capital nunca foi refreada pelos esforços isolados do trabalhador, mas que a luta teve de assumir, em primeiro lugar, a forma de uma luta de classes e, com isso, de provocar a intervenção do poder estatal, até que o tempo de trabalho diário encontrasse certos limites (de um primeiro momento até agora, na maioria das vezes, somente em certas esferas).[173]

No capitalismo, os pleitos da classe trabalhadora se convertem em demandas jurídicas e o Estado pode até tolerar que os trabalhadores lutem pela redução da jornada de trabalho ou melhores condições de trabalho, por exemplo. Ainda assim, para os capitalistas individualmente considerados, qualquer reivindicação costuma ser repelida, exceto quando, eventualmente, ela é reconhecida como producente (por exemplo, atualmente, quando a empresa destina alguns minutos da jornada do funcionário à ginástica laboral como forma de aumentar a produtividade e prevenir lesões que atrapalham a organização da produção e causam prejuízos).

A partir dessa argumentação, percebe-se que a criação de uma rede de seguridade social e seus direitos correspondentes é também um mecanismo que não rompe com a lógica de disciplina social e,[174]

---

[173] MARX, Karl. "Para a crítica da economia política: manuscrito de 1861-1863 (cadernos I a V):terceiro capítulo: o capital em geral". In: *Economia Política e Sociedade*, vol. 1. Belo Horizonte: Autêntica, 2010, p. 201.

[174] Michel Foucault, dentro dessa linha de raciocínio, aponta que o modelo rígido disciplinar de produção – custeado pelos próprios burgueses e materializado em instituições nas quais os trabalhadores voluntariamente ficavam reclusos em fábricas durante meses ou anos sob rígida vigilância e disciplina – mostrou-se oneroso e contraproducente, levando ao surgimento de estruturas mais flexíveis e organizadas pelo Estado: "Não somente houve estas instituições industriais [fábrica- "prisão"] e a seu lado uma série de outras instituições, mas de fato o que se passou foi que estas instituições industriais foram, em um certo sentido, aperfeiçoadas; foi na sua construção que se concentraram os esforços imediatamente; elas é que estavam sendo visadas pelo capitalismo. No entanto, muito depressa elas pareceram não ser viáveis nem

portanto, é compatível (e até útil) em relação à manutenção do modo de produção capitalista. Sem seguro-desemprego, Fundo de Garantia por Tempo de Serviço (FGTS), aviso prévio e outros direitos sociais, o destino dos trabalhadores seria a marginalidade (a enfermidade, a criminalidade etc.) ou o óbito, ou seja, uma exclusão dupla do circuito de trocas mercantis: como mão de obra potencial; como consumidor. Generalizar e expandir essa exclusão torna-se inoportuno para a manutenção de um sistema no qual o capital é acumulado por meio da produção, circulação e consumo das mercadorias.[175] O Direito, portanto, regula como e quando os valores expropriados do trabalhador lhe serão devolvidos (por meio das diversas instituições existentes, sobretudo as destinadas à seguridade social).[176] Neste caso, nem deveríamos falar que o Direito tutela o interesse individual ou social propriamente, mas sim, o do próprio sistema, que, no caso do capitalismo, interessa unicamente à classe burguesa. Evidentemente, para o empregador, do

---

governáveis. A carga econômica destas instituições revelou-se imediatamente muito pesada e a estrutura rígida dessas fábricas-prisões levou, muito depressa, muitas delas à ruína. Finalmente, todas desapareceram. Com efeito, no momento em que houve uma crise de produção, em que foi preciso desempregar um certo número de operários, em que foi preciso readaptar a produção; no momento em que o ritmo do crescimento da produção acelerou-se, essas casas enormes, com um número fixo de operários e uma aparelhagem montada de forma definitiva, revelaram-se absolutamente não válidas. Preferiu-se fazer desaparecer estas instituições, conservando-se, de algum modo, certas funções que elas desempenhavam. Organizaram-se técnicas laterais ou marginais, para assegurar, no mundo industrial, as funções de internamento, de reclusão, de fixação da classe operária, desempenhadas inicialmente por estas instituições rígidas, quiméricas, um pouco utópicas. Foram tomadas, então, medidas como a da criação de cidades operárias, de caixas econômicas, de caixas de assistência etc., de uma série de meios pelos quais se tentou fixar a população operária, o proletariado em formação no corpo mesmo do aparelho de produção" (FOUCAULT, Michel. *A verdade e as formas jurídicas*. Rio de Janeiro: Nau Editora, 2003, pp. 111-112).

[175] Ver: MARX, Karl. "Para a crítica da economia política". *In*: GIANNOTI, José Arthur (Coord.) Marx. São Paulo: Abril Cultural, 1974, pp. 32 *e ss*.

[176] Não há que se falar que o FGTS é pago pelo empregador, pois, ainda que o valor pago pertença juridicamente a este, ele é fruto do trabalho do empregado. No fundo, o valor produzido pelo trabalhador está sendo apropriado pelo empregador, posteriormente pelo Estado, para posteriormente ser devolvido ao trabalhador, dentro das condições estabelecidas pelo direito.

CAPÍTULO III - A TEORIA DERIVACIONISTA DO ESTADO

ponto de vista individual, sempre lhe parece que seria melhor não arcar com direitos sociais como o FGTS, por exemplo. Isso até seria verdade, mas apenas na consideração individual (que a princípio, é a única que o burguês vê). Se todos os empregadores não pagassem tal verba, eles mesmos seriam vítimas das consequências econômicas e sociais da ausência desse direito. Da mesma maneira, o comerciante, individualmente, julga, por exemplo, que seria vantajoso para si o não pagamento do 13º salário, sem perceber as implicações que tal inadimplência teria em termos gerais para o comércio. O mesmo raciocínio se aplica ao pagamento de *tributos*, a fonte de receitas que custeiam a estrutura repressiva do Estado, sendo, portanto, indispensável para a manutenção da burguesiano seu domínio de classe, mas que, para o burguês enquanto indivíduo acaba sendo visto como algo inoportuno, aliás, mais do que isso, de fato, do ponto de vista individual, o tributo lhe é inconveniente.

Raciocínio semelhante é feito por Müller e Neusüß ao comentarem as "políticas sociais": eles explicam que os serviços médicos são precipuamente pensados do ponto de vista do indivíduo-trabalhador e preocupados, portanto, apenas em recuperar a força de trabalho o mais rapidamente possível,[177] para que assim ela retorne ao circuito de trocas mercantis e exploração. Tais autores, inclusive neste ponto, remetem a um célebre fragmento no qual o próprio Marx trata a respeito do assunto e comenta as legislações sanitárias que surgiram para regular o trabalho nas fábricas:

> A legislação fabril, essa primeira reação consciente e metódica da sociedade contra a forma espontaneamente desenvolvida de seu processo de produção, é, conforme vimos, um produto necessário da indústria moderna, do mesmo modo que a fiação de algodão, as máquinas automáticas e o telégrafo elétrico. Antes

---

[177] MÜLLER, Rudolf Wolfgang; NEUSÜß. *Die Sozialstaatsillusion und der Widerspruch von Lohnarbeit und Kapital*, pp. 77-78. Disponível em: http://www.dearchiv.de/php/dok.php?archiv=sop&brett=sopo70&fn=mueller.270%menu=sopinh. Acesso em: 5 de maio de 2011.

de passarmos a tratar de sua generalização na Inglaterra que não se relacionam com as horas de trabalho, referir-nos-emos ainda a algumas disposições da legislação fabril inglesa que não se relacionam com as horas de trabalho.

(...) No livro Terceiro, voltaremos a tratar da luta fanática dos fabricantes contra a disposição que lhes impõe uma pequena despesa para proteger os membros dos trabalhadores. Isto demonstra 'brilhantemente' o dogma livre-cambista de que, numa sociedade de interesses antagônicos, cada um concorre para o bem comum procurando obter seu próprio proveito pessoal.

(...) O Dr. W. White, médico oficial das fábricas de Downpatrick, declara, num relatório oficial de 16 de dezembro de 1965: 'Os acidentes com as máquinas de estomentar o linho são terríveis. Em muitos casos, é arrancada a quarta parte do corpo. As consequências costumeiras dos ferimentos são a morte ou um futuro de miséria impotente e de sofrimentos. O aumento das fábricas neste país aumentará naturalmente esses terríveis resultados. Estou convencido de que se evitariam mutilações e grandes sacrifícios de vidas humanas por meio de adequada supervisão, pelo Estado, dos estabelecimentos de estomentar linho'.

Que poderia caracterizar melhor o sistema capitalista de produção do que a necessidade de o Estado impor-lhe, coativamente, a adoção das mais simples precauções de limpeza e de higiene?[178]

Os argumentos apontados pelos autores acima contribuem para entender por que o Estado assume uma forma particular no capitalismo, "separada" do interesse individual burguês e criadora de leis "favoráveis" ao trabalhador. Mesmo que a explicação acima apresente méritos diante da ortodoxia soviética, outros autores da teoria da derivação vão criticá-la argumentando que subsistem algumas lacunas na elaboração

---

[178] MARX, Karl. *O capital*. livro 1, vol. 1, 28ª ed. São Paulo: Civilização Brasileira, 2011, pp. 545-546. O argumento de Marx permeia sua descrição a respeito da legislação regulamentadora da jornada de trabalho com destaque para o caso inglês, o primeiro local a desencadear a revolução industrial.

CAPÍTULO III - A TEORIA DERIVACIONISTA DO ESTADO

de uma autêntica explicação materialista a respeito da função e características específicas do Estado na economia capitalista. Tal crítica se desenvolve apontando a ausência de considerações acerca de um elemento fundamental para uma teoria derivacionista: a *forma jurídica* (e sua relação com a *forma mercadoria*). Trata-se de uma questão que vamos expor a seguir.

3.3 A análise da forma jurídica

Os pensadores alemães Bernhard Blanke, Ulrich Jürgens e Hans Kastendiek, em 1973, elaboraram um *paper* para o Congresso da Associação Alemã para Ciência Política, voltado para analisar o debate marxista a respeito da forma e da função do Estado burguês e para refletir sobre a relação entre política e economia. Posteriormente o escrito serviu de base para um artigo publicado em 1974 na revista *Prokla*,[179] e republicado em 1975 na obra *State and Capital*.[180]

Blanke, Jürgens e Kastendiek integram o debate sobre a derivação do Estado na Alemanha e o objetivo destes autores no artigo mencionado é duplo, qual seja, explicar: (i) como a separação entre o político e econômico, que aparece nas teorias burguesas, pode ser, concomitantemente, criticada como *mistificação* e explicada como *realidade*; e (ii) quais as possibilidades e limitações do Estado, ou do "sistema político", na sociedade capitalista.[181] Nota-se, portanto, que se trata de

---

[179] BLANKE, Bernhard; JÜRGENS, Ulrich; KASTENDIEK, Hans. "Zur neueren marxistischen Diskussion über die Analyse von Form und Funktion des bürgerlichen Staates. Überlegungen zum Verhältnis von Politik und Ökonomie". *Probleme des Klassenkampfs*: Zeitschrift für politische Ökonomie und sozialistische Politik. Erlagen: Politladen, n. 14/15 (Doppelheft), mar. 1973, pp. 51-104. Disponível em: http://www.prokla.de/wp/wp-content/uploads/1974/Prokla14-15.pdf. Acesso em: 13 de janeiro de 2011.

[180] O *paper* elaborado pelos autores foi publicado posteriormente em HOLLOWAY, John; PICCIOTTO, Sol (Coord.). *State and capital*: a marxist debate. Londres: Edward Arnold, 1978, pp. 108-147.

[181] BLANKE, Bernhard; JÜRGENS, Ulrich; KASTENDIEK, Hans. "On the current Marxist discussion on the analysis of form and function of the bourgeois State".

uma abordagem que se insere no contexto e nas questões gerais que envolvem a teoria da derivação do Estado e que aqui queremos abordar.

Um dos aspectos importantes que os autores mencionados destacam na análise do debate marxista da derivação diz respeito às visões que concebem o Estado como resultado do conflito de poder e de interesse entre capitais individuais e também entre trabalho assalariado e capital (exatamente o ponto de vista desenvolvido por Müller, Neusüß e Altvater exposto anteriormente). A crítica elaborada por Blanke, Jürgens e Kastendiek consiste em mostrar que uma teoria materialista do Estado não pode subestimar ou ignorar a análise da *forma jurídica*[182] – o fato de as relações sociais assumirem um caráter jurídico no capitalismo e envolverem sujeitos de direito.[183] Os autores, argumentando nesse sentido, afirmam que, não por acaso, "(...) a função fundamental do Estado como 'estrutura concreta' oculta na forma mercadoria até agora só tenha ocorrido apenas aos teóricos marxistas especialistas em Direito".[184]

In: HOLLOWAY, John; PICCIOTTO, Sol (Coord.). *State and capital:* a marxist debate. Londres: Edward Arnold (Publishers) Ltd., 1978, p. 108.

[182] Margareth Wirth explica que o Direito e o dinheiro são meios inerentes à forma estatal, pois é garantindo-os que o Estado aparece como um poder externo aos capitalistas: ele garante indistintamente a igualdade e a liberdade dos possuidores de mercadorias, independentemente da classe à qual pertence o indivíduo, possibilitando a reprodução das relações sociais do modo de produção capitalista. WIRTH, Margaret. "Zur Kritik der Theorie des staatsmonopolistischen Kapitalismus". *Probleme des Klassenkampfs*: Zeitschrift für politische Ökonomie und sozialistische Politik. Erlagen: Politladen, n. 8/9 (Doppelheft), p. 35, mar. 1973. Disponível em: https://www.prokla.de/index.php/PROKLA/article/view/1793/1727. Acesso em: 13 de janeiro de 2011. Apesar dessas considerações, a autora não se detém em uma descrição mais apurada a respeito da forma jurídica no capitalismo.

[183] BLANKE, Bernhard; JÜRGENS, Ulrich; KASTENDIEK, Hans. "Zur neueren marxistischen Diskussion über die Analyse von Form und Funktion des bürgerlichen Staates. Überlegungen zum Verhältnis von Politik und Ökonomie". *Probleme des Klassenkampfs*: Zeitschrift für politische Ökonomie und sozialistische Politik, Erlagen: Politladen, n. 14/15 (Doppelheft), p. 121, mar. 1973. Disponível em: http://www.prokla.de/wp/wp-content/uploads/1974/Prokla14-15.pdf. Acesso em: 13 de janeiro de 2011.

[184] BLANKE, Bernhard; JÜRGENS, Ulrich; KASTENDIEK, Hans. "Zur neueren marxistischen Diskussion über die Analyse von Form und Funktion des bürgerlichen

CAPÍTULO III - A TEORIA DERIVACIONISTA DO ESTADO

Conforme mostraremos a seguir, o Direito, para tais autores, não pode ser visto apenas como mera ideologia ou mistificação, fruto das relações econômicas capitalistas. No capitalismo, o Direito adquire certa forma (geral, impessoal, abstrata) e certos conteúdos (liberdade, igualdade, propriedade privada), passando a permear a totalidade das relações econômicas, inclusive entre burgueses e proletários. Isso não ocorre simplesmente com o propósito de iludir os trabalhadores, fazendo-os se sentirem diante de um Estado neutro, que trata a todos igualmente, defendendo não o interesse de classe, mas o Direito. Ao contrário, o capitalismo é constituído de tal modo, que as relações sociais se apresentam, por meio de uma determinação objetiva, com certa forma e certos conteúdos jurídicos.

A falta de compreensão a respeito dos pontos acima mencionados, conduz à concepção do Estado e do Direito como meros instrumentos de classe (posição criticada pela teoria da derivação). Conforme vimos anteriormente, essa visão serve para reforçar tendências reformistas (contra as quais o derivacionismo se opõe); afinal, se o Estado é um instrumento, bastaria manipular suas ações e o Direito em prol da classe trabalhadora para que seus problemas se resolvessem. Também mencionamos no início que a visão instrumentalista se desenvolveu a partir da linha de pensamento stalinista; não é à toa, portanto, que encontraremos um contraponto à visão instrumentalista do Estado num pensador soviético cujas teorias político-jurídicas se confrontaram com as do revisionismo e com as de Stalin. Seu nome: Evgeni Pachukanis.

3.3.1 Evgeni Pachukanis

No período pós-revolucionário na Rússia, diversas teorias jurídicas começaram a surgir antes que o stalinismo se tornasse a doutrina

---

Staates. Überlegungen zum Verhältnis von Politik und Ökonomie". *Probleme des Klassenkampfs:* Zeitschrift für politische Ökonomie und sozialistische Politik, Erlagen: Politladen, n. 14/15 (Doppelheft), mar. 1973, p. 122. Disponível em: http://www.prokla.de/wp/wp-content/uploads/1974/Prokla14-15.pdf. Acesso em: 13 de janeiro de 2011.

oficial da União das Repúblicas Socialistas Soviéticas (URSS), e fosse difundida em escala mundial pelos partidos comunistas e países ligados ao Estado soviético.[185]

Dentre as teorias sobre o Direito e o Estado que surgem no período pós-revolucionário inicial, destacam-se as do Comissário do Povo para a Justiça da URSS, Petr Ivanovich Stucka (1865-1932), e as de Evgeni Bronislávovich Pachukanis (1891-1937), seu vice, que também exerceu os cargos de vice-presidente da Academia Comunista e de diretor do Instituto da Construção Soviética e do Direito.[186]

As teorias de Pachukanis vieram a se confrontar com a doutrina stalinista, compelindo o pensador russo inclusive a uma série de autocríticas, que mesmo assim não foram suficientes para evitar que ele fosse preso e, no ano de 1937, executado. Sua reabilitação oficial na União Soviética somente ocorreria em 1956, conforme comunicado da Academia das Ciências da URSS.[187] Com isso, apenas na década de 1960, o pensamento pachukaniano começou a ser difundido na Europa. Na América Latina, a influência soviética – de cunho stalinista – sobre os partidos comunistas locais, somada à violenta repressão política contra as forças políticas de esquerda, particularmente as marxistas, diminuíram drasticamente as possibilidades de conhecimento das obras e teorias do jurista soviético durante as décadas de 1960 e 1980,[188] fenômeno ocorrido com outras correntes de pensamento, inclusive a própria teoria da derivação do Estado.[189]

---

[185] Ver nossas referências prévias a respeito do stalinismo no capítulo anterior.

[186] ALVES, Allaôr Café. "Apresentação à edição brasileira". PACHUKANIS, Evgeni B. *Teoria geral do direito e marxismo* (trad. Sílvio Donizete Chagas). São Paulo: Acadêmica, 1988, p. 5.

[187] ALVES, Allaôr Café. "Apresentação à edição brasileira". PACHUKANIS, Evgeni B. *Teoria geral do direito e marxismo* (trad. Sílvio Donizete Chagas). São Paulo: Acadêmica, 1988, p. 5.

[188] No Brasil, o primeiro estudo sistemático a respeito de Pachukanis somente viria a ser publicado no ano de 2000, por meio da obra de Márcio Naves: *Marxismo e direito*: um estudo sobre Pachukanis. São Paulo: Boitempo, 2000.

[189] BONNET, Alberto R. "Estado y capital: debates sobre la derivación y la reformulación del Estado". *In*: REY, Mabel Thwaites (Coord.). *Estado y marxismo*: un siglo y medio de debates. Buenos Aires: Prometeo libros, 2007, p. 269.

CAPÍTULO III - A TEORIA DERIVACIONISTA DO ESTADO

No Brasil, a redemocratização coincidiu com o colapso da União Soviética, o que provocou um refluxo nas teorias marxistas, dificultando ainda mais o conhecimento do pensamento pachukaniano. Na Europa, ao contrário, nas décadas de 1960 e 1970, houve espaço para que as ideias do jurista soviético fossem estudadas e difundidas.[190] Na Alemanha e no Reino Unido, uma dessas correntes que absorveu a teoria do Direito de Pachukanis foi o derivacionismo (logo adiante veremos de que maneira as ideias do jurista soviético se manifesta no interior dessa corrente marxista).

A principal obra de Pachukanis é intitulada *Teoria Geral do Direito e Marxismo*, publicada em 1924. Nesse livro, o jurista soviético apresenta uma explicação que se confronta com as tradicionais ideias marxistas que descreviam o Estado e a normatividade dele decorrente, como instrumentos de uma classe voltados para permitir a dominação e exploração de outra. Pachukanis se opunha assim a duas ideias correntes, que seriam mantidas pelo stalinismo: a concepção do Estado como um aparelho genérico de dominação de classe e a ideia de Estado e Direito como algo livremente manipulável pelo interesse ou vontade da classe dominante. Pachukanis pretendia, diferentemente, mostrar que os elementos exclusivos da economia capitalista conduzem o Estado e o Direito a assumirem uma forma própria e distinta historicamente e que ambos estão associados à forma mercantil.

Os méritos de Pachukanis decorrem especialmente de suas inovações metodológicas,[191] baseadas na forma marxiana de entender a

---

[190] Na Itália, por exemplo, esse trabalho inicia-se com as primeiras traduções feitas pelo filósofo italiano Umberto Cerroni. Cf. PERROTA, Cosimo (Coord). *La scienza è una curiosità*. Lecce: Manni, 2004, p. 335.

[191] O professor Márcio Naves esclarece-nos a respeito da metodologia pachukaniana, explicando: "O critério que orienta a *démarche* de Pachukanis é a possibilidade de a teoria ser capaz de *analisar a forma jurídica como forma histórica*, permitindo compreender o direito como fenômeno real. Pachukanis introduz por essa via, no campo da análise do direito, o princípio metodológico desenvolvido por Karl Marx na *Introdução à crítica da economia política*, que se exprime em dois 'movimentos': o que vai do abstrato ao concreto e o que vai do simples ao complexo. Segundo Pachukanis, para Marx poderia parecer 'natural' que a economia política partisse da análise de uma totalidade concreta, a população, mas esta é uma abstração vazia (...) de modo que, somente partindo dessas

economia. A primeira novidade metodológica pachukaniana consistiu em entender as categorias presentes, existentes na forma social mais evoluída (a sociedade burguesa), como primeiro passo para compreensão das categorias pretéritas, existentes nas formas sociais mais primitivas. Conforme explica o jurista soviético:

> O que Marx diz aqui das categorias econômicas é totalmente aplicável também às categorias jurídicas. Em sua aparente universalidade elas exprimem um determinado aspecto da existência de um determinado sujeito histórico: a produção mercantil da sociedade burguesa. Encontramos, finalmente, na mesma introdução geral já tantas vezes citada, mais uma profunda reflexão metodológica de Marx. Refere-se ela à possibilidade de explicitar o significado das formações anteriores, através da análise das formas que lhe sucederam e que, por conseguinte, são superiores e mais desenvolvidas. Logo que se compreende a renda, diz Marx, compreende-se igualmente o tributo, o dízimo e o imposto feudal. A forma mais desenvolvida permite-nos compreender os estágios anteriores onde ela surge unicamente de forma embrionária. A evolução histórica posterior põe a descoberto, simultaneamente, as virtualidades que já se podiam divisar num passado longínquo.[192]

A segunda delas consiste em iniciar a análise pelas abstrações mais simples – no caso do Direito, a forma jurídica – para em seguida avançar

---

categorias mais simples é que se torna possível recompor a totalidade concreta em uma unidade plena de determinações". (NAVES, Márcio Bilharinho. *Marxismo e direito*: um estudo sobre Pachukanis. São Paulo: Boitempo, 2000, pp. 40-41. Destaques no original). "(...) Uma questão metodológica essencial formulada por Marx é então recuperada por Pachukanis: a relação entre as categorias do presente e as categorias do passado histórico, sendo aquelas a 'chave' para a compreensão destas. Para Marx, é a sociedade burguesa, a mais evoluída forma de sociedade, que permite a apreensão da estrutura das sociedades passadas" (NAVES, Márcio Bilharinho. *Marxismo e direito*: um estudo sobre Pachukanis. São Paulo: Boitempo, 2000, p. 46).

[192] PACHUKANIS, Evgeni B. *Teoria geral do direito e marxismo*. São Paulo: Acadêmica, 1988, p. 35.

CAPÍTULO III - A TEORIA DERIVACIONISTA DO ESTADO

para as mais complexas, até chegar ao nível das concretudes históricas, da mesma forma que Marx o fizera na sua obra maior, *O capital*. Nas palavras de Pachukanis:

> O papel da abstração mostra-se particularmente acentuada nas ciências sociais. A maturidade das ciências sociais é determinada pelo grau de perfeição das referidas abstrações. É o que Marx expõe de forma magnífica a propósito da economia política. (...) Partindo destes pressupostos mais simples, o teórico da economia política reproduz a mesma totalidade concreta, mas agora já não como um todo caótico e difuso, mas como uma unidade rica em numerosas determinações e inter-relações. Marx acrescenta que o desenvolvimento histórico da ciência veio a palmilhar o caminho inverso: os economistas do século XVII começaram pelo concreto, pela nação, pelo Estado, pela população, para depois chegarem à renda, ao lucro, ao salário, ao preço e ao valor.[193]

Tais caminhos justamente destacaram Pachukanis na análise materialista do Estado. Seu procedimento, portanto, não consistia numa aglutinação dos vários fragmentos de Marx e Engels, sobre o Estado e o Direito, constituindo uma espécie de mosaico de citações, como ocorria tradicionalmente entre aqueles que se propunham a elaborar uma teoria marxista sobre o nível estatal-jurídico. Esta acusação inclusive foi imputada às teorias do Stamocap e pode ser vista no interior do debate da derivação, quando Hirsch, por exemplo, afirma que as teorias marxistas de até então acerca do Estado burguês "(...) contentam-se em constatar o seu caráter classista, apoiando-se apenas em algumas citações tidas como exemplares e, a partir daí, tentam sistematizar as funções do Estado e analisar a sua importância para a valorização do capital e para a luta de classes, seguindo o método de uma generalização empírica

---

[193] PACHUKANIS, Evgeni. *Teoria geral do direito e marxismo*. São Paulo: Acadêmica, 1988, pp. 30-31.

mais ou menos concludente"[194] (no caso, tal acusação é especificamente direcionada contra Altvater").[195]

Assim, a inovação pachukaniana consistiu justamente em explicar as questões ligadas ao Estado e ao Direito, compreendendo e aplicando o método utilizado por Marx para analisar a economia.[196] Uma vez estabelecidos tais pressupostos para o desenvolvimento de sua pesquisa, Pachukanis procura examinar a especificidade da forma estatal e jurídica, associando-as com o advento do capitalismo, de tal modo que dessa investigação emerge uma questão que seria resgatada pelo debate da derivação do Estado e se tornaria recorrentemente mencionada:[197]

---

[194] HIRSCH, Joachim. "O problema da dedução [derivação] da forma e da função do Estado burguês". *In*: HELMUT, Reichelt; HIRSCH, Joachim; HENNIG, Eike *et al*. *A teoria do Estado*: materiais para reconstrução da teoria marxista do Estado. Rio de Janeiro: Tempo Brasileiro, 1990, p. 129.

[195] "Se excetuarmos a breve e insatisfatória tentativa de uma dedução teórica do Estado, podemos dizer que esse também é essencialmente o caso de Elmar Altvater no seu trabalho intitulado "Sobre alguns problemas do intervencionismo estatal". *In*: *Problemas da luta de classes* (Probleme des Klassenkampfs), n. 3/1972, p. 1 *e ss*. As diferentes variantes da teoria do 'capitalismo estatal monopolista' operam explicitamente com tal princípio metódico, ainda que seja com outra intenção". HIRSCH, Joachim. "O problema da dedução [derivação] da forma e da função do Estado burguês". *In*: HELMUT, Reichelt; HIRSCH, Joachim; HENNIG, Eike *et al*. *A teoria do Estado*: materiais para reconstrução da teoria marxista do Estado. Rio de Janeiro: Tempo brasileiro, 1990, p. 156.

[196] "(...) dois elementos diferenciam profundamente sua perspectiva [de Pachukanis] da de Stucka. O primeiro corresponde a uma ênfase mais nítida do caráter objetivo (extraconsciencial) de toda a problemática jurídica. (...) O segundo elemento corresponde a uma maior perspicácia metodológica, que se insere numa cultura filosófica mais profunda e numa meditação muito arguta sobre o método de *O capital*". CERRONI, Umberto. Il *pensiero giuridico sovietico*. Roma: Riuniti, 1969, p. 62, tradução nossa. Em português: *O pensamento jurídico soviético*. Póvoa de Varzim: Publicações Europa-América, 1976, pp. 64-65.

[197] Além de Blanke, Jürgens e Kastendiek, que mencionaremos mais adiante, HOLLOWAY, John; PICCIOTTO, Sol. "Capital, Crisis and State". *Capital and Class*, London: Conference of Socialist Economists, vol. 1, n. 2, Summer 1977, p. 79.

CAPÍTULO III - A TEORIA DERIVACIONISTA DO ESTADO

Por que é que o domínio da classe não se mantém naquilo que é, a saber, a subordinação de uma parte da população a outra? Por que é que ele reveste a forma de um domínio estatal oficial, ou, o que significa o mesmo, por que é que o aparelho de coação estatal não se impõe como aparelho privado da classe dominante, por que é que ele separa desta última e reveste a forma de um aparelho de poder público impessoal, deslocado da sociedade?[198]

É justamente o fato de o Estado se constituir necessariamente como *autoridade pública* – não como aparato privado – que não aparece adequadamente explicado nas teorias de Müller, Neusüß, Flatow e Huisken.[199] Holloway e Picciotto, em 1978, ao fazerem um balanço a respeito do surgi mento da teoria derivacionista do Estado, apontam a questão pachukania na como fundamental para as construções teóricas de Joachim Hirsch,[200] sendo ela também resgatada explicitamente por Bob Jessop.[201] O filósofo alemão, que já mencionava a importância da indagação pachukaniana em várias de suas obras,[202] recentemente, em entrevista, questionado se a pergunta de Pachukanis fora respondida, afirmou:

---

[198] HOLLOWAY, John; PICCIOTTO, Sol. "Capital, Crisis and State". *Capital and Class*, London: Conference of Socialist Economists, vol. 1, n. 2, Summer 1977, p. 95.

[199] Cf. ELBE, Ingo. *Marx im Westen*: Die neue Marx-Lektüre in der Bundesrepublik seit 1965. 2ª ed. Berl*In:* Akademie, 2010, p. 329.

[200] Cf. HOLLOWAY, John; PICCIOTTO, Sol. "Introduction: towards a materialist theory of the state". *In:* HOLLOWAY, John; PICCIOTTO, Sol (Coord). *State and Capital*: a marxist debate. Londres: Edward Arnold (Publishers) Ltd., 1978, p. 24.

[201] JESSOP, Bob. *State theory*: putting the capitalist state in its place. 1ª reimp. Cambridge: Polity Press, 1996, p. 59.

[202] Ver: HIRSCH, Joachim. *Teoria Materialista do Estado*. São Paulo: Revan, 2010, p. 28. E também: HIRSCH, Joachim. "The state apparatus and social reproduction: elements of a theory of the bourgeois State". *In:* HOLLOWAY, John; PICCIOTTO, Sol (Coord.). *State and capital*: a marxist debate. Londres: Edward Arnold, 1978, p. 58. Originalmente em: *Staatsapparat und Reproduktion des Kapitals*. Frankfurt/M: Suhrkamp, 1974, p. 15.

Sim, essa pergunta foi esclarecida. A resposta foi, resumidamente, que o Estado não é nem um sujeito autônomo (*eigenes*) nem um instrumento neutro, passível de ser usado arbitrariamente por um grupo de poder ou classe – como afirmaram as teorias do pluralismo mais críticas ou também as teorias do capitalismo monopolista estatal, mas sim parte constitutiva estrutural da própria relação de produção capitalista, sua forma política especial. As relações capitalistas de classe e de exploração se dão de tal forma, que a classe dominante economicamente não pode dominar politicamente e diretamente, mas sim, a dominação somente pode se realizar por meio de uma instância relativamente separada das classes. Ao mesmo tempo, o Estado permanece submetido à lógica estrutural e funcional da sociedade capitalista. Ele não é uma instância colocada externamente ao capital. O Estado burguês é, portanto, um Estado de classe, sem ser um instrumento imediato de classe. E justamente essa 'especificidade' ou 'relativa autonomia' do Estado é a base da ilusão do Estado.[203]

Remetendo igualmente à denominada "clássica pergunta" pachukaniana, Bernhard Blanke, Ulrich Jürgens e Hans Kastendiek[204] afirmam que a categoria de *luta de classes* tem servido como ponto de partida para explicar a existência de um Estado de classes, concebendo o Estado burguês meramente como uma de suas espécies particulares. Tais autores sustentam que explicar a forma do Estado a partir da *luta de classes* constitui um equívoco metodológico, pois, na realidade, a forma *mercadoria* deve ser o ponto de partida, afinal, sendo ela um construto

---

[203] HIRSCH, Joachim. *Tote Hunde wecken*: Interview mit Joachim Hirsch zur Staatstheorie und Staatsableitung. Tradução nossa. Disponível em: http://arranca.org/ausgabe/24/tote-hunde-wecken. Acesso em: 15 de janeiro de 2011.

[204] BLANKE, Bernhard; JÜRGENS, Ulrich; KASTENDIEK, Hans. "Zur neueren marxistischen Diskussion über die Analyse von Form und Funktion des bürgerlichen Staates. Überlegungen zum Verhältnis von Politik und Ökonomie". *Probleme des Klassenkampfs: Zeitschrift für politische Ökonomie und sozialistische Politik,* Erlagen: Politladen, n. 14/15 (Doppelheft), mar. 1973, p. 121. Disponível em: http://www.prokla.de/wp/wp-content/uploads/1974/Prokla14-15.pdf. Acesso em: 13 de janeiro de 2011.

CAPÍTULO III - A TEORIA DERIVACIONISTA DO ESTADO

próprio do capitalismo, poder-se-ia a partir dela mostrar igualmente o Estado e o Direito como sendo formas específicas desse modo de produção. Neste ponto, cabe destacar que a análise pachukaniana da *forma jurídica* é análoga à marxiana a respeito da forma *mercadoria*, de tal modo que o jurista soviético procura mostrar como essas duas formas estão ligadas (indicando ainda como elas podem ser derivadas das particularidades das relações sociais existentes no capitalismo). Conforme explica Alysson Leandro Mascaro:

> O resultado da aproximação de Pachukanis à fidelidade do método de Marx fará com que seus estudos cheguem a identificar, de maneira bastante profunda, o direito à circulação mercantil. Nessa relação, Pachukanis verifica que a forma mercantil equivale à forma jurídica, e a razão de uma é a própria razão da outra, tomada de modo reflexo. (...) Toda a proposta de análise do direito segundo a perspectiva marxista é, em Pachukanis, a tentativa de uma compreensão da forma do direito como equivalente e reflexo da forma da mercadoria. Nas relações mercantis Pachukanis inscreve os conceitos de direito e legalidade, demonstrando o seu caráter capitalista.[205]

Sem entrar em pormenores, por ora, queremos destacar que, em Pachukanis, o Estado não é apenas um aparelho de violência "acima" dos interesses individuais, como também não é fruto simplesmente da vontade de uma classe, ou seja, não é uma decorrência subjetiva (o interesse de uma classe em explorar outra), como concebia a teoria stalinista e o pensamento jurídico soviético "oficial" subsequente. Isso significa negar a ideia de que o Estado – como instância externa a todas as classes – seja mero instrumento da burguesia, mesclado diretamente com o interesse dela. Tais ideias se mostram, portanto, em confronto com as teorias stalinistas e com as teorias do capitalismo monopolista de Estado (Stamocap), ou ainda, em oposição às formulações engelsianas

---

[205] MASCARO, Alysson. *Filosofia do Direito*. São Paulo: Atlas, 2010, pp. 470-471.

sobre o Estado,[206] encontradas em sua célebre obra *A origem da família, da propriedade privada e do Estado.*[207]

Pachukanis constitui-se assim numa vertente particular do marxismo, da qual se pode extrair os elementos para se pensar o Estado e o Direito como derivados do processo de trocas mercantis que existem especificamente no capitalismo. De acordo com o que nos explica o professor Márcio Naves:

> De fato, a elaboração teórica de Pachukanis se dirige no sentido de estabelecer uma relação de determinação das formas do direito pelas formas da economia mercantil. (...) a gênese (*genezis*) da forma do direito se encontra na relação de troca; a forma jurídica é o 'reflexo inevitável' (...) da relação dos proprietários de mercadorias entre si; o princípio da subjetividade jurídica 'decorre com absoluta inevitabilidade' (...) das condições da economia mercantil-monetária; esta economia mercantil é a 'condição prévia fundamental' (...), o 'momento fundamental e determinante' (...) do direito; a forma jurídica é 'gerada' (...) pela forma mercantil, a relação econômica de troca 'deve existir' (...) para que 'surja' (...) a relação jurídica; a relação econômica é a 'fonte' (...) da relação jurídica. Todas essas expressões denotam evidente afirmação do *caráter derivado do direito, e de sua específica determinação pelo processo de trocas mercantis.* É, portanto, a esfera da

---

[206] "Pachukanis critica a fórmula engelsiana do Estado como instrumento de auto conservação das classes e detecta o 'problema de fundo' suscitado pela existência moderna de um Estado político-jurídico que se pergunta 'por que o domínio de classe não continua aquilo que é [nas sociedades pré-modernas], ou seja, uma sujeição de fato de uma parte da população em proveito da outra, e molda-se conforme um poder estatal oficial, ou, o que é o mesmo, porque o aparato coercitivo do Estado não é constituído inicialmente como aparato privado da classe dominante, mas se distingue desta assumindo a forma de um aparato público impessoal, separado da sociedade"(CERRONI, Umberto. *O pensamento jurídico soviético.* Póvoa de Varzim: Publicações Europa-América, 1976, p. 71).

[207] ENGELS, Friedrich. *A origem da família, da propriedade privada e do Estado.* 14ª ed. Rio de Janeiro: Bertrand Brasil, 1997.

CAPÍTULO III - A TEORIA DERIVACIONISTA DO ESTADO

circulação de mercadorias que 'produz' as diversas figuras do direito, *como uma decorrência necessária de seu próprio desenvolvimento*.[208]

Conforme apontamos anteriormente, uma das teses mais claramente defendidas pela teoria da derivação é a de que o Estado somente é possível e necessário no capitalismo,[209] noutras palavras, ele é uma forma particular, distinta, inexistente anteriormente. Observa-se assim a convergência dessa corrente com as ideias pachukanianas, desfazendo a visão comum, inclusive dentro do marxismo, de que o Estado existiria igualmente em todas as formas econômicas nas quais subsiste a exploração de uma classe pela outra, seja ela o escravagismo, o feudalismo ou o capitalismo.

Nosso próximo passo é tentar mostrar até que ponto a ideia de "particularização" do Estado na economia capitalista leva os pensadores da teoria da derivação a se aproximarem das premissas e teses formuladas por Pachukanis.[210]

---

[208] NAVES, Márcio Bilharinho. *Marxismo e direito*: um estudo sobre Pachukanis. 1ª ed. São Paulo: Boitempo, 2000, pp. 53-54. Destaques nossos.

[209] MÜLLER, Rudolf Wolfgang; NEUSÜß, Christel. *Die Sozialstaatsillusion und der Widerspruch von Lohnarbeit und Kapital*, p. 76 e ss. Disponível em: http://www.de-archiv.de/php/dok.php?archiv=sop&brett=sopo70&fn=mueller.270%menu=sopinh. Acesso em: 5 de maio de 2011.

[210] Ingo Elbe organiza o pensamento marxista em três grupos (e identifica-o com três fases da teoria marxiana): o tradicional (1878 em diante: Kautski, Bernstein, Lafargue, Bebel, Lenin, Rosa Luxemburgo, Trotsky etc.); o ocidental (1923 em diante: Lukács, Ernst Bloch, Escola de Frankfurt, Gramsci, Sartre etc) e a nova leitura marxista (1965 em diante), na qual ele inclui, acertadamente, Pachukanis entre Rubin, Althusser, Rancière, Backhaus, Heinrich, o Projekt Klasenanalyse, a Teoria da Derivação do Estado (Hirsch, Blanke, Müller, Neusüß etc) dentre outros. Ver: ELBE, Ingo. *Marx im Westen*: Die neue Marx-Lektüre in der Bundesrepublik seit 1965. 2ª ed. Berl*In*: Akademie, 2010, p. 29.

3.3.2 Pachukanis na teoria da derivação do Estado

Por meio da exposição anterior, procuramos mostrar um breve panorama a respeito da teoria pachukaniana, que será mais bem detalhada no decorrer deste capítulo e dos próximos, mostrando assim suas convergências e divergências com alguns dos pensadores da teoria da derivação do Estado.

Conforme vimos, um dos principais méritos de Pachukanis é o de não se limitar a reunir as citações esparsas de Marx a respeito do Estado ou do Direito, mas sim, entender o método a partir do qual o filósofo alemão empreendeu a análise da forma mercadoria e proceder de modo semelhante com relação à forma jurídica. Mais do que isso, tratava-se, a exemplo do trabalho empreendido por Marx, de mostrar como a forma mais atual explica as anteriores.[211] Sendo assim, olhando para o Estado e o Direito no seu desenvolvimento contemporâneo, torna-se possível entender as relações sociais (não jurídicas) e a normatividade existentes no passado e no que elas diferem em relação ao presente. Uma precaução metodológica que nem sempre foi observada no interior do próprio marxismo.[212]

---

[211] Nas palavras de Marx: "A sociedade burguesa é a organização histórica mais desenvolvida, mais diferenciada da produção. As categorias que exprimem suas relações, a compreensão de sua própria articulação, permitem penetrar na articulação e nas relações de produção de todas as formas de sociedade desaparecidas, sobre cujas ruínas e elementos se acha edificada, e cujos vestígios, não ultrapassamos ainda, leva de arrastão desenvolvendo tudo que fora antes apenas indicado que toma assim toda a sua significação etc. A anatomia do homem é a chave da anatomia do macaco. O que nas espécies animais inferiores indica uma forma superior não pode, ao contrário, ser compreendido senão quando se conhece a forma superior. A economia burguesa fornece a chave da economia da antiguidade etc. Porém, não conforme o método dos economistas que fazem desaparecer todas as diferenças históricas e veem a forma burguesa em todas as formas de sociedade". (MARX, Karl. "Para a crítica da economia política". GIANNOTI, José Arthur (Coord.). Marx. São Paulo: Abril Cultural, 1974, p. 126).

[212] Conforme mencionamos anteriormente: "(...) enquanto Marx faz a sua investigação a partir do Estado *moderno* ou burguês e da sua especificidade histórica, Engels elabora a sua com a proposição – tanto para o Estado como para a família e a propriedade – daquilo que Marx definia como o 'romance das origens'. Para um [Marx], o presente

CAPÍTULO III - A TEORIA DERIVACIONISTA DO ESTADO

Seguindo esses passos, Blanke, Jürgens e Kastendiek enfatizam que uma explicação histórico-materialista – feita nos moldes derivacionistas – precisa analisar as *categorias jurídicas* que necessariamente e especifica mente existem no modo de produção capitalista. Uma omissão na qual Altvater, Müller e Neusüß teriam incorrido. Notemos que essa dupla, aparentemente, age[213] de modo semelhante a Pachukanis ao comentar as particularidades das formas pré-capitalistas. No entanto, tal semelhança, como dissemos, é apenas aparente. Müller e Neusüß partem de um excerto de *Crítica da Filosofia do Direito de Hegel*, em que Marx se opõe às explicações idealistas de Hegel sobre o Estado, e remetem à afirmação marxiana de que o "misticismo" burguês inverte a relação do Estado com família e sociedade civil, razão pela qual "a condição torna-se o condicionado, o determinante torna-se o determinado, o produtor é posto como o produto de seu produto".[214] Em seguida, Müller e Neusüß recuperam um fragmento em que Marx comenta a economia e política na Idade Média e o desenvolvimento do Estado moderno:

> Entende-se que a constituição como tal só é desenvolvida onde as esferas privadas atingiram uma existência independente. Onde o comércio e a propriedade fundiária ainda não são livres nem independentes, também não o é a constituição política.

---

e o mais complexo é a chave do passado e do mais simples; para o outro – como para tantos positivistas – é o passado que explica o presente, fixando uma cadeia evolutiva unilinear" (CERRONI, Umberto. *Teoria política e socialismo*. Mira Sintra – Mem Martins: Publicações Europa-América, 1976, p. 127). Destaque nosso.

[213] MÜLLER, Rudolf Wolfgang; NEUSÜß, Christel. *Die Sozialstaatsillusion und der Widerspruch von Lohnarbeit und Kapital*, p. 76. Disponível em: http://www.dearchiv.de/php/dok.php?archiv=sop&brett=sopo70&fn=mueller.270%menu=sopinh. Acesso em: 5 de maio de 2011. Em inglês: MÜLLER, Rudolf Wolfgang; NEUSÜß, Christel. "The 'Welfare-State illusion' and the contradiction between wage labour and capital". *In*: PICCONE, Paul (Coord.). *Telos*. St. Louis, Missouri (USA): Department of Sociology of Washington University, n. 25, 1975, p. 37.

[214] MARX, Karl. *Crítica da filosofia do direito de Hegel*. 2ª ed. São Paulo: Boitempo, 2010, pp. 30-31.

> Na Idade Média havia servos, propriedade feudal, corporações de ofício, corporações de sábios etc.; ou seja, na Idade Média a propriedade, o comércio, a sociedade, o homem são políticos; o conteúdo material do Estado é colocado por intermédio de sua forma; cada esfera privada tem um caráter político ou é uma esfera política; ou a política é, também, o caráter das esferas privadas. Na Idade Média, a constituição política é a constituição da propriedade privada, mas somente porque a constituição da propriedade privada é a constituição política.[215]

Segundo Müller e Neusüß, esse comentário poderia ser aplicado igualmente a todas as formações sociais pré-burguesas. Neste sentido, os autores remetem a uma passagem dos *Grundisse*, na qual Marx contrasta, de um lado, a *separação* na relação entre trabalho assalariado e capital e, de outro, a *unidade* original do trabalho e de suas condições materiais.

> Se um dos pressupostos do trabalho assalariado e uma das condições históricas do capital são o trabalho livre e a troca desse trabalho livre por dinheiro a fim de reproduzir e valorizar o dinheiro, a fim de ser consumido pelo dinheiro não como valor de uso para fruição, mas como valor de uso para o dinheiro, outro pressuposto é a separação do trabalho livre das condições objetivas de sua realização – do meio de trabalho e do material de trabalho. Portanto, sobretudo a desvinculação do trabalhador da terra com seu laboratório natural – em consequência, a dissolução da pequena propriedade livre de terras, bem como da propriedade comunitária baseada na comunidade oriental. Nessas duas formas, o trabalhador se relaciona às condições objetivas de seu trabalho como sua propriedade; trata-se, nesse caso, da unidade natural do trabalho como seus pressupostos objetivos. Por isso, o trabalhador, independentemente do trabalho, tem sua existência objetiva. O indivíduo relaciona-se consigo mesmo como proprietário, como senhor das condições de sua realidade.

---

[215] MARX, Karl. *Crítica da filosofia do direito de Hegel*. 2ª ed. São Paulo: Boitempo, 2010, p. 52.

CAPÍTULO III - A TEORIA DERIVACIONISTA DO ESTADO

> Ele se relaciona da mesma maneira com os outros – dependendo se esse *pressuposto* é posto a partir da comunidade ou das famílias singulares que constituem a comunidade –, relaciona-se com os outros como coproprietários, como tantas encarnações da propriedade comum, ou como proprietários independentes existindo junto com ele, proprietários privados independentes – entre os quais a própria propriedade comum, que outrora a tudo absorvia e a todos abrangia, é posta como *ager publicus* particular junto aos muitos proprietários privados de terras.
>
> Nessas duas formas, os indivíduos não se relacionam como trabalhadores, mas como proprietários – e membros de uma comunidade que ao mesmo tempo trabalham. A finalidade desse trabalho não é a *criação de valor* – embora elas possam realizar trabalhos excedentes –, ao contrário, a sua finalidade é a conservação do proprietário singular e de sua família, bem como a da comunidade como um todo. O pôr do indivíduo como um *trabalhador*, nessa nudez, é ela própria um produto *histórico*.[216]

O principal diferencial das formas pré-capitalistas, segundo Müller e Neusüß, é o fato de não existir uma privatização da esfera responsável pela subsistência vital. Mesmo as sociedades que não mais subsistem como comunais em sentido estrito, ou seja, mesmo nas organizações sociais antigas e feudais – nas quais existem classes – a propriedade segue como algo comum e se constitui como uma "esfera política", parafraseando Marx. Somente no capitalismo, com a "privatização" da propriedade, haverá uma fragmentação que aniquilará o caráter político da propriedade, criando o "despotismo do capital" (divisão que também está ligada à implantação da produção fabril e mecanizada).[217]

---

[216] MARX, Karl. *Grundrisse*: manuscritos econômicos de 1857-1858: esboços da crítica da economia política. São Paulo: Boitempo. Rio de Janeiro: Ed. UFRJ, 2011, p. 388. Itálico no original.

[217] MARX, Karl. "Para a crítica da economia política: manuscrito de 1861-1863 (cadernos I a V): terceiro capítulo: o capital em geral". *In: Economia Política e Sociedade*, vol. 1. Belo Horizonte: Autêntica, 2010, p. 381.

A exposição de Müller e Neusüß se projeta dentro uma perspectiva que procura captar as especificidades do capitalismo para então mostrar por que o Estado e a política também se particularizam nesse modo de produção. Ainda assim, Blanke, Jürgens e Kastendiek afirmam que a tal "particularização" não pode se confundir com "derivação", um problema verificável dentre os que utilizam como ponto de partida os textos de juventude de Marx – *Questão Judaica e Crítica da Filosofia do Direito de Hegel* – ou de forma acrítica os argumentos contidos em *A ideologia alemã* (texto de maturação), nos quais estão presentes ideias como: a existência do "Estado concomitantemente a par e acima da sociedade", "a duplicação da sociedade em sociedade e Estado", o "ilusório interesse 'geral' do Estado". Nessa visão, a contradição existente no capitalismo é vista, equivocadamente, como conflito entre "o interesse geral e o particular".

A mesma crítica abrange as formulações teóricas de Altvater a respeito do Estado, que, partindo de conceitos semelhantes, escreve:

> O Estado, portanto, nunca é um capitalista real material total, mas sempre apenas um capitalista ideal ou capitalista fictício total. Este é o conteúdo da categoria de 'particularização do Estado', da 'duplicação' da sociedade burguesa na sociedade e no Estado. A partir disso, podemos agora tirar uma conclusão importante: o Estado não substitui a competição, mas funciona ao lado dela, e no que diz respeito à lei do valor, que conceitualmente expressa as leis imanentes implementadas pela concorrência, isso não significa a sua substituição ou até mesmo a sua suspensão, mas, sim, a sua modificação correspondente. Assim, o estabelecimento de um fragmento de sociedade em interesses individuais só é historicamente possível pelo fato de que o Estado assegura as bases para a sua existência.[218]

---

[218] ALTVATER, Elmar. "Some problems of state interventionism". In: HOLLOWAY, John; PICCIOTTO, Sol (Coord.). *State and capital*: a marxist debate. London: Edward Arnold (Publishers) Ltd., 1978, p. 42. Tradução nossa.

CAPÍTULO III - A TEORIA DERIVACIONISTA DO ESTADO

Blanke, Jürgens e Kastendiek argumentam que, nos escritos de juventude, Marx e Engels desenvolvem uma abordagem sobre o Estado contaminada de conceitos hegelianos – ainda que as implicações e conclusões sejam distintas – partindo da ideia de fragmentação da sociedade burguesa decorrente da propriedade privada.[219] É oportuno lembrar que a tríade alemã alertava de início que na tentativa de elaborar uma derivação do Estado, um dos equívocos cometidos consistia em tomar emprestado de maneira acrítica e irrefletida elementos e conceitos oriundos das teorias burguesas do Estado,[220] no caso citado, a teoria de Hegel.

De fato, as dicotomias "público-privado" e "geral-particular" estão no cerne das teorias políticas modernas fundadas na contraposição entre sociedade civil e indivíduo. Isso pode ser observado desde as primeiras formulações sobre o Estado, baseadas nos paradigmas epistemológicos cartesianos – cujo ponto de partida é o *indivíduo* e as faculdades que lhe são inerentes (vontade e entendimento) –, como em o *Leviatã*, de Thomas Hobbes (1588-1679). Mais do que isso, nas teorias burguesas, o sujeito burguês é visto como *sujeito de direito* – no caso de Locke (1632-1704), como proprietário de propriedade privada –, a célula *mater* a partir da qual a legitimidade do Estado se fundamenta. Assim, a crítica à teoria burguesa consiste justamente em apontar que a própria noção de *sujeito de direito* é decorrência da constituição do modo capitalista de produção. Neste ponto, Blanke, Jürgens e Kastendiek afirmam que "(...) as formulações mencionadas anteriormente, como 'vontade geral' ou 'interesse geral' *pressupõe o conceito de sujeito de direito* e já implica em certa transcendência das contradições entre interesses particulares e gerais *por meio* e *no* (legítimo) Estado".[221]

---

[219] BLANKE, Bernhard; JÜRGENS, Ulrich; KASTENDIEK, Hans. "On the current Marxist discussion on the analysis of form and function of the bourgeois State". *In:* HOLLOWAY, John; PICCIOTTO, Sol (eds.). *State and Capital:* A Marxist Debate. Londres: Edward Arnold, 1978, p. 116.

[220] BLANKE, Bernhard; JÜRGENS, Ulrich; KASTENDIEK, Hans. "On the current Marxist discussion on the analysis of form and function of the bourgeois State". *In:* HOLLOWAY, John; PICCIOTTO, Sol (eds.). *State and Capital:* A Marxist Debate. Londres: Edward Arnold, 1978, p. 109.

[221] BLANKE, Bernhard; JÜRGENS, Ulrich; KASTENDIEK, Hans. "On the current Marxist discussion on the analysis of form and function of the bourgeois State". *In:*

É importante destacar que essa crítica é bastante abrangente no interior da teoria da derivação, de tal sorte que ela não apenas alcança Müller, Neusüß e Altvater, como também os pensadores Joachim Hirsch, por conta de seus primeiros escritos e Sybille von Flatow e Freerk Huisken, por conta de seus respectivos textos.

Seguindo os passos de Müller e Neusüß, os autores Flatow e Huisken publicaram, em 1973, na revista *Prokla*, artigo intitulado *Sobre o problema da derivação do Estado burguês*,[222] no qual procuravam elaborar uma explicação derivacionista do Estado, apoiando-se na visão marxiana de Estado encontrada na obra *A ideologia alemã*. Partindo da premissa de que o Estado não poderia ser derivado diretamente das necessidades do capital, dever-se-ia buscar as formas que emergem na superfície do modo de produção capitalista e a partir delas explicar as funções do Estado.[223] A conclusão dos autores será a de que as formas superficiais básicas do Estado consistem na mediação entre os *interesses particulares e gerais*,[224] que se desenvolvem num conjunto de relações sociais nas quais os sujeitos vivem numa aparente igualdade e liberdade:

> *Como proprietários privados em geral, representantes do interesse geral da manutenção das condições da propriedade privada – e também da*

HOLLOWAY, John; PICCIOTTO, Sol (eds.). *State and Capital:* A Marxist Debate. Londres: Edward Arnold, 1978, p. 116. Tradução nossa.

[222] FLATOW, Sybille von; HUISKEN, Freerk. "Zum Problem der Ableitung desbürgerlichen Staates". *Probleme des Klassenkampfs:* Zeitschrift für politische Ökonomie und sozialistische Politik. Politladen, n. 7, Erlagen: maio 1973, pp. 82-153. Disponível em: http://www.prokla.de/wp/wp-content/uploads/1973/Prokla7.pdf. Acesso em: 13 de janeiro de 2011.

[223] FLATOW, Sybille von; HUISKEN, Freerk. "Zum Problem der Ableitung desbürgerlichen Staates". *Probleme des Klassenkampfs:* Zeitschrift für politische Ökonomie und sozialistische Politik. Politladen, n. 7, Erlagen: maio 1973, pp. 116 e ss. Disponível em: http://www.prokla.de/wp/wp-content/uploads/1973/Prokla7.pdf. Acesso em: 13 de janeiro de 2011.

[224] FLATOW, Sybille von; HUISKEN, Freerk. Zum "Problem der Ableitung desbürgerlichen Staates". *Probleme des Klassenkampfs:* Zeitschrift für politische Ökonomie und sozialistische Politik. Politladen, n. 7, Erlagen: maio 1973, pp. 127-128. Disponível em: http://www.prokla.de/wp/wp-content/uploads/1973/Prokla7.pdf. Acesso em: 13 de janeiro de 2011.

CAPÍTULO III - A TEORIA DERIVACIONISTA DO ESTADO

substância material –, eles constituem, superficialmente, aquela esfera da aparência real de igualdade, liberdade e independência, que contém em si a 'possibilidade' do desenvolvimento do Estado burguês. Em virtude do desenvolvimento da noção de capital, origina-se uma concepção, enquanto falsa aparência das relações antagônicas de classe, de *sociedade* como resultado de relações de proprietários privados independentes e iguais. As relações reais entre as pessoas, enquanto membros de classes às quais elas pertencem objetivamente, são dissimuladas, tanto no interior de cada classe, quanto na relação de umas contra as outras. As pessoas se presumem na esfera da igualdade e da liberdade, que agora não é mais resultado da expansão das determinações decorrentes da troca ou da simples circulação de mercadorias – algo metodologicamente inadmissível –, mas sim resultado do desenvolvimento de toda consciência e, nela, a determinação da forma econômica pode fazê-las aparecer justamente enquanto não proprietários, caraterizados como trabalhadores assalariados desprovidos de quaisquer bens, que só possuem a si mesmos, ao lado daqueles que são proprietários de fato, por meio da apropriação do trabalho de outrem. Mas essa diferença que o antagonismo estabelece entre *propriedade enquanto resultado do trabalho de outrem e propriedade enquanto resultado do próprio trabalho*, necessariamente se perdeu com a dissimulação da verdadeira fonte do novo valor.[225]

Helmut Reichelt encontra assim motivos para fazer contra Flatow e Huisken uma crítica semelhante à de Blanke, Jürgens e Kastendiek apresentada contra Müller e Neusüß. No texto intitulado "Alguns comentários sobre o ensaio de Sybille von Flatow e Freerk Huisken sobre o problema da derivação do Estado burguês", Helmut Reichelt acusa os dois autores de não discutirem adequadamente as categorias

---

[225] FLATOW, Sybille von; HUISKEN, Freerk. "Zum Problem der Ableitung des bürgerlichen Staates". Probleme des Klassenkampfs: Zeitschrift für politische Ökonomie und sozialistische Politik. Politladen, n. 7, Erlagen: maio 1973, pp. 107-108. Itálicos e destaque (negrito) no original. Tradução nossa. Disponível em: http://www.prokla.de/wp/wp-content/uploads/1973/Prokla7.pdf. Acesso em: 13 de janeiro de 2011.

presentes nos escritos políticos marxianos,[226] utilizando acriticamente categorias centrais da tradição democrático-burguesa, das quais o jovem Marx, preso ao pensamento feuerbachiano, se vale na sua fase radical democrata, notadamente a categoria de "interesse geral", que, nesse contexto, acaba servindo para interpretar o Estado burguês como instância dos interesses supraindividuais.[227]

Segundo Reichelt, ao trabalhar com conceitos dessa espécie (interesse geral e particular), Flatow e Huisken acabam conseguindo, no máximo, identificar o caráter ideológico do Estado (não sua função estrutural para a reprodução do capitalismo), o que, segundo eles, conduz à conclusão de que:

> (...) Não há interesses gerais, mas apenas interesses particulares que são declarados gerais. Admite-se assim, implicitamente, que a postulada unidade do interesse geral só foi inventada para derivar a forma de Estado de uma maneira abstrata e global – a forma de um Estado que é tido como quadro institucional e, ao mesmo tempo, deve ser entendido como uma forma particular de superação das barreiras de valorização do capital como um todo; além disso, não está claro, na visão deles, se a superação politicamente mediada das novas barreiras para a valorização – um processo que se apresenta como a acumulação de funções pelo Estado – leva a uma instância caracterizada por contradições, em

---

[226] "They do not discuss, for example, how far such categories as 'doubling', general interest, etc., are meaningfully concretized in the exposition or simply thrown in as verbal affirmations. Instead they concentrate on failings in the abstract construction, which Flatow and Huisken see in the fact that the form of particularization is located on a different methodical level from the representation of the two central functions of the state, and that the derivation of these two state functions (the state as guarantor and administrator of the general conditions of production and as instrument of ruling class) is not mediated with the derivation of the form of particularization". REICHELT, Helmut. "Some comments of Flatow and Huisken's Essay 'On the problem of the derivation of the bourgeois state'". *In*: HOLLOWAY, John; PICCIOTTO, Sol (Coord.). *State and capital*: a marxist debate. Londres: Edward Arnold (Publishers) Ltd., 1978, p. 46.

[227] HOLLOWAY, John; PICCIOTTO, Sol (Coord.). *State and capital*: a marxist debate. Londres: Edward Arnold (Publishers) Ltd., 1978, p. 48.

CAPÍTULO III - A TEORIA DERIVACIONISTA DO ESTADO

que as funções individuais dificultam e paralisam um ao outro em seus efeitos. Apenas na história oculta da valorização do capital como um todo, é que ele é trazido para a discussão (capital sempre sendo estruturado pelas oposições entre trabalho assalariado e capital), sendo então possível compreender estas funções [do Estado], que não são neutras do ponto de vista da classe em sua estrutura formal. Só nesta base se pode tentar compreender que, ao contrário, precisamente nesta forma como funções do Estado (até mesmo mutuamente contraditórias), a unidade se apresenta em seu caráter de classe. Mas isso é precisamente o que o conceito de Flatow e Huisken do interesse geral não alcança, uma vez que serve, em uma construção desenvolvida exclusivamente no nível de afirmação, para ancorar o caráter de classe de todas as funções do Estado à dimensão do trabalhador que erroneamente se compreende como burguês. Na verdade, este conceito desastrosamente impede uma adequada compreensão dos processos históricos.[228]

Percebe-se, assim, que tanto a crítica de Blanke, Jürgens e Kastendiek, bem como a de Helmut Reichelt, tem como pano de fundo a existência de uma ruptura entre os escritos da juventude e os da maturidade de Marx, questão que provocou acirradas polêmicas entre os marxistas.[229]

A existência ou não de um corte ou ruptura epistemológica ("*coupure* **épistémologique**") entre o Marx da juventude e o da maturidade tornou-se célebre por meio do filósofo francês Louis Althusser (1918-1990) a partir da expressão de Gaston Bachelard (1884-1962): para a leitura

---

[228] REICHELT, Helmut. "Some comments of Flatow and Huisken's Essay 'On the problem of the derivation of the bourgeois state'". *In*: HOLLOWAY, John; PICCIOTTO, Sol (Coord.). *State and capital*: a marxist debate. Londres: Edward Arnold (Publishers) Ltd., 1978, pp. 55-66. Tradução nossa.

[229] Ver: NAVES, Márcio Bilharinho. *Marx*: ciência e revolução. São Paulo: Moderna; Campinas: Universidade de Campinas, 2000, p. 27. E também: CERRRONI, Umberto. *Politica*. Ed. nova e atualizada. Roma: Seam, 1996, p. 100. Em português: *Política – métodos, teorias, processos, sujeitos, instituições e categorias*. São Paulo: Brasiliense, 1993, p. 75.

althusseriana, o Marx da "maturidade" apresenta uma ruptura com o humanismo e a antropologia filosófica de Feuerbach, elaborando uma análise científica despojada das noções juvenis (gênero humano, essência humana, passividade do proletariado etc.),[230] portanto, excluindo-as da determinação da causalidade social.[231] O tema da *alienação*, por exemplo, é encarado como resquício do hegelianismo em Marx, cuja rejeição na maturidade o encaminharia definitivamente para o materialismo científico.[232] Ao se despojar dos conceitos ideológicos burgueses, Marx finalmente estaria livre para encontrar as determinações reais da sociedade burguesa – a articulação entre relação de produção e forças produtivas –, fazendo, desse modo, uma ciência social, ou seja, um estudo da realidade, não da ideologia.[233] A partir desse recorte, torna-se possível observar significativas mudanças no pensamento marxiano a respeito de vários temas como o papel do Estado em relação às relações de produção, a transição para o socialismo e a forma de organização política dos trabalhadores neste período, a função do Direito e sua gradual extinção[234] etc.

Assim, Blanke, Jürgens e Kastendiek – distinguindo esses dois momentos fundamentais no desenvolvimento do pensamento marxiano – apontam que conceitos como alienação e duplicação foram sendo

---

[230] "Uma interpretação humanista do marxismo faz assentar a teoria marxista nas seguintes noções: homem, essência humana, natureza humana, alienação, trabalho alienado, desalienação, apropriação da sua essência (dos produtos do trabalho) pelo homem, homem total, homem genérico, indivíduo integralmente desenvolvido, sujeito-objeto, criação, criação do homem pelo homem, consciência, consciência moral, liberdade, ato, transcendência, subjetividade etc." (ALTHUSSER, Louis et al. *A polêmica sobre o humanismo*. Lisboa: Presença, s/d.).

[231] Tais ideias também podem ser encontradas nas seguintes obras de Althusser: *Pour Marx*. Paris: François Maspero, 1965. E também: *Lire le capital*. Paris: François Maspero, 1965, 2 vol.

[232] Cf. ANDERSON, Perry. *Considerações sobre o marxismo ocidental*: nas trilhas do materialismo histórico. São Paulo, Boitempo, 2004, p. 91.

[233] NAVES, Márcio Bilharinho. *Marx:* ciência e revolução. São Paulo: Moderna; Campinas: Universidade de Campinas, 2000.

[234] Sobre tais mudanças ver: TOSEL, André. "Les critiques de la politique chez Marx". *In:* BALIBAR, Étienne; LUPORINI, Cesare; TOSEL, André. *Marx et sa critique de la politique*. Paris: François Maspero, 1979.

CAPÍTULO III - A TEORIA DERIVACIONISTA DO ESTADO

abandonados por Marx, bem como as formulações iniciais sobre o "retrato geral da propriedade privada" foram sendo progressivamente substituídas por uma análise da "anatomia da sociedade burguesa", do capital, em suma, do modo de produção capitalista.

Para evitar incorrer nos mesmos equívocos dos demais pensadores, Blanke, Jürgens e Kastendiek adotarão como ponto de partida a *mercadoria* – no sentido marxiano –, para, a partir dela, derivar não apenas a existência do Estado, mas também a da forma jurídica – uma manifestação social específica do capitalismo –, decorrentes do próprio modo como as relações sociais estão constituídas nesse modo de produção. Vejamos como tais pensadores procedem.

Blanke, Jürgens e Kastendiek elaboram sua teoria da derivação do Estado partindo da forma mercadoria. Mais precisamente o fato de que a *relação* existente na *troca* de mercadoria envolve: (i) sujeitos que se relacionam como proprietários de suas mercadorias e (ii) coisas que são trocadas sob a sujeição da lei do valor.

> O valor de troca como uma relação de mercadorias (coisas) para o outro existe independentemente da vontade do produtor e 'comunicação' como seres. Valor é a forma reificada da sociabilidade de seu trabalho, em que o trabalhador existe como nada mais do que o 'resultado', do que uma quantidade abstrata de trabalho reificado. Por outro lado, a realização de valor, isto é, o ato de troca, pressupõe um ato consciente de vontade do proprietário de mercadorias. Mercadorias não podem ir ao mercado por si só, como Marx afirma, o ato de troca pressupõe pessoas atuando e constitui uma relação entre pessoas atuantes, ainda que apenas como agentes de circulação. Corresponde à estrutura de troca como proporção comparativa dos produtos desiguais de trabalho (valor de uso) conforme uma medida abstrata (uma quantidade de seres diferentes, com necessidades diferentes – tudo o que exige a formação neste plano de ação de um ponto de referência abstrato tornando esta proporção possível).[235]

---

[235] BLANKE, Bernhard; JÜRGENS, Ulrich; KASTENDIEK, Hans. "Zur neueren marxistischen Diskussion über die Analyse von Form und Funktion des bürgerlichen

Ao tomar esse ponto de partida, torna-se evidente que os autores alemães fundamentam sua argumentação baseando-se em preceitos semelhantes àqueles adotados por Pachukanis no capítulo *Mercadoria e Sujeito* da sua obra *Teoria geral do Direito e marxismo*.[236] Assim, a conclusão dos pensadores alemães e do jurista soviético é a mesma: considerando que as relações econômicas no capitalismo se desenvolvem da maneira descrita, o produto do trabalho engloba as propriedades da mercadoria e, concomitantemente, os seres humanos se tornam sujeitos de direito, ou seja, portadores de direitos. Com isso, tanto social quanto formalmente, burgueses e proletários passam a ter qualidades iguais: do ponto de vista social, a relação social de troca de mercadorias ocorre por intermédio da "manifestação da livre vontade das partes" (conforme o famoso jargão jurídico); do ponto de vista formal, ambos reconhecem que possuem tais mercadorias enquanto detentores de propriedades privadas (no caso dos trabalhadores, sua força de trabalho), razão pela qual a liberdade, a igualdade e a propriedade privada são reconhecidas como direitos humanos funda mentais, independentemente de sua classe.[237] Ao destacar a ausência de sujeição física de uma classe pela outra no capitalismo e o caráter necessariamente jurídico das relações sociais existentes, os autores alemães compartilham de um dos aspectos fundamentais da teoria pachukaniana,[238] por meio da qual o autor soviético

---

Staates. Überlegungen zum Verhältnis von Politik und Ökonomie". *Probleme des Klassenkampfs: Zeitschrift für politische Ökonomie und sozialistische Politik*, Erlagen: Politladen, n. 14/15 (Doppelheft), mar. 1973, pp. 122-123. Tradução nossa. Disponível em: http://www.prokla.de/wp/wp-content/uploads/1974/Prokla14-15.pdf. Acesso em: 13 de janeiro de 2011.

[236] PACHUKANIS, Evgeni B. *Teoria geral do direito e marxismo*. São Paulo: Acadêmica, 1988, pp. 68 *e ss*.

[237] Ver: BLANKE, Bernhard; JÜRGENS, Ulrich; KASTENDIEK, Hans. "Zur neueren marxistischen Diskussion über die Analyse von Form und Funktion des bürgerlichen Staates. Überlegungen zum Verhältnis von Politik und Ökonomie". *Probleme des Klassenkampfs: Zeitschrift für politische Ökonomie und sozialistische Politik*, Erlagen: Politladen, n. 14/15 (Doppelheft), mar. 1973, p. 123. Disponível em: http://www.prokla.de/wp/wp-content/uploads/1974/Prokla14-15.pdf. Acesso em: 13 de janeiro de 2011.

[238] "O segredo oculto da democracia (...) encontra-se nessa relação entre as formas do direito e o processo do valor de troca. É somente na sociedade burguesa, na

CAPÍTULO III - A TEORIA DERIVACIONISTA DO ESTADO

distingue o modo de produção capitalista dentre os outros na história, formulação essa compartilhada por Hirsch (em sua "segunda" fase, explicada adiante) e também por Holloway e Picciotto.[239]

O Estado, portanto, assume como função a defesa desses direitos e dos contratos formulados entre as partes. Se o capitalismo, por um lado, não institucionaliza a violência direta de uma classe pela outra, por outro, pressupõe que o poder atue constrangendo os sujeitos –, por meio da coação física se necessário – a respeitarem as obrigações decorrentes da lei e do contrato. Por isso, para Blanke, Jürgens e Kastendiek, o surgimento da lei de valor implica o Estado de Direito.[240]

---

qual ocorre a generalização da forma mercadoria, com a própria força de trabalho se tornando uma mercadoria, que é possível o surgimento de uma forma de Estado que possa aparecer como distinta dos interesses privados que cortam o tecido social. De fato, se o Estado não é a expressão imediata de vontades particulares, então, ele pode aparecer como uma instância impermeável a essas vontades, como a instância pública em contraposição àquela composta pelas necessidades privadas. Ora, em uma sociedade de proprietários de mercadorias, se o Estado beneficiasse um dos contratantes, estaria quebrando a relação de reciprocidade inerente à condição de sujeitos de direito de que todos os proprietários estão investidos. O Estado será a garantia dessa igualdade universal que permite que a circulação mercantil seja observada e, assim, ele se configura como estando acima das partes, como garantidor das relações jurídicas. É o que diz Pachukanis: 'Aparecendo a título de fiador dessas relações [privadas], o poder se torna um poder social, um poder público, que persegue o interesse imparcial da ordem'" (NAVES, Márcio. "A democracia e seu não lugar". *Ideias*, Campinas: Unicamp, n. 1, vol. 1, 1º semestre de 2010, pp. 68-69).

[239] Cf. BONNET, Alberto R. "Estado y capital: debates sobre la derivación y la reformulación del Estado". *In:* REY, Mabel Thwaites (Coord.). *Estado y marxismo*: un siglo y medio de debates. Buenos Aires: Prometeo libros, 2007, p. 292. HOLLOWAY, John; PICCIOTTO, Sol. "Capital, crisis and State". *Capital and Class*. London: Conference of Socialist Economists, vol. 1, n. 2, Summer 1977, p. 79.

[240] BLANKE, Bernhard; JÜRGENS, Ulrich; KASTENDIEK, Hans. "Zur neueren marxistischen Diskussion über die Analyse von Form und Funktion des bürgerlichen Staates. Überlegungen zum Verhältnis von Politik und Ökonomie". *Probleme des Klassenkampfs:* Zeitschrift für politische Ökonomie und sozialistische Politik, Erlagen: Politladen, n. 14/15 (Doppelheft), mar. 1973, p.123. Disponível em: http://www.prokla.de/wp/wp-content/uploads/1974/Prokla14-15.pdf. Acesso em: 13 de janeiro de 2011.

Uma vez fixados tais pontos, Blanke, Jürgens e Kastendiek, seguindo os passos de Pachukanis,[241] afirmam que o próximo passo na derivação do Estado somente pode ser o de apresentar quais os princípios formais que a mencionada força coercitiva estatal deve necessariamente observar para estar adequada à forma da mercadoria. Tais princípios são encontrados no conceito geral de Direito e se expressam por meio de normas gerais, impessoais e abstratas.

Considerando que o Direito assume, necessariamente, portanto, as características acima mencionadas, podemos perceber que, no capitalismo, a *forma* das relações sociais se contradiz com seu *conteúdo*, pois os sujeitos se veem *ao mesmo tempo* como livres e iguais e como coagidos e desiguais,[242] por conseguinte, diante de uma contradição insolúvel e inerente a esse modo de produção.[243] Assim, partindo do fato de que a acumulação de capital pela *burguesia* – decorrente da exploração da força de trabalho do *proletariado* trocada como mercadoria – tem origem em relações econômicas nas quais os sujeitos estão limitados pelos seus respectivos direitos de propriedade, torna-se possível sustentar que a separação entre o econômico e político no capitalismo "(...) é a forma

---

[241] Ver especialmente PACHUKANIS, Evgeni B. *Teoria geral do direito e marxismo*. São Paulo: Acadêmica, 1988, pp. 95 *e ss*.

[242] CLARKE, Simon. "The state debate". *In:* CLARKE, Simon (Coord.). *The state debate*. Londres: Palgrave Macmillan, 1991, p. 11.

[243] "The organization of social conditions through and in which the process of value exists is perceived here as the state's content as mode of domination, a content which is presupposed in the determination of the state as historical result, reality and process of capitalist social relations. The separation of the political from the social operates within society. Thus the contradiction between form and content: particularization of the state imposing the generality of formal freedom and formal equality as 'community', the content of which is the 'perpetuation of the slavery of labour' (Marx, 1969, p. 33), a perpetuation that comprises the 'sine qua non of the existence of capital' (Marx, 1983). The 'autonomised [*verselbständigte*] power of the state' (Marx, 1974, p. 882) entails the form-determined content which puts the state right back into the process of value. Hence, the state is constituted as a contradictory unity of form and content (...), a unit that is impossible to separate inasmuch as, in practice, it constitutes a dialectical continuum" (BONEFELD, Werner. "Social Constitution and the form of the capitalist State". *In:* BONEFELD, Werner; GUNN, Richard; PSYCHOPEDIS, Kosmas (Coord.). *Open Marxism*. vol. 1. London: Pluto Press, 1992, p. 118).

CAPÍTULO III - A TEORIA DERIVACIONISTA DO ESTADO

mais fundamental a partir da qual a subordinação da classe trabalhadora ao capital é reproduzida"[244] e que, em última instância, somente pode ser mantida por meio dos aparatos de violência do Estado. Sendo assim, a despolitização da economia coincide com o surgimento da produção de mercadorias e das relações de dinheiro, no qual o Estado, enquanto instância garantidora da lei e dos contratos, torna-se indispensável.[245]

Ao trabalhar com o conceito de *forma jurídica* na sua relação com a *forma mercadoria*, os filósofos alemães avançam um passo significativo em relação à abordagem de Müller, Neusüß, Flatow, Huisken e Altvater (e a de Hirsch formulada nos seus primeiros escritos). Segundo Alberto Bonnet,[246] o conceito de forma (*form*) e derivação do Estado (*Staatsableitung*) aparece imbricado desde o início do debate alemão. Isso demandava trabalhar com o conceito *forma* na perspectiva marxiana. Se, por um lado, Marx explica o *fetiche* da mercadoria, o modo como se apresenta na consciência, por outro, esclarece que *sua abstração se reproduz a partir da própria prática* de troca das mercadorias.[247] Conforme vimos, Müller e Neusüß afirmam que o fato de o Estado se apresentar numa forma autônoma e reificada (assim como ocorre com a mercadoria) não é apenas uma ilusão,[248] mas decorrência *dos mecanismos particulares da forma*

---

[244] CLARKE, Simon. "The state debate". *In*: CLARKE, Simon (Coord.). *The state debate*. Londres: Palgrave Macmillan, 1991, p. 11.

[245] BLANKE, Bernhard; JÜRGENS, Ulrich; KASTENDIEK, Hans. "Zur neueren marxistischen Diskussion über die Analyse von Form und Funktion des bürgerlichen Staates. Überlegungen zum Verhältnis von Politik und Ökonomie". *Probleme des Klassenkampfs: Zeitschrift für politische Ökonomie und sozialistische Politik*, Erlagen: Politladen, n. 14/15 (Doppelheft), mar. 1973, p. 122. Tradução nossa. Disponível em: http://www.prokla.de/wp/wp-content/uploads/1974/Prokla14-15.pdf. Acesso em: 13 de janeiro de 2011.

[246] BONNET, Alberto R. "Estado y capital: debates sobre la derivación y la reformulación del Estado". *In*: REY, Mabel Thwaites (Coord.). *Estado y marxismo*: un siglo y medio de debates. Buenos Aires: Prometeo libros, 2007, pp. 272-273.

[247] Ver: Marx, *O capital*, livro I, seção IV.

[248] MÜLLER, Rudolf Wolfgang; NEUSÜß, Christel. *Die Sozialstaatsillusion und der Widerspruch von Lohnarbeit und Kapital*, p. 73. Disponível em: http://www.dearchiv.de/php/dok.php?archiv=sop&brett=sopo70&fn=mueller.270%menu=sopinh. Acesso em: 5 de maio de 2011.

de produção capitalista, que ao mesmo tempo são impostos aos agentes da produção e determinam concretamente suas atividades. No caso de Blanke, Jürgens e Kastendiek, o avanço consiste em mostrar que a forma que o próprio Direito assume no capitalismo, não apenas seu conteúdo, está diretamente relacionada com as particularidades desse modo de produção e, mais, que o Estado se apresenta sob a forma de um Estado de Direito, ou seja, organizado por meio de normas que são universais e às quais ele mesmo se submete.

Com apoio nessa perspectiva apresentada por Blanke, Jürgens e Kastendiek, observamos que Werner Bonefeld, um dos interlocutores de destaque deste debate, escreve a respeito da forma e do conteúdo do Estado capitalista, explicando que a formalização da liberdade e igualdade se constitui, necessariamente, como direito de todos os indivíduos no capitalismo:

> Liberdade formal e igualdade não figuram como fato consumado, mas como um processo de antagonismo de classes. Liberdade formal e igualdade constituem o pressuposto histórico do Estado, sua premissa histórica e resultado. O modo de existência do Estado pertence à tendência histórica em direção à organização social expandida da reprodução social nos termos do Direito: a eliminação do conflito social em [in] e por meio [through] da instanciação [instantiation] de direitos humanos, ou seja, o controle da lei e da ordem. É aqui que o processo de produção de valor excedente atinge generalidade na forma de dominação política. A unidade dinâmica de produção de valor excedente não elimina o antagonismo entre capital e o trabalho, mas empurra continuamente cada mediação da unidade contraditória da produção de mais-valia ao seu ponto de superação, considerados direitos de propriedade formalmente iguais, mas mutuamente exclusivos, (...) constituindo relações de troca como relações de dominação política, envolvendo a imposição de relações de legalidade sobre o conflito de classes. Portanto, o Estado existe como a concentração política de normalização social, organização e domesticação do conflito social em formas que conformam os direitos formais e a salvaguarda desses direitos através da

CAPÍTULO III - A TEORIA DERIVACIONISTA DO ESTADO

coerção separados da sociedade e, ao mesmo tempo, que existe dentro da sociedade. A particularização do Estado da sociedade implica funções específicas assumidas pelo Estado no desenvolvimento do capitalismo.[249]

Um ponto que também destacamos é que a explicação de Blanke, Jürgens e Kastendiek para a derivação do Estado – que parte do circuito de trocas mercantis – dá ensejo à crítica de que, na realidade, o ponto de partida para uma explicação materialista supostamente deveria *ser as relações capitalistas de produção*, não apenas de *circulação* de mercadorias. No entanto, a resposta para tal objeção consiste em mostrar que, apenas no capitalismo a troca de mercadorias está completamente desenvolvida e que esses dois momentos (produção e distribuição) são indissociáveis, encontrando seu sentido um no outro. Conforme explica Bob Jessop, outro pensador da teoria da derivação, essa crítica também costuma ser apresentada recorrentemente contra Pachukanis.

Bob Jessop[250] explica que a crítica somente seria válida se o jurista soviético concebesse uma essência burguesa imutável à forma jurídica, o que não seria correto no entender do pensador inglês. De fato, Pachukanis admite que a forma jurídica apenas alcança seu pleno desenvolvimento no capitalismo,[251] bem como admite que a separação do

---

[249] BONEFELD, Werner. "Social Constitution and the form of the capitalist State". *In*: BONEFELD, Werner; GUNN, Richard; PSYCHOPEDIS, Kosmas (Coord.). *Open Marxism*. vol. 1. London: Pluto Press, 1992, pp. 117-118. Tradução nossa.

[250] JESSOP, Bob. *State theory*: putting the capitalist state in its place. Polity Press: Cambridge, 1996, p. 59.

[251] Conforme explica Alysson Leandro Mascaro: "Para Pachukanis, a forma jurídica não corresponde a um quadro de trocas tomado no seu sentido genérico, ou então a meras trocas simples. As relações jurídicas, identificadas às relações mercantis, só existem como tal a partir de um sistema generalizado de trocas, isto é, a partir de um sistema de trocas mercantis capitalistas. E a própria dialética entre troca e produção não passa despercebida para Pachukanis. A relação entre forma jurídica e forma mercantil é complexa, porque se refina e se plenifica nas próprias relações de produção. Contra os que leem apressadamente Pachukanis e pensam ser a determinação da forma jurídica pela forma mercantil uma determinação simples, Márcio Bilharinho

político-econômico se dá partir da mediação da exploração econômica, por meio da troca da força de trabalho livre com capital, porém, isso não significa que a análise pachukaniana exclua o estudo das formas pré-jurídicas nos períodos anteriores ao capitalismo – no qual o autor sustenta uma espécie de "embrião" do Direito moderno – ou na fase de transição socialista.[252] Além disso, Pachukanis não afirma que todos os aspectos do Direito burguês poderiam ser explicados a partir da circulação das mercadorias e, finalmente, o mais importante, Jessop destaca que a extensão da análise ao circuito da troca de mercadorias como um todo, não implica a necessidade de nenhuma modificação nos fundamentos da teoria pachukaniana.[253]

No caso de Joachim Hirsch, suas considerações sobre Pachukanis têm um especial destaque,[254] pois, desde o início, o objetivo deste pensador alemão era elaborar uma derivação da forma do Estado por meio da análise das categorias econômicas marxianas. No entanto, um salto teórico substancial pode ser observado justamente quando ele incorpora os principais elementos da teoria do Direito de Pachukanis em suas teorias, conforme veremos a seguir.

Naves a considera uma sobredeterminação. Por isso, somente quando a estrutura mercantil se torna regra geral é que também as estruturas jurídicas se generalizam. O mundo do Império Romano tinha troca simples, que não se generalizavam estruturalmente e, assim também, o direito romano continha normas quanto às trocas, mas não havia um sistema jurídico universalizado de contratos. O direito romano corresponderia a um sistema primitivo, justamente porque Roma não estava estruturada de modo mercantil capitalista, mas sim, de modo escravagista e que, portanto, tinha nas relações mercantis um complemento e não a regra geral. Já no capitalismo, quando tudo e todos se trocam no mercado, é a escravidão que se torna incidental" (MASCARO, Alysson. *Filosofia do Direito*. São Paulo: Atlas, 2010, pp. 473-474).

[252] Trata-se da questão examinada por Márcio Naves em *A questão do direito em Marx*. São Paulo: Outras Expressões/Dobra Editorial, 2014., cuja leitura é indispensável e na qual se sustenta a inexistência e impossibilidade de uma forma jurídica na Antiguidade.

[253] JESSOP, Bob. *State Theory*: putting the capitalista state in its place. 1ª reimpressão. Cambridge: Polity Press, 1996, p. 59.

[254] Tal influência também pode ser observada diretamente em PICCIOTTO, Sol. The theory of the state, class struggle and the rule of law. FINE, Bob et al. (Coord.). *Capitalism and the rule of law*: from deviancy theory to marxism. London: Hutchinson, 1979, pp. 170 *e ss*.

CAPÍTULO III - A TEORIA DERIVACIONISTA DO ESTADO

Em 1973, Hirsch publicou o texto *Elementos para uma teoria materialista do Estado*,[255] no qual apresenta o Estado como uma espécie de organizador da anarquia inerente à sociedade capitalista: a produção e troca de mercadorias, características deste modo de produção, tornariam indispensável uma instância – o Estado – que atendesse aos interesses da classe burguesa na forma de um interesse geral, sem se confundir com nenhum dos capitalistas em particular. Neste primeiro momento, Hirsch pode ser incluído dentre aqueles que eram criticados por explicarem as particularidades do Estado no capitalismo, apenas adicionando-lhe algumas funções dentre aquelas que já existiam anteriormente. Conforme aponta Clarke, essa linha de argumentação era considerada insuficiente e a autocrítica de Hirsch conduz justamente a abandonar essa perspectiva tida, por ele mesmo, como excessivamente funcionalista.[256] Posteriormente, os argumentos contidos no texto acima apontado foram reformulados duas vezes no ano de 1974, primeiro dando origem ao artigo *Sobre o problema de uma derivação da determinação da forma e função do Estado Burguês*,[257] e posteriormente aparecendo incorporado à sua obra *Aparato do Estado e reprodução do capital*,[258] na qual

---

[255] HIRSCH, Joachim. "Elemente einer materialistischen Staatstheorie". *In:* BRAUNMÜHL, Claudia von et al. *Probleme einer materialistischen Staatstheorie.* Frankfurt/M: Suhrkamp, 1973, pp. 199-266.

[256] "Against all the previous contributions to the state derivation debate, Hirsch argued that it was necessary to derive the form of the state, as an autonomous power, before such a power could be endowed with any substantive functions, in the original version of his argument he explained the autonomy of the state in terms of the anarchy of capitalist production. However in the revised version of his account he rejected this explanation as 'functionalist', instead explaining the autonomy of the state in terms of the supposed need to separate the exercise of force from the immediate relations of capitalist exploitation, since the latter presuppose the free purchase and sale of labour power as a commodity" (CLARKE, Simon. "The state debate". *In:* CLARKE, Simon (Coord.). *The state debate.* Londres: Palgrave Macmillan, 1991, p.12).

[257] HIRSCH, Joachim. "Zum Problem einer Ableitung der Form– und Funktions bestimmung des bürgerlichen Staates". *In:* HENNIG, Eike; HIRSCH, Joachim; REICHELT, Helmut (Coord.). *Karl Marx/ Friedrich Engels*: Staatstheorie: Materialien zur Rekonstruktion der marxistischen Staatstheorie. Frankfurt am Maim/ Berl*In:* Ullstein, 1974.

[258] HIRSCH, Joachim. *Staatsapparat und Reproduktion des Kapitals.* Frankfurt/M: Suhrkamp, 1974. A parte 1 e a parte 5 (conclusão) dessa obra vieram a ser

é possível constatar uma alteração substancial nos argumentos do autor. Vejamos melhor tais mudanças.

Conforme dissemos, Hirsch, seguindo a perspectiva derivacionista desde seu artigo em 1973, procura explicar a existência e funcionamento do Estado apontando suas distinções no capitalismo em relação aos modos de produção anteriores. Nesse sentido, ele argumenta que no capitalismo a produção das mercadorias se baseia na propriedade privada e na divisão social do trabalho o que implica necessariamente na falta de uma *coesão social*, razão pela qual se torna necessário o Estado para lidar com os indivíduos que, por um lado, são autônomos, mas ao mesmo tempo, por razões econômicas, têm de se relacionar entre si.

A ausência de coesão social do capitalismo é apontada assim como característica intrínseca e específica do capitalismo. No feudalismo, a atividade econômica não está estruturada na relação entre indivíduos independentes, havendo uma subsunção a uma comunidade "natural", hierarquizada. Os laços de servidão não são fruto da autonomia da vontade, mas decorrência da tradição e, no entender da escolástica medieval, da natureza. Hirsch, apoiando-se em um excerto de Marx,[259] afirma que, no capitalismo, isso se modifica, pois não há mais a ideia de subsunção a uma comunidade natural; portanto, o Estado encarna, de modo alienado, a totalidade social, aparecendo como autoridade externa e igualmente autônoma, assim como são os sujeitos privados

---

publicadas com o título *The State apparatus and social reproduction: elements of a theory of the bourgeois State* em HOLLOWAY, John; PICCIOTTO, Sol (Coord.). *State and capital:* a marxist debate. Londres: Edward Arnold (Publishers) Ltd., 1978, pp. 57-106. Sendo que a referida parte 1 é uma reformulação do artigo de Hirsch, *Elemente einer materialistischen Staatstheori*. Frankfurt/M: Suhrkamp, 1974, escrito em 1973.

[259] "Dado que os indivíduos não estão subsumidos sob uma comunidade natural, nem podem, enquanto membros conscientes da comunidade, subordinar a comunidade a si mesmos, esta deve confrontá-los, enquanto sujeitos autônomos, como uma coisa objetiva, fortuita, externa, igualmente autônoma. Essa é precisamente a condição para eles existirem, simultaneamente, em uma relação social como pessoas privadas autônomas" (MARX, Karl. *Second Draft of Critique of Political Economy*. 1858. Disponível em: http://www.marxists.org/archive/marx/works/1858/economic/draft.htm. Acesso em: 10 de novembro de 2012).

CAPÍTULO III - A TEORIA DERIVACIONISTA DO ESTADO

nas suas relações sociais. Noutras palavras, nessa sociedade de produtores autônomos, na qual cada um se orienta pelo interesse individual, as condições gerais de reprodução do capital precisam ser garantidas por uma instância que lhes é exterior: o Estado.[260]

Hirsch, aqui, utiliza argumentos parcialmente semelhantes aos de outros pensadores da teoria da derivação como Müller, Neusüß, Flatow, Huisken e Altvater. Com base em Marx, Hirsch enfatiza que, no capitalismo, a socialização existente se produz às costas dos produtores,[261] assim como afirmavam Müller e Neusüß, segundo os quais, "(...) o processo de produção é conduzido por leis ocultas em relação à vontade consciente dos indivíduos, implementadas nas suas costas, mas ao mesmo tempo criadas pelas suas ações".[262] O problema teórico surge justamente quando se tratar de examinar tais "leis ocultas", pois o resultado alcançado por Hirsch revelar-se-á insuficiente, neste primeiro momento, a exemplo do que aconteceu com os demais pensadores da derivação. Vejamos quais são as razões do insucesso existente.

Hirsch afirma que, no capitalismo, há diversos *trabalhos privados*: (i) que não são vistos como um conjunto, mas como uma multiplicidade independente, cujo desenvolvimento se sucede sem o controle consciente dos indivíduos; (ii) que são assalariados, possibilitando a valorização do valor; e (iii) cuja totalidade é vista apenas em algo

---

[260] HIRSCH, Joachim. "Elemente einer materialistischen Staatstheorie". In: BRAUNMÜHL, Claudia von et al. *Probleme einer materialistischen Staatstheorie*. Frankfurt/M: Suhrkamp, 1973, p. 201.

[261] HIRSCH, Joachim. "Elemente einer materialistischen Staatstheorie". In: BRAUNMÜHL, Claudia von et al. *Probleme einer materialistischen Staatstheorie*. Frankfurt/M: Suhrkamp, 1973, p. 201.

[262] MÜLLER, Rudolf Wolfgang; NEUSÜß, Christel. *Die Sozialstaatsillusion und der Widerspruch von Lohnarbeit und Kapital*, p. 70. Tradução nossa. Disponível em: http://www.dearchiv.de/php/dok.php?archiv=sop&brett=sopo70&fn=mueller.270%menu=sopinh. Acesso em: 5 de maio de 2011. Em inglês: MÜLLER, Rudolf Wolfgang; NEUSÜß, Christel. "The 'Welfare-State illusion' and the contradiction between wage labour and capital". PICCONE, Paul (Coord.). *Telos*, St. Louis, Missouri (USA): Department of Sociology of Washington University, n. 25, 1975, p. 77.

estranho ao conjunto, justamente naquilo que o remunera, o dinheiro. Assim, a unidade social no âmbito da produção é gerada pelo valor de troca – incorporado no dinheiro – independentemente da vontade dos indivíduos. O Estado, por sua vez, dentro desse modo de produção, apresenta-se como o elemento responsável pela unidade social no campo político, independente da vontade individual, tal qual é o valor de troca no campo econômico.

Pierre Salama,[263] um dos expoentes da teoria da derivação na França, em artigo escrito em 1980, faz uma crítica conjunta a Müller, Neusüß e Hirsch (citando justamente o excerto acima referido e presente na obra deste último) e afirma que a derivação do Estado, partindo da forma valor e do dinheiro, não consegue alcançar resultados suficientemente satisfatórios:

> As formulações de Müller e Neusüß e as de Hirsch não deixam de ser prudentes. O paralelismo é interessante, mas limitado. Porque forma do valor, o dinheiro é deduzido do valor. Porque é deduzido do capital, o Estado – como veremos –, é portanto deduzido igualmente do valor. Mas não é porque duas coisas podem ser deduzidas de uma mesma terceira, que uma poderia explicar a outra. Se é verdade que o valor de troca, incorporado no dinheiro, produz, independentemente da vontade dos indivíduos, a unidade social da produção, não se pode por causa disto deduzir daí que é necessário que esta totalidade social precise do Estado para garantir as condições gerais da produção e da reprodução. A determinação dessa necessidade exige uma análise sinuosa. No máximo se pode dizer com Hirsch: Quanto mais se desenvolve a troca entre produtores privados, com a penetração da sociedade burguesa, mais valor de troca é a origem da coesão social, *e mais cedo desaparecem a possibilidade e a necessidade de*

---

[263] Economista francês que também pode ser apontado como integrante do debate sobre a derivação do Estado. Nesse sentido, ver: NAKATAMI, Paulo. "Estado e acumulação do capital: discussão sobre a teoria da derivação". *Análise Econômica*, a. 5, n. 8, pp. 35-64, 1987.

CAPÍTULO III - A TEORIA DERIVACIONISTA DO ESTADO

> *instaurar a coesão da sociedade através das formas de relação de dependência pessoal e de sujeição direta.*[264]

Podemos destacar ainda que, não por acaso, Hirsch, no artigo citado, a fim de fundamentar suas ideias, remeta a um excerto da obra *A ideologia alemã*,[265] no qual a antinomia *interesse particular* e *interesse geral* (a mesma utilizada por pensadores derivacionistas) – estabelecida a partir da divisão social do trabalho – explica a existência do Estado. Nessa obra, Marx e Engels afirmam que "(...) é precisamente a partir dessa contradição do interesse particular como interesse coletivo que o interesse coletivo assume, como *Estado*, uma forma autônoma, separada dos reais interesses singulares e gerais"; e mais adiante: "(...) a luta prática desses interesses particulares, que se contrapõem constantemente e *de modo real* aos interesses coletivos ou ilusoriamente coletivos, também torna necessária a ingerência e a contenção *práticas* por meio do ilusório interesse 'geral' como Estado".[266] Assim, Hirsch explicará a necessidade do Estado como contraponto desse universo de sujeitos independentes, afirmando que, dada essa forma de organização social, "(...) faz-se necessária uma instância distinta em relação aos indivíduos, contraposta a eles como algo estranho – os interesses do Estado – a fim de garantir as condições sociais da produção e da reprodução, que ultrapassam os seus interesses privados".[267]

---

[264] SALAMA, Pierre. *Estado e Capital*: o Estado capitalista como abstração do real, p. 125. Disponível em: http://bibliotecavirtual.cebrap.org.br/arquivos/estado_e_capital_f.pdf. Acesso em: 12 de fevereiro de 2012.

[265] MARX, Karl & ENGELS, Friedrich. *A ideologia alemã*. São Paulo: Boitempo Editorial, 2007, p. 37.

[266] MARX, Karl & ENGELS, Friedrich. *A ideologia alemã*. São Paulo: Boitempo Editorial, 2007, p. 37.

[267] HIRSCH, Joachim. "Elemente einer materialistischen Staatstheorie". *In*: BRAUMÜHL, Claudia von *et al*. *Probleme einer materialistischen Staatstheorie*. Frankfurt/M: Suhrkamp, 1973, p. 202. Tradução nossa.

No artigo intitulado *O problema da derivação da determinação da forma e da função do Estado burguês*,[268] publicado em 1974 por Hirsch, parte das ideias referidas anteriormente ainda estão presentes[269] (inclusive o fragmento objeto da crítica de Pierre Salama, que posteriormente será abandonado por Hirsch),[270] no entanto, as diferenças mais importantes começam a aparecer no parágrafo subsequente ao fragmento mencionado: Hirsch não mais afirma que "(...) em relação à sociedade civil deve o Estado comportar-se necessariamente como algo especial, como forma contraditória e ilusória do geral",[271] ou seja, como mera instância imaginária do interesse geral, numa sociedade estruturada por interesses particulares. Agora, ele procura explicar com maior precisão como o Estado atua no processo de valorização do capital, ou seja, garantindo as condições de produção e acumulação, efetivada por meio do circuito de troca de mercadorias, dentre elas, a própria força de trabalho. Hirsch faz isso adicionando o seguinte parágrafo:

> É certo que não podemos ficar marcando passo neste ponto. No conceito da sociedade produtora de mercadorias está contido lógica e historicamente o conceito do capital. E como o desenvolvimento dialético do conceito de capital tem de tomar

---

[268] "Zum Problem einer Ableitung der Form- und Funktionsbestimmung des bürgerlichen Staates" em português, na edição da "Tempo Brasileiro", o verbo alemão "ableiten" foi traduzido como "dedução", quando o correto seria "derivação".

[269] Ver: HIRSCH, Joachim. "O problema da dedução [derivação] da forma e da função do Estado burguês". *In:* HELMUT, Reichelt; HIRSCH, Joachim; HENNIG, Eike *et al. A teoria do Estado:* materiais para reconstrução da teoria marxista do Estado. Rio de Janeiro: Tempo Brasileiro, 1990, p. 146.

[270] Ver: HIRSCH, Joachim. "The state apparatus and social reproduction: elements of a theory of the bourgeois State". *In:* HOLLOWAY, John; PICCIOTTO, Sol (Coord.). *State and Capital:* a marxist debate. Londres: Edward Arnold (Publishers) Ltd., 1978, p. 59. Originalmente em: *Staatsapparat und Reproduktion des Kapitals.* Frankfurt/M: Suhrkamp, 1974, p. 16.

[271] "Gegenüber der bürgerlichen Gesellschaft muss sich der Staat notwendig als ein Besonderes verhalte, als widersprüchliche und ilusorische Form des All gemeinen". HIRSCH, Joachim. "Elemente einer materialistischen Staatstheorie". *In:* BRAUNMÜHL, Claudia von *et al. Probleme einer materialistischen Staatstheorie.* Frankfurt/M: Suhrkamp, 1973, p. 202. Tradução nossa.

CAPÍTULO III - A TEORIA DERIVACIONISTA DO ESTADO

como ponto de partida a reduplicação necessária da mercadoria em mercadoria e dinheiro, a gênese das relações capitalistas de produção (acumulação e trabalho assalariado livre) é condição histórica para o desenvolvimento pleno e a generalização da produção de mercadoria. No conceito desenvolvido da sociedade produtora de mercadorias está contido, pois, o antagonismo entre trabalho assalariado e capital, entre exploração e produção de mais-valia. A troca entre equivalentes é capaz de fazer a mediação entre a produção e a apropriação de mais-valia, mas somente na superfície. Portanto, se ao Estado, enquanto forma equivocada da particularização da coletividade social, é atribuída como função determinante a garantia das condições sociais gerais da produção e da reprodução, então é necessário analisar esse processo de reprodução como processo de valorização do capital, isto é, como um processo de produção contínua de mais-valia e, assim, como processo de acumulação.

O processo capitalista de produção distingue-se de todas as formas anteriores de produção e de reprodução porque nele 'o processo de trabalho aparece apenas, como um meio para o processo de valorização' e 'a reprodução apenas como um meio capaz de reproduzir o valor adiantado na forma de capital, isto é, como um valor que a si mesmo se valoriza'. Isso, no entanto, pressupõe 'que o trabalhador disponha livremente sobre suas próprias capacidades e que o dono da mercadoria ou do dinheiro disponha livremente sobre os valores que lhe pertencem'. O capitalista que compra normalmente a força de trabalho pelo seu valor e a aplica no processo de produção, obtém assim o valor de seus meios de produção e se apropria, além disso, da mais-valia, cuja produção constitui o valor específico de uso que o trabalho vivo representa para o capital. O ponto decisivo, no entanto, está em que essa relação tem de reproduzir-se necessária e permanentemente na base do mundo capitalista de produção que já se impôs historicamente. Entretanto, aquilo que no início foi apenas ponto de partida, passa a ser reproduzido sempre e de modo novo, graças à simples continuidade do processo, eternizado como resultado próprio da produção capitalista.[272]

---

[272] HIRSCH, Joachim. "O problema da dedução [derivação] da forma e da função do Estado burguês". *In:* HELMUT, Reichelt; HIRSCH, Joachim; HENNIG, Eike *et*

Ainda em 1974, por meio de um novo artigo, Hirsch dará uma forma mais bem acabada a essa linha de argumentação, apresentando explicitamente sua afinidade com a teoria de Pachukanis. A exemplo de seu artigo de 1973,[273] Hirsch remete a um célebre excerto do Prefácio de *Crítica da Economia Política de Marx*, segundo o qual: "(...) relações jurídicas, tais como formas de Estado, não podem ser compreendidas nem a partir de si mesmas, nem a partir do assim chamado desenvolvimento geral do espírito humano, mas, ao contrário, elas se enraízam nas relações materiais de vida",[274] que devem ser entendidas como "(...) modos de produção, as condições sociais sob as quais os indivíduos produzem e entram em relação uns com os outros".[275] Ainda que este ponto seja comum a ambos os escritos, logo a seguir, Hirsch introduz uma ressalva que não constava anteriormente: o estudo da "anatomia da sociedade civil" é base para se elaborar uma análise do Estado burguês, isso significa que a forma política particular do Estado, que traz consigo relações na forma jurídica, deve ser explicada a partir das especificidades do modo de produção capitalista, ou mais precisamente, do *processo de apropriação da mais-valia e das leis de reprodução da totalidade social que lhe é inerente*.[276]

Veremos, a seguir, que as modificações efetuadas por Hirsch neste novo texto de 1974, no qual ele abandona parte substancial dos

---

al. *A teoria do Estado*: materiais para reconstrução da teoria marxista do Estado. Rio de Janeiro: Tempo Brasileiro, 1990, p. 147.

[273] HIRSCH, Joachim. "Elemente einer materialistischen Staatstheorie". *In:* BRAUNMÜHL, Claudia von et al. *Probleme einer materialistischen Staatstheorie*. Frankfurt/M: Suhrkamp, 1973, p. 200.

[274] MARX, Karl. "Para a crítica da economia política". *In:* GIANNOTI, José Arthur (Coord.). *Marx*. São Paulo: Abril Cultural, 1974, p. 51.

[275] HIRSCH, Joachim. "The state apparatus and social reproduction: elements of a theory of the bourgeois State". *In:* HOLLOWAY, John; PICCIOTTO, Sol (Coord.). *State and capital*: a marxist debate. Londres: Edward Arnold (Publishers) Ltd., 1978, p. 58. Originalmente em: *Staatsapparat und Reproduktion des Kapitals*. Frankfurt/M: Suhrkamp, 1974, p. 16.

[276] HIRSCH, Joachim. "The state apparatus and social reproduction: elements of a theory of the bourgeois State". *In:* HOLLOWAY, John; PICCIOTTO, Sol (Coord.). *State and capital*: a marxist debate. Londres: Edward Arnold (Publishers) Ltd., 1978, p. 16.

CAPÍTULO III - A TEORIA DERIVACIONISTA DO ESTADO

argumentos que sustentavam os dois artigos anteriormente mencionados (1973 e 1974), habilitará o autor alemão a fazer uma referência crítica direta a Flatow, Huisken e Altvater por derivarem a forma e as funções do Estado a partir da vontade geral dos sujeitos da sociedade:

> Partindo dessa perspectiva, *algumas das 'derivações' do Estado burguês que se denominam marxistas deveriam ser criticadas como sendo 'idealistas' no sentido estrito, elas negligenciam o momento em que a forma política é objetivamente extraída das condições do processo de reprodução material e social e, em vez disso, – a partir da superfície aparente da sociedade burguesa – constroem, aberta ou implicitamente, uma 'vontade geral' dos sujeitos da sociedade que constitui a forma particular do Estado* – sejam tais sujeitos os detentores da propriedade privada universal, os produtores privados de mercadorias ou os capitais concorrentes individuais (a esse respeito, ver: Sybille v. Flatow, Freerk Huisken, *Zum Problem der Ableitung des bürgerlichen Staates, in: Probleme des Klassenkampfs*, n. 7/1973, S. 83 ff.; Elmar Altvater, *Zu einigen Problemen des Staatsinterventionismus. In: Probleme des Klassenkampfs*, Nr. 3/1972, S. I ff. (...) Projekt Klassenanalyse, *Materialien zur Klassenstruktur der BRD*, Teil I, Berlin 1973, S 69 ff.). Em todas essas perspectivas, a forma do Estado burguês – que resulta necessariamente da submissão de uma 'vontade geral' decorrente da configuração invertida da superfície da estrutura da sociedade burguesa – tem que ser derivada de funções específicas generalizadas. Isso significa, porém, que o preenchimento das funções abstratamente atribuídas ao Estado (garantia das condições externas gerais da produção, salvaguarda das fontes de renda etc.) sempre é pressuposto tautologicamente, o que demonstra que o problema central da análise do Estado – se de fato e sob quais condições o aparato estatal pode adquirir determinadas funções específicas e quais as consequências decorrentes – é praticamente escamoteado.[277]

---

[277] HIRSCH, Joachim. "The state apparatus and social reproduction: elements of a theory of the bourgeois State". *In:* HOLLOWAY, John; PICCIOTTO, Sol (Coord.). *State and Capital*: a marxist debate. Londres: Edward Arnold (Publishers) Ltd., 1978, p. 186. Originalmente em: *Staatsapparat und Reproduktion des Kapitals*. Frankfurt/M: Suhrkamp, 1974, p. 73. Destaque nosso. Tradução nossa.

Nota-se, consequentemente, que a crítica de Hirsch a estes autores se torna agora mais apurada, ao contrário das objeções anteriormente apresentadas por ele contra Altvater, Flatow, Huisken, Müller e Neusüß. As primeiras críticas, embora pertinentes, não distinguiam tão claramente as ideias de Hirsch em relação aos demais. A partir do excerto a seguir é possível observar como o filósofo alemão, anteriormente, refutava os demais pensadores da derivação de maneira mais difusa:

> Em sua tentativa de uma dedução do Estado, v. Flatow e Huisken terminam recorrendo, em última instância, ao sistema de produção de mercadorias, mesmo que sua intenção seja outra. Por tentarem amarrar a "particularização do Estado" e, ao mesmo tempo, o substrato material da ideologia da neutralidade no interesse geral que todos os indivíduos têm na garantia de suas fontes de renda, eles são forçados a declarar consequentemente esses últimos, *in toto*, proprietários privados. E uma vez que eles não deduzem o Estado a partir do conceito de capital, como ambicionam, mas a partir do sétimo capítulo do terceiro volume de *O capital*, em sua exposição o Estado não surge das contradições do desenvolvimento do capital, mas da ideologia reificada da sociedade burguesa. Cf. Sybille v. Flatow, Freerk Huisken, Sobre o problema da dedução do Estado burguês, in: *Problemas da luta de classes* (Probleme des Klassenkampfs) n. 7/1973, p. 88 *et seq*. Müller e Neusüss seguem o mesmo procedimento abstrativo quando recorrem à situação das classes no capitalismo, a qual revela certas características anti-históricas e estruturalistas, uma vez que as atividades históricas do Estado sempre são determinadas por eles como resultado da realização de lutas de classes, sem que consigam apreender em nenhum momento e sistematicamente o fundamento que subjaz ao movimento do capital. Cf. W. Müller e Ch. Neusüss, *A ilusão do Estado social e contradição entre trabalho assalariado e capital* (...).

É importante notar que Hirsch, no seu texto mais bem acabado de 1974, inicia sua argumentação com uma descrição das características da sociedade capitalista que já havia sido apresentada por ele em seus textos anteriores (1973 e 1974):

CAPÍTULO III - A TEORIA DERIVACIONISTA DO ESTADO

A sociedade civil é caracterizada, de um modo geral, pela troca e pela produção privada baseada na divisão do trabalho e na propriedade privada. A forma predominante da produção de mercadorias implica no duplo caráter do trabalho social como um formador de valores abstrato e como criador concreto de objetos de uso. Ou seja, a forma especificamente burguesa de socialização é determinada através dos trabalhos privados executados independentemente uns dos outros e do contexto social que necessariamente se forma às costas dos produtores, 'no valor de troca está expresso como, para cada indivíduo sua própria atividade ou seu produto só se tornará uma atividade para ele mesmo... O caráter social da atividade, enquanto forma social do produto, enquanto participação do indivíduo na produção surge aqui como algo alienado e objetivo em relação aos próprios indivíduos, não como conduta deles nas relações recíprocas, mas sim como sua subordinação a relações que se constituem independentemente deles e que surgem a partir do embate entre indivíduos indiferentes; sua relação recíproca lhes aparece alienada a eles mesmos, independente, como uma coisa' (*Grundrisse*).[278]

Contudo, logo em seguida, Hirsch suprime o excerto anteriormente mencionado por nós[279] (objeto da crítica de Pierre Salama) que

---

[278] HIRSCH, Joachim. "The state apparatus and social reproduction: elements of a theory of the bourgeois State". *In:* HOLLOWAY, John; PICCIOTTO, Sol (Coord.). *State and Capital*: a marxist debate. Londres: Edward Arnold (Publishers) Ltd., 1978, p. 59. Originalmente em: *Staatsapparat und Reproduktion des Kapitals*. Frankfurt/M: Suhrkamp, 1974, p. 16.

[279] Anteriormente ao excerto acima, Hirsch afirmava que: "Uma vez que os indivíduos 'não estão subsumidos sob uma coletividade natural e nem submetem a coletividade como algo social, é preciso que a coletividade exista como algo objetivo, casual, exterior, como algo independente, que se contrapõe a eles, sujeitos independentes. Esta é precisamente a condição para que eles, enquanto pessoas privadas independentes, possam estar ao mesmo tempo num complexo social'. Disso resulta que o conjunto dos trabalhos dos indivíduos configura-se necessariamente a seus olhos como algo estranho, como uma coisa (dinheiro); resulta também que o todo social tem de assumir uma figura particular. O valor de troca, incorporado no dinheiro, gera a unidade social da produção independentemente da vontade dos indivíduos; ao mesmo tempo,

sucedia imediatamente o trecho antes transcrito. Essa supressão leva o filósofo alemão a substituir os argumentos apresentados anteriormente[280] e assim apresentar uma perspectiva na qual ele se mostrará afinado com a teoria pachukaniana:

> Nesse duplo caráter do trabalho, contudo, está contida a noção de capital como valor abstrato e necessariamente valorizado em si mesmo. Como o desenvolvimento dialético do conceito de capital tem que se relacionar à duplicação da mercadoria em mercadoria e dinheiro, então a produção de relações de produção capitalista (acumulação originária, trabalho assalariado livre) é, historicamente, a condição do completo desenvolvimento e da generalização da produção de mercadorias. O emprego de um conceito de 'sociedade produtora de mercadorias' que prescinda da existência do capitalismo significa, portanto, uma abstração inadmissível, tanto lógica, quanto histórica. O conceito desenvolvido aqui de sociedade produtora de mercadoria contém, antes, o antagonismo entre trabalho assalariado e capital, exploração e produção de mais-valia: o valor de troca equivalente concilia sempre – enquanto 'aparência necessária' na superfície da sociedade – a produção e a apropriação de mais-valia, a exploração de força viva de trabalho e a valorização do capital.[281]

---

faz-se necessária uma instância distinta em relação aos indivíduos, contraposta a eles como algo estranho – os interesses do Estado – a fim de garantir as condições sociais da produção e da reprodução, que ultrapassam os seus interesses privados limitados" (HIRSCH, Joachim. "O problema da dedução [derivação] da forma e da função do Estado burguês". *In:* HELMUT, Reichelt; HIRSCH, Joachim; HENNIG, Eike *et al.* *A teoria do Estado*: materiais para reconstrução da teoria marxista do Estado. Rio de Janeiro: Tempo Brasileiro, 1990, p. 146).

[280] Ver: página 131 *e ss* da presente obra.

[281] HIRSCH, Joachim. "The state apparatus and social reproduction: elements of a theory of the bourgeois State". *In:* HOLLOWAY, John; PICCIOTTO, Sol (Coord.). *State and Capital*: a marxist debate. Londres: Edward Arnold (Publishers) Ltd., 1978, p. 59. Originalmente em: *Staatsapparat und Reproduktion des Kapitals*. Frankfurt/M: Suhrkamp, 1974, p. 16.

CAPÍTULO III - A TEORIA DERIVACIONISTA DO ESTADO

Hirsch, no desenvolvimento dessa argumentação, afirma que a estrutura básica da sociedade capitalista deve ser o ponto de partida para se elaborar uma teoria do Estado burguês, que deve ser explicado como "(...) expressão de uma forma histórica específica de dominação de classe e não simplesmente como portador de função particular".[282] Hirsch, portanto, mantém uma análise da forma valor como elemento por meio do qual uma sociedade produtora de mercadorias estabelece sua unidade social de uma maneira diferente de quaisquer outros modos de produção antecedentes.[283] No entanto, o pensador alemão deriva a forma e as funções do Estado não apenas da existência de produção e troca de mercadorias, mas sim da própria *natureza* das relações sociais

---

[282] HIRSCH, Joachim. "The state apparatus and social reproduction: elements of a theory of the bourgeois State". *In:* HOLLOWAY, John; PICCIOTTO, Sol (Coord.). *State and Capital:* a marxist debate. Londres: Edward Arnold (Publishers) Ltd., 1978, p. 63. Originalmente em: *Staatsapparat und Reproduktion des Kapitals.* Frankfurt/M: Suhrkamp, 1974, p. 23.

[283] Para Bonefeld, a (contraditória) unidade de troca e produção – em que a troca de mercadorias reduz o trabalho privado à sua substância comum como trabalho abstrato – mostra a especificidade histórica da força de trabalho no capitalismo: "The social determination of labour as abstract labour, as social labour in a private context, determines capital as self-valorising value in terms of expanding abstract wealth by increasing the appropriation of somebody else's labour; that is the imposition of work and the measurement of the product of labour in terms of money. 'The capitalist mode of production is not distinguished by the existence of surplus labour, or of abstract labour or the value form, but by the integration of the value form with abstract labour as the substance of value, and of the labour process with the valorisation of capital, as the appropriation and distribution of surplus labour is achieved through the exchange of commodities' in the form of money (Clarke 1989, p. 136; see also Clarke 1980; Elson 1979) (...) The determining powers of labour appears as the power of capital to set labour in motion (see Marx 1973 on capital as being productive). However, the determining power of capital exists only in and through labour as substance of value. The constituting power of the working class inverts into the power of capital insofar as capital is able to contain labour as a moment of its own social existence. The power of capital is hence a historically specific form of social command that appropriates the determining power of labour as a moment within the process of capital as self-valorising value". (BONEFELD, Werner. "Social Constitution and the form of the capitalist State". *In:* BONEFELD, Werner; GUNN, Richard; PSYCHOPEDIS, Kosmas (Coord.). *Open Marxism.* London: Pluto Press, 1992, vol. 1, pp. 100-101).

capitalistas,[284] que enseja uma forma distinta de apropriação da mais-valia e é condição de desenvolvimento e generalização da produção mercantil:

> A apropriação da mais-valia e a manutenção da estrutura social e sua relação não se baseiam, na sociedade capitalista, em relações imediatas de poder e dependência, nem diretamente no poder e na força de opressão da ideologia, mas sim em operações imperceptíveis das leis ocultas da reprodução. No entanto, como o processo de reprodução social e de apropriação da mais-valia é mediado por meio da livre circulação de mercadoria, baseado nos princípios da troca equivalente e do fato de o trabalhador assalariado dispor de sua força de trabalho – da mesma forma pela qual os capitalistas dispõem da mais-valia adquirida e acumulada – a abolição de todas as barreiras que lhe são opostas – isto é, as relações de poder direta entre os detentores dos meios de produção e de dependências pessoais e restrições ('feudalismo') na esfera da circulação de mercadorias – acaba sendo um elemento essencial da forma capitalista de sociedade. O modo e a forma de produção desse contexto social, no qual a divisão do trabalho social e a apropriação do produto excedente necessariamente requer que os produtores imediatos se despojem de dispor dos instrumentos de força física e que estes se localizem em uma instância social distinta erguida acima do processo econômico de reprodução: a criação da igualdade e liberdade formais burguesas, assim como o estabelecimento do monopólio estatal da força. *A dominação da classe burguesa é essencial e basicamente caracterizada pelo fato de que a classe dominante tem de conceder o poder que assegura sua dominação organizando-o formalmente separada dela.*[285]

---

[284] HOLLOWAY, John. "The Great Bear: post-fordism and class struggle: a comment on Bonefeld and Jessop". *In*: BONEFELD, Werner; HOLLOWAY, John (Coord.). *Post-Fordism and Social Form*: a marxist debate on the post-fordist State. Macmillan: London, 1991, p. 95.

[285] HIRSCH, Joachim. "The state apparatus and social reproduction: elements of a theory of the bourgeois State". *In*: HOLLOWAY, John; PICCIOTTO, Sol (Coord.). *State and capital*: a marxist debate. Londres: Edward Arnold (Publishers) Ltd., 1978, pp. 61-62. Tradução nossa. Originalmente em: *Staatsapparat und Reproduktion des Kapitals*. Frankfurt/M: Suhrkamp, 1974, pp. 20-21.

CAPÍTULO III - A TEORIA DERIVACIONISTA DO ESTADO

E conclui o autor – mediante um acréscimo inexistente na versão anterior de seu escrito, no qual a passagem acima pode ser encontrada[286] – com uma citação de Pachukanis:

> Na medida em que relação de exploração se realiza formalmente com relação entre dois proprietários de mercadorias 'independentes' e 'iguais', onde um, o proletário, vende sua força de trabalho e o outro, o capitalista, compra-a, então o poder político de classe pode assumir a forma de um poder público.
>
> O princípio da concorrência que dirige o mundo burguês-capitalista não permite, como já dissemos, nenhuma possibilidade de vincular o poder político ao empresário individual.[287]

Observa-se, assim, que agora Hirsch, diferentemente, não deriva a forma do Estado, tampouco o monopólio da força exercido por ele e sua impessoalidade, como resposta ao caráter "anárquico" do capitalismo, no qual existe uma multiplicidade de interesses individuais, que necessitam ser organizados, ainda que de forma alienada, sob um interesse geral, consubstanciado pelo Estado. O autor alemão afirma que a violência é monopolizada pelo Estado num processo que implica a sua abstração face às concretas relações de produção, pois, no capitalismo (conforme explica Pachukanis – citado novamente por Hirsch) há uma relação de troca de mercadorias entre proprietários, consequentemente, o uso da violência de um indivíduo sobre o outro significaria a negação das relações caracterizadoras do modo de produção capitalista. Sendo assim, nessa sociedade "(...) a subordinação a um homem enquanto tal, como indivíduo concreto, significa na sociedade de produção mercantil

---

[286] HIRSCH, Joachim. "O problema da dedução [derivação] da forma e da função do Estado burguês". *In*: HELMUT, Reichelt; HIRSCH, Joachim; HENNIG, Eike *et al*. *A teoria do Estado*: materiais para reconstrução da teoria marxista do Estado. Rio de Janeiro: Tempo Brasileiro, 1990, p. 149.

[287] PACHUKANIS, E. B. *Teoria geral do direito e marxismo*. São Paulo: Acadêmica, 1988, p. 116.

a subordinação ao arbítrio, pois isto significa a subordinação a um produtor de mercadorias a outro",[288] razão pela qual a coação deverá provir do Estado, a autoridade responsável pelo cumprimento do Direito.

Holloway, analisando os dois momentos da teoria de Hirsch, destaca justamente os méritos existentes nessa nova forma de pensar a derivação do Estado:

> A importância desta derivação do Estado se encontra no fato de que a forma do Estado não decorre da necessidade de se estabelecer algum tipo de interesse geral em uma sociedade anárquica (como estava implícito no artigo de 1973, e em muitas das outras contribuições do debate sobre a derivação do Estado) mas, sim, na natureza das relações sociais de dominação da sociedade capitalista. Isso implica uma mudança no conceito de capital. Capital é entendido como uma relação de dominação entre capital e trabalho, como uma relação de classe. O capital não é o econômico determinado pelo político, mas tanto o econômico e o político são formas (superficiais) de uma forma historicamente específica de dominação de classe (...). O capital não é algo externo à luta de classes, mas a forma histórica assumida por este. Este ramo do Estado abre o caminho para uma interpretação do Estado com particular da relação capital, entendida como uma relação de luta de classes.[289]

Considerando a argumentação deste "segundo momento" na teoria de Hirsch, as considerações críticas feitas por Salama perdem a sua base de sustentação. O autor francês, aliás, também parte da indagação

---

[288] PACHUKANIS, E. B. *Teoria geral do direito e marxismo*. São Paulo: Acadêmica, 1988, pp. 118-119.

[289] HOLLOWAY, John. "The Great Bear: post-fordism and class struggle: a comment on Bonefeld and Jessop". *In:* BONEFELD, Werner; HOLLOWAY, John (Coord.). *Post-Fordism and Social Form*: a marxist debate on the post-fordist State. Macmillan: London, 1991, p. 95.

CAPÍTULO III - A TEORIA DERIVACIONISTA DO ESTADO

pachukaniana acerca da particularização do Estado no capitalismo[290] e desenvolve uma argumentação semelhante à de Hirsch neste segundo momento, chegando a conclusões parecidas àquelas que acabamos de apontar. Isso pode ser observado, por exemplo, quando ele afirma que: "O Estado garante esta troca de equivalentes que, sem ele, não poderia perdurar. Garantindo o respeito das regras de troca, ele passa a ser quem garante a troca desigual. A especificidade do Estado capitalista é a de aparecer garantindo a troca de equivalente para permitir, na realidade, a troca desigual".[291] Assim, se a argumentação de Hirsch, num primeiro momento, é passível de crítica (e foi de autocrítica), neste segundo momento ela não apenas elimina os problemas anteriores e os pontos mais vulneráveis, como avança mais profundamente do que a explicação formulada por Salama no artigo mencionado.

A aproximação do pensamento derivacionista com as ideias do pensamento pachukaniano pode aparentar a existência de uma incorporação homogênea entre os autores que participam do debate. Isso, no entanto, não ocorre; ao contrário, há acirradas controvérsias. Para entendermos melhor os pontos de discordância existentes, é preciso uma breve explicação acerca da denominada "Escola Lógica do Capital", uma espécie de subgrupo dentro da teoria da derivação do Estado.

3.4 A Escola Lógica do capital

A literatura a respeito da teoria da derivação do Estado classifica parte dos membros do debate como integrante da Escola Lógica do Capital e, a partir dessa nomenclatura, dirige uma crítica a respeito das limitações desta corrente de pensamento. Sua principal característica foi tentar derivar (deduzir) a forma geral e as principais funções do Estado

---

[290] SALAMA, Pierre. *Estado e Capital*: o Estado capitalista como abstração do real, p. 121. Disponível em: http://bibliotecavirtual.cebrap.org.br/arquivos/estado_e_capital_f.pdf. Acesso em: 12 de fevereiro de 2012.

[291] SALAMA, Pierre. *Estado e Capital*: o Estado capitalista como abstração do real, p. 128. Disponível em: http://bibliotecavirtual.cebrap.org.br/arquivos/estado_e_capital_f.pdf. Acesso em: 12 de fevereiro de 2012.

das categorias da economia capitalista, ou seja, do processo de produção e circulação de mercadoria e de acumulação de capital. Dentro da Escola Lógica do Capital, foram incluídos Müller, Neusüß, Altvater, Blanke, Jürgens e Kastendiek e até mesmo Hirsch.

Duas observações preliminares são importantes: é preciso examinar os critérios a partir dos quais se pode incluir determinado autor como pertencente à Escola Lógica do Capital; segundo, consequentemente, não parece correto confundir o *debate da derivação do Estado com a Escola Lógica do Capital* (Hirsch, por exemplo, critica, abertamente, no meio do debate da derivação, tal escola), pois nos parece que o primeiro abrange um conjunto mais amplo de autores, sobretudo se acrescentarmos os autores britânicos.

A principal crítica feita a eles – que pode ser estendida contra Flatow e Huisken – estaria na insuficiência para explicar a origem do Estado no capitalismo e as suas intervenções no campo da economia. Com isso a atividade estatal apareceria de maneira simplificada, sempre em harmonia (automática) com as necessidades de reprodução do capital. O problema da Escola Lógica do Capital seria não considerar devidamente dois elementos essenciais: o desenvolvimento histórico concreto do Estado e do modo de produção capitalista e a luta de classes e seus efeitos sobre a reprodução da forma e das funções estatais, inclusive as empreendidas diante das crises econômicas.

Inicialmente, convém analisarmos como tais pensadores podem ser agrupados dentro da Escola Lógica do Capital. Bob Jessop argumenta que tal corrente concebe o Estado como um "capitalista coletivo ideal" subordinado continuamente às leis de movimento do capitalismo:

> Argumenta-se que, embora o Estado intervenha cada vez mais para manter a demanda e reorganizar a produção, não pode transcender as forças de mercado, nem eliminar a queda tendencial da taxa de lucro. Na melhor das hipóteses ele pode modificar as formas em que estes se manifestam e mobilizar contratendências à diminuição da rentabilidade. O poder do Estado capitalista a este respeito é necessariamente limitado, porque não pode determinar diretamente a tomada de decisão do capital privado. A

CAPÍTULO III - A TEORIA DERIVACIONISTA DO ESTADO

intervenção do Estado é sempre mediada através das condições monetárias e legais que afetam o funcionamento das forças de mercado e da organização da produção no setor privado. Dentro desses limites, no entanto o capital privado é livre para determinar sua conduta econômica (Blanke *et al.*, 1976, pp. 92-96). Essa restrição é reforçada pelas contradições inerentes à acumulação de capital. Dois casos citados frequentemente nesta literatura referem-se à política de emprego e ao subsídio pelo Estado na reorganização industrial. Assim a intervenção de estilo keynesiano para manter a demanda de pleno emprego é mencionada como sendo à custa da aceleração da inflação. Isso significa que essas políticas devem, mais cedo ou mais tarde, ser abandonadas e o resultado será uma depressão aguda e desemprego em massa. Se o Estado quer escapar desse dilema, ele deve substituir a função purgativa de crises econômicas com o Estado-patrocinador da reconstrução do capital. Mas essas políticas também envolvem custos definidos. Para eles, isso exige a expansão da despesa do Estado e envolve a expulsão do trabalho de produção de mercadorias, produzindo a 'crise fiscal do Estado', levando à politização geral da luta de classe econômica e assim por diante (Altvater 1973; Yaffe 1973; Bullock e Yaffe 1975). Assim, parece que o Estado capitalista está confinado dentro do modo de produção capitalista e não pode escapar de suas contradições e crises.[292]

De fato, a explicação de Jessop se mostra perfeitamente adequada aos argumentos apresentados por Müller, Neusüß e Altvater (conforme vimos anteriormente), que inclusive incorrem no problema de centralizar sua análise na relação entre as frações do capital e não na relação entre capital e trabalho.[293]

---

[292] JESSOP, Bob. *State Theory*: putting the capitalist state in its place. Polity Press: Cambridge, 1996, p. 36. Tradução nossa.

[293] Este é um dos aspectos no qual a teoria destes pensadores destoa das dos demais, por exemplo, a de Margaret Wirth: "(...) ao contrário de Altvater que deduz o Estado da necessidade de produzir certos valores de uso não rentáveis para o capital, Wirth deduz o Estado, a partir da contradição entre o capital e o trabalho. Assim, 1º – a contradição capital/trabalho se apresenta ao nível da circulação como intercâmbio equivalente; 2º – esta contradição, ao nível da produção se transforma em intercâmbio desigual; 3º

Em seguida, Jessop estende a classificação – acompanhada de uma crítica – a Holloway e Picciotto também, com a diferença de que os pensadores acima citados concebem o Estado como um sistema puramente econômico, enquanto estes o consideram um complexo de relações econômicas e políticas. Segundo Jessop, Holloway e Picciotto pensam o econômico e o político como duas formas de um mesmo processo de dominação: "Eles argumentam que a aparente autonomia do Estado é uma ilusão fetichista e que o desenvolvimento da economia e da política na sua 'separação na unidade' são um momento distinto, mas complementar, da relação capitalista".[294]

Holloway e Picciotto, no entanto, desde o início, assumem uma posição crítica com relação à *Escola Lógica do Capital* argumentando que a análise do Estado não pode ser reduzida ao exame da relação de capital, pois "(...) a falha da denominada abordagem da 'lógica do capital' é que, enquanto eles enfatizam a importância de ver o capital como relação social, eles não realçam suficientemente que esta é uma relação da luta de classe, que tende a ser totalmente subsumida em sua forma".[295] Picciotto afirma ainda que "(...) uma análise marxista da

---

– a contradição entre a liberdade formal e a não liberdade real, formulada por Wirth, tende a se resolver por si mesma; 4º – portanto, o Estado é necessário para garantir a reprodução desta contradição". (NAKATAMI, Paulo. "Estado e acumulação do capital: discussão sobre a teoria da derivação". *Análise Econômica*, ano. 5, n. 8, pp. 35-64, março 1987, p. 41. Disponível em: http://seer.ufrgs.br/AnaliseEconomica/article/view/10261/5999. Acesso em: 19 de agosto de 2011). Isso não significa que a autora fique incólume de críticas por conta de sua insuficiência: "O que não é evidente é a solução da contradição por si mesma. O raciocínio de Wirth é aparentemente correto. Podemos mesmo aceitá-lo ao nível de abstração formulado, como um desenvolvimento lógico das contradições. O fato mesmo de que, na realidade, tudo se passa como intercâmbio de equivalentes, entre parceiros livres, independentes e iguais, esconde o intercâmbio desigual, disfarçado por trás destas relações aparentes e, torna duvidoso supor a solução automática desta contradição sem a intervenção do Estado". (NAKATAMI, Paulo. "Estado e acumulação do capital: discussão sobre a teoria da derivação". *Análise Econômica*, ano. 5, n. 8, pp. 35-64, março 1987, p. 36. Disponível em: http://seer.ufrgs.br/AnaliseEconomica/article/view/10261/5999. Acesso em: 19 de agosto de 2011).

[294] JESSOP, Bob. *State Theory*: putting the capitalist state in its place. 1ª reimp. PolityPress: Cambridge, 1996, p. 38.

[295] HOLLOWAY, John; PICCIOTTO, Sol. "Capital, Crisis and State". *Capital and Class*. Conference of Socialist Economists, vol. 1, n. 2, London, Summer 1977, p. 85.

CAPÍTULO III - A TEORIA DERIVACIONISTA DO ESTADO

forma social particular [no capitalismo] não pode ser uma derivação puramente lógica",[296] pois é preciso considerar o processo histórico real por meio do qual a produção de mercadorias se torna dominante e se mantém, perspectiva que caracteriza justamente o conceito marxiano materialista de forma em oposição ao idealismo hegeliano. Sobre essa questão, Picciotto destaca que a maior contribuição para uma teoria do Direito como forma social do modo de produção capitalista foi apresentada por Pachukanis.[297] Portanto, Holloway e Picciotto afirmam que as investigações a respeito das funções do Estado precisam considerar o movimento real da luta de classes e seus efeitos na dinâmica de funcionamento do Estado, o que será mais bem explicado adiante.

A crítica acima também deve ser bastante relativizada com relação a Blanke, Jürgens e Kastendiek, pois recepcionam com ressalvas a ideia de Estado como capitalista ideal coletivo,[298] tampouco desprezam a importância do desenvolvimento histórico da luta de classes na determinação da forma do Estado, pois afirmam que a questão é entender "(...) como o processo de formação realmente ocorre, como ele é traduzido em estruturas, instituições e processos do Estado"; o que não poderia ser respondido apenas por meio da análise da forma, mas "precisa ser objeto de uma análise histórica".[299] No caso destes autores, o problema se revela mais no resultado concreto de sua teoria, do que na proposta formulada por eles propriamente. Isso fica evidenciado pela parte final do artigo de

---

[296] Ver: PICCIOTO, Sol. "The theory of the state, class struggle and the rule of law". *In:* FINE, Bob *et al.* (Coord.). *Capitalism and the rule of law*: from deviancy theory to Marxism. London: Hutchinson, 1979, p. 169.

[297] PICCIOTTO, Sol. "The theory of the state, class struggle and the rule of law", *In:* FINE, Bob *et al.* (Coord.). *Capitalism and the rule of law*: from deviancy theory to Marxism. London: Hutchinson, 1979, p. 169.

[298] BLANKE, Bernhard; JÜRGENS, Ulrich; KASTENDIEK, Hans. "On the current marxista discussion on the analysis of form and function of the Bourgeois State". *In:* HOLLOWAY, John; PICCIOTTO, Sol (Coord.). *State and Capital*: a marxist debate. Londres: Edward Arnold (Publishers) Ltd., 1978, p. 142.

[299] BLANKE, Bernhard; JÜRGENS, Ulrich; KASTENDIEK, Hans. "On the current marxista discussion on the analysis of form and function of the Bourgeois state". *In:* HOLLOWAY, John; PICCIOTTO, Sol (Coord.). *State and Capital*: a marxist debate. Londres: Edward Arnold (Publishers) Ltd., 1978, p. 119.

Blanke, Jürgens e Kastendiek,[300] na qual os autores procuram descrever o desenvolvimento histórico das atividades do Estado e explicar temas como: limitação de jornada de trabalho, surgimento e legalização dos sindicatos, ascensão do fascismo, etc.

Por razões semelhantes, o mesmo pode ser dito com relação à inclusão de Hirsch na Escola Lógica do Capital, em que pese a proximidade de suas ideias com esse grupo. O filósofo alemão rejeitou expressamente algumas das conclusões desta corrente da teoria da derivação do Estado ao indicar os limites da análise da forma:

> Outras afirmações que ultrapassam as definições gerais sobre as funções do Estado não podem, contudo, ser feitas nesse nível da análise. Sob esse aspecto, a 'derivação geral da forma' permanece trivial. Para irmos além disso seria necessária uma análise do desenvolvimento concreto do processo de reprodução capitalista na história e das condições que se transformaram em seu decurso.[301]

De fato, Jessop considera que Hirsch não integra a Escola Lógica do Capital, mas sim da análise da forma, ou seja, sua teoria deriva a forma do Estado do modo capitalista de produção, estudando *se* e *como* a forma implica nas funções do Estado em conformidade com as exigências da reprodução do capital. O ponto fundamental, para Jessop "desclassificar" Hirsch da Escola Lógica do Capital, seria o fato de o pensador alemão não argumentar que as funções estatais correspondem,

---

[300] BLANKE, Bernhard; JÜRGENS, Ulrich; KASTENDIEK, Hans. "On the current marxista discussion on the analysis of form and function of the Bourgeois State". *In*: HOLLOWAY, John; PICCIOTTO, Sol (Coord.). *State and Capital*: a marxist debate. Londres: Edward Arnold (Publishers) Ltd., 1978, pp.142 *e ss*.

[301] HIRSCH, Joachim. "The state apparatus and social reproduction: elements of a theory of the bourgeois State". *In*: HOLLOWAY, John; PICCIOTTO, Sol (Coord.). *State and capital*: a marxist debate. Londres: Edward Arnold (Publishers) Ltd., 1978, p. 66. Originalmente em: *Staatsapparat und Reproduktion des Kapitals*. Frankfurt/M: Suhrkamp, 1974, pp. 27-28. Tradução nossa.

CAPÍTULO III - A TEORIA DERIVACIONISTA DO ESTADO

em primeira ou última instância, às necessidades do capital, ou seja, que o Estado é potencialmente autônomo não apenas em relação às frações do capital, mas também em relação ao "capital em geral", uma autonomia que "(...) realmente depende das formas precisas de articulação e/ ou contingentes práticas articulatórias".[302] No entanto, essa conclusão de Jessop, mencionada sem nenhuma referência precisa aos textos de Hirsch, parece extrapolar as ideias expressas pelo filósofo alemão (na realidade, ela espelha muito mais o modo de pensar do próprio Jessop):[303] Hirsch, de fato, afirma que o caráter de classe do Estado precisa ser examinado na sua concretude histórica;[304] contudo, o pensador alemão não enuncia a tese da autonomia potencial, ao contrário do que faz o britânico. Essa conclusão é inclusive reforçada observando-se textos contemporâneos aos de Jessop, nos quais Hirsch mantém as linhas gerais de suas ideias originais, destacando o insucesso de todas as tentativas de transformação das estruturas fundamentais da sociedade que partiram do poder do Estado, uma vez que este não pode instrumentalizar-se "(...) para qualquer fim social, porque o Estado é a institucionalização das relações de poder elementar, baseado em condições específicas de exploração e dominação",[305] sendo ainda improvável, segundo o autor,

---

[302] JESSOP, Bob. *State theory*: putting the capitalist state in its place. 1ª reimp. Polity Press: Cambridge, 1996, p. 87.

[303] Jessop inclusive afirma que ambos compartilham de uma visão de total autonomia funcional do Estado em relação à economia, ou seja, a inexistência de qualquer correspondência necessária, razão pelas quais devem ser consideradas contingências históricas (JESSOP, Bob. *State theory*: putting the capitalist state in its place. 1ª reimp. PolityPress: Cambridge, 1996, p. 88). Não é surpreendente que desenvolvendo esta perspectiva, o caráter do Estado fique cada vez mais diluído em suas obras, conforme veremos mais adiante.

[304] HIRSCH, Joachim. "The state apparatus and social reproduction: elements of a theory of the bourgeois State". *In:* HOLLOWAY, John; PICCIOTTO, Sol (Coord.). *State and Capital:* a marxist debate. Londres: Edward Arnold (Publishers) Ltd., 1978, p. 66.

[305] HIRSCH, Joachim. *Der nationale Wettbewerbs-staat*: Staat, Demokratie und Politik im globalen Kapitalismus. Berlin/Amsterdam: ID-Archiv, 1995, p. 187. Tradução nossa. Em espanhol: HIRSCH, Joachim. *El Estado Nacional de Competencia*: Estado, democracia y política en el capitalismo global. Coyoacán [México]: Universidad Autónoma Metropolitana, 2001, pp. 241-242. Impossível não identificar aqui uma semelhança com a as ideias mencionadas pelo autor em "The state apparatus and social

que o controle deste aparato seja um caminho a suprimir as relações sociais que o sustentam.

Concluímos, assim, que determinados pensadores podem ser considerados como integrantes do derivacionismo na medida em que deduzem as funções do Estado a partir do exame das categorias da economia capitalista, ou seja, das relações sociais que diferenciam esse modo de produção dos antecedentes e que o definem. No caso dos integrantes da Escola Lógica do Capital, existe, na realidade, como elementos de diferenciação, a valorização excessiva da capacidade explicativa das funções do Estado a partir das categorias do capital, bem como uma desvalorização da análise da constituição histórica do Estado e da luta de classes. Portanto, ainda que elabore uma teoria nos moldes derivacionistas, a Escola Lógica do Capital não se confunde com a totalidade dos pensadores do derivacionismo e deve ser entendida com um subgrupo dentro do debate, sendo que sua diferenciação ficará mais clara a partir da exposição dos capítulos seguintes.

Destacamos, ainda, que durante a década de 1970 alguns autores da derivação – Holloway, Picciotto, Hirsch, Gerstenberger – avançaram no exame empírico da história da luta de classes e suas implicações em relação ao desenvolvimento das funções do Estado, um estudo que julgavam ser necessário fazer. Essa preocupação pode ser encontrada, por exemplo, nas publicações subsequentes de Hirsch que progressiva mente foram incorporando novos elementos de análise da história.[306] Nosso objetivo aqui não é não é tratar desde período posterior, mas mostrar que as preocupações de Hirsch com a análise da constituição histórica do Estado, inclusive com o exame do desenvolvimento concreto da luta de classes, já estavam presentes desde os seus primeiros escritos inseridos no debate da derivação. A exposição a respeito dessa preocupação inicial de Hirsch também será mais bem explicada ao longo dos próximos capítulos.

---

reproduction: elements of a theory of the bourgeois State". *In:* HOLLOWAY, John; PICCIOTTO, Sol (Coord.). *State and capital*: a marxist debate. Londres: Edward Arnold (Publishers) Ltd., 1978, p. 61.

[306] Isso pode ser observado em sua obra mais contemporânea, anteriormente mencionada, *Teoria materialista do Estado*.

CAPÍTULO III - A TEORIA DERIVACIONISTA DO ESTADO

Por fim, conforme anunciamos no final do capítulo anterior, existem polêmicas diretas entre o pensamento de Pachukanis e a teoria da derivação. Será justamente no debate a respeito da insuficiência da análise da constituição formal do Estado e da necessidade do estudo do movimento constitutivo dos Estados na história que surgirão as controvérsias e críticas ao ideário pachukaniano e também à filosofia althusseriana, conforme veremos a seguir.

3.5 Constituição formal e histórica do Estado

Em sua obra de 1974, Hirsch afirma que as tendências objetivas da lei do valor e das relações capitalistas são mediadas, no nível nacional e internacional, pelo movimento político concreto, pela luta de classes e pelo conflito entre os capitais individualizados ou agrupados, razão pela qual uma investigação sobre o Estado deve incluir o todo das condições sociais e políticas da produção da formação social, que está sujeito a transformações no processo histórico, pois, segundo Hirsch, "(...) uma 'derivação' estrita das funções do Estado não é possível por meio de uma investigação que permaneça no nível analítico do 'capital em geral'".[307] Portanto, para se formular uma teoria a respeito das funções desempenhadas pelo Estado seria necessário agregar o exame empírico da história, pois a luta concreta de classes define o modo como tais funções surgirão e permanecerão existindo.

Fiando-se justamente nas ideias acima, Jessop desenvolverá uma argumentação que polemiza com a teoria da derivação e, mais diretamente, com o pensamento pachukaniano. Tal polêmica se desdobrará em outras questões nas quais se revelam algumas das divergências entre os pensadores que discutem a derivação do Estado e do Direito.

---

[307] HIRSCH, Joachim. "The state apparatus and social reproduction: elements of a theory of the bourgeois State". *In:* HOLLOWAY, John; PICCIOTTO, Sol (Coord.). *State and capital*: a marxist debate. Londres: Edward Arnold (Publishers) Ltd., 1978, p. 83. Originalmente em: *Staatsapparat und Reproduktion des Kapitals*. Frankfurt/M: Suhrkamp, 1974, p. 52.

Como se sabe, do ponto de vista metodológico, o estudo marxista da *forma* do Estado implica necessariamente analisá-la no curso da *história*. No entanto, segundo Jessop, ainda que a constituição *formal* e *histórica* do Estado estejam ligadas,[308] é necessário fazer uma distinção entre os dois.

Segundo Jessop, no exame da forma do Estado, são apresentadas quais são as suas funções específicas. Assim, para esclarecer se tais funções são ou não decisivas na constituição histórica da organização estatal, é preciso examinar certos casos particulares, ou seja, a formação de determinados Estados concretamente na história. Para o pensador britânico, essa seria uma das lacunas que a análise da "lógica do capital" deixou, sendo preenchida por outros pensadores,[309] dentre os quais Heide Gerstenberger,[310] que participa do debate sobre a derivação, com a qual Jessop mostra afinidades em diversos pontos.

Notadamente, muitos dos escritos de Gerstenberger se alinham numa temática que consiste justamente na compreensão histórica da formação dos Estados capitalistas. Nestes casos, trata-se de uma análise

---

[308] Ou ainda, conforme defende Salama, elas não se repelem: "(...) a dedução lógica do Estado a partir do capital não exclui sua dedução histórica". SALAMA, Pierre. *Estado e Capital*: o Estado capitalista como abstração do real, p. 130. Disponível em: http://bibliotecavirtual.cebrap.org.br/arquivos/estado_e_capital_f.pdf. Acesso em: 12 de fevereiro de 2012.

[309] Sobre essa questão ver: ELBE, Ingo. *Marx im Westen:* Die neue Marx-Lektüre in der Bundesrepublik seit 1965. 2ª ed. Berl*In*: Akademie, 2010, pp. 393 *e ss.*

[310] A autora publicou três principais artigos ao tempo do debate da derivação do Estado: GERSTENBERGER, Heide. "Zur Theorie der historischen Konstitution des bürgerlichen Staates". Probleme des Klassenkampfs: Zeitschrift für politis che Ökonomie und sozialistische Politik, Erlagen: Politladen, n. 8/9, 1973. GERSTENBERGER, Heide. "Klassenantagonismus, Konkurrenz und Staatsfunktionen". *In*: BACKHAUS, Hans-Georg; EBERLE, Friedrich; HIRSCH, Joachim *et al.* (Coord.). *Gesellschaft*: Beiträge zur Marxschen Theorie 3. Frankfurt am Ma*In*: Suhrkamp, 1975. GERSTENBERGER, Heide. "Zur Theorie des bürgerlichen Staates: Anmerkungen zum gegenwärtigen Stand der Debatte". *In:* BRANDES, Volkhard; HOFFMANN, Jürgen; JÜRGENS, Ulrich *et al.* (Coord.). Handbuch 5: *Staat.* Frankfurt am Ma*In*: Europäische Verlagsanstalt, 1977. A segunda das três acima foi a mais importante e foi republicada em inglês em: GERSTENBERGER, Heide. "Class conflict, competition and State functions". *In*: HOLLOWAY, John; PICCIOTTO, Sol (Coord.). *State and capital*: a marxist debate. Londres: Edward Arnold (Publishers) Ltd., 1978.

CAPÍTULO III - A TEORIA DERIVACIONISTA DO ESTADO

detalhada de aspectos particulares da organização estatal no curso do tempo ligados um por fio condutor: entender a transformação de determinado Estado na transição temporal que leva à consolidação do modo de produção capitalista. Isso pode ser observado nos estudos da autora a respeito dos Estados Unidos em *Zur politischen Ökonomie der bürgerlichen Gesellschaft: Die Bedingungen ihrer Konstitution in den USA* (1973),[311] e da Inglaterra e França em *Die subjektlose Gewalt: Theorie der Entstehung bürgerlicher Staatsgewalt* (1990),[312] cujas teses aparecem resumidas em um artigo mais recente: *Der bürgerliche Staat: Zehn Thesen zur historischen Konstitution einer spezifischen Form moderner Staatsgewalt* (2009).[313]

Em artigo publicado em 1975, a autora afirma que há muito a ser desenvolvido para se formular uma teoria histórico-materialista do Estado e que os estudos de até então *não constituem uma base firme* para futuros trabalhos, justamente porque há uma carência de pesquisas históricas que permitam uma construção sistemática de teorias:

> Até agora, a discussão da problemática da constituição do Estado burguês tem sido geralmente caracterizada por uma análise apressada, nas diversas 'derivações', da relação entre economia e política. De fato, a razão para as concepções inadequadas desta relação sobre a qual se assentam as teorias é que, até agora, na discussão da teoria do Estado, a realidade tem sido vista só com o fim de proporcionar uma mera ilustração de qualquer

---

[311] GERSTENBERGER, Heide. *Zur politischen Ökonomie der bürgerlichen Gesellschaft: Die Bedingungen ihrer Konstitution in den USA*. Frankfurt (am Main): Athenäum-Fischer-Taschenbuch-Verlag, 1973.

[312] GERSTENBERGER, Heide. *Die subjektlose Gewalt:* Theorie der Entstehung bürgerlicher Staatsgewalt. Münster: Westfälisches Dampfboot, 2006. Em inglês: GERSTENBERGER, Heide. *Impersonal power: History and Theory of the Bourgeois State*. Chicago: Haymarket Books, 2005.

[313] GERSTENBERGER, Heide. Der bürgerliche Staat: Zehn Thesen zur historischen Konstitution einer spezifischen Form moderner Staatsgewalt". *In:* Rosa Luxemburg Initiative Bremen (Coord.) *Staatsfragen*: Einführungen in die materialistische Staatskritik. Berl*In:* Rosa Luxemburg Stiftung, 2009. Disponível em: http://www.rosalux.de/fileadmin/rls_uploads/pdfs/rls-papers_Staatsfragen_0911t.pdf. Acesso em: 5 de maio de 2010.

teoria. As bases teóricas para uma análise concreta do Estado burguês ainda não foram estabelecidas, e parece duvidoso que possam de fato ser construídas, se continuarem ao longo das linhas desenvolvidas até agora. Essas dúvidas serão desenvolvidas a seguir. Elas formam a base para algumas sugestões sobre uma estratégia para estudos adicionais; entretanto essas sugestões não pretendem adicionar às abordagens sistemáticas já mencionadas outro ponto de vista dos fundamentos teóricos do Estado burguês.[314]

Disso decorre a conclusão da autora de que a mera análise lógica das condições do desenvolvimento do capitalismo não fornece uma base sólida de compreensão de *como* a atividade do Estado adquire uma funcionalidade para as condições gerais de reprodução do capital. Ela afirma que o exame da história concreta do Estado mostra como o desenvolvimento dessas funções ocorre de maneira assistemática. Além disso, segundo a autora, tal análise acabaria por evidenciar que a funcionalidade econômica do Estado não poderia ser apenas explicada pelo fato de se tratar de condição necessária para ao processo de valorização do capital.[315]

Posteriormente, Gerstenberger, analisando o caso europeu, particularmente a França e Inglaterra, continuará dentro da linha anteriormente mencionada e desenvolverá suas teses partindo de três tipos de ordenações sociais distintas: o feudalismo, o antigo regime e a sociedade burguesa. A autora explica que no antigo regime – momento de transição entre o feudalismo e o capitalismo contemporâneo – vai se constituindo uma esfera de poder independente de relações pessoais

---

[314] GERSTENBERBER, Heide. "Class Conflict, Competition and State Functions". *In:* HOLLOWAY, John; PICCIOTTO, Sol (Coord.). *State and capital:* a marxist debate. Londres: Edward Arnold (Publishers) Ltd., 1978, p. 148. Tradução nossa.

[315] GERSTENBERGER, Heide. "Class Conflict, Competition and State Functions". *In:* HOLLOWAY, John; PICCIOTTO, Sol (Coord.). *State and capital:* a marxist debate. Londres: Edward Arnold (Publishers) Ltd., 1978, p. 159.

CAPÍTULO III - A TEORIA DERIVACIONISTA DO ESTADO

concretas,[316] ao contrário do feudalismo no qual o poder é altamente personalizado. Como isso, a noção de territorialidade, soberania e monopólio da jurisdição vão se desenvolvendo, o que dá origem a uma forma de organização distinta do feudalismo. Assim, entre os séculos XVI e XIX, existem diversos Estados absolutistas, que findarão, especificamente na Inglaterra e na França, com suas respectivas revoluções burguesas, ou seja, no século XVII e XVIII, conforme Gerstenberger trata de apresentar ao longo de sua obra.

A exposição feita por essa autora pretende mostrar que as transformações políticas e jurídicas ocorridas durante a modernidade foram mais decisivas para o desenvolvimento do capitalismo do que o contrário. Ou seja, a descrição elaborada por ela não indica o surgimento do capitalismo como elemento que provocou as mudanças na forma do Direito e do Estado, cujo resultado, dentre outros, foi o de estabelecer plena igualdade jurídica entre todos os indivíduos, consagrada como direito individual pelas constituições dos Estados contemporâneos. Ao contrário, afirma Gerstenberger, a consagração de direitos iguais nos textos constitucionais aparece como fruto de uma demanda política contra o absolutismo e os privilégios do antigo regime, que, por sua vez, foram essenciais para que as relações sociais capitalistas se tornassem plenamente dominantes.[317] O conceito-chave, no caso da autora, é a soberania do Estado, que se transforma justamente por conta das revoluções burguesas, tornando-se uma forma de poder impessoal.

Cabe ressalvar que a autora não nega que essa impessoalidade não significa que o poder estatal não esteja atrelado à reprodução das relações sociais existentes no capitalismo. Contudo, ela propõe

---

[316] GERSTENBERGER, Heide. *Impersonal power: History and Theory of the Bourgeois State*. Chicago: Haymarket Books, 2005, pp. 631 *e ss*. Em alemão: GERSTENBERGER, Heide. *Die subjektlose Gewalt*: Theorie der Entstehung bürgerlicher Staatsgewalt. Münster: Westfälisches Dampfboot, 2006, pp. 489 *e ss*.

[317] GERSTENBERGER, Heide. *Impersonal power*. History and Theory of the Bourgeois State. Chicago: Haymarket Books, 2005, pp. 669-670. Grifo nosso. Em alemão: GERSTENBERGER, Heide. *Die subjektlose Gewalt:* Theorie der Entstehung bürgerlicher Staatsgewalt. Münster: Westfälisches Dampfboot, 2006, pp. 520-521.

uma linha de entendimento peculiar, divergindo especificamente do debate marxista da década de 1960 e 1970, inclusive da maioria dos pensadores da teoria da derivação do Estado, especialmente da Escola Lógica do Capital:

> É o resultado de uma discussão reconhecida internacionalmente entre os marxistas conduzidos nos anos 1960 e 1970, sobre a forma social do poder do Estado capitalista, que o 'caráter de classe' deste não consiste – ou pelo menos não, principalmente – no uso da força do Estado contra os trabalhadores (que protestam), na justiça abertamente de classe e outras formas diretas de opressão e desvantagem, mas sim na neutralidade do Estado de poder face [*vis-à-vis*] qualquer tipo da propriedade privada. Desta forma, a caracterização do poder do Estado burguês como o 'executivo da classe burguesa como um todo', como escreveram Marx e Engels no Manifesto Comunista, embora muito esclarecedor, historicamente foi criticado do ponto de vista teórico como insuficiente.
>
> *Que a proteção de todo tipo de propriedade privada já tivesse sido estabelecida como um princípio constitucional em Estados burgueses antes das relações de trabalho capitalistas se tornarem dominantes na maioria delas, não prova, por exemplo, que os grupos que lutavam para estabelecer esta forma de Estado já tinham o capitalismo em mente.*[318] A explicação é sobretudo outra, o princípio de que o Estado deve respeitar a propriedade, e que as invasões do poder privado de dispor sobre a propriedade só devem ser decididas pelas instâncias legitimadas do 'povo', foi uma consequência da crítica do poder dominante geral durante o *antigo regime*.[319]

---

[318] Itálico nosso.

[319] GERSTENBERGER, Heide. *Impersonal power*: History and Theory of the Bourgeois State. Chicago: Haymarket Books, 2005, pp. 669-670. Itálico no original. Tradução nossa. Em alemão: GERSTENBERGER, Heide. *Die subjektlose Gewalt*: Theorie der Entstehung bürgerlicher Staatsgewalt. Münster: Westfälisches Dampfboot, 2006, pp. 520-521.

CAPÍTULO III - A TEORIA DERIVACIONISTA DO ESTADO

Há um elemento relevante neste excerto transcrito que não pode ser ignorado. A afirmação de que *os grupos contrários ao antigo regime não defendiam necessariamente a forma de Estado contemporâneo — impessoal e isonômico — tendo necessariamente o capitalismo em mente*. Esse argumento constitui a base adotada por aqueles que criticam uma visão marxista "funcionalista", segundo a qual os *benefícios* produzidos pelo Estado e pelo Direito para a classe burguesa, ou seja, sua funcionalidade, explicariam — equivocadamente, segundo eles — a origem, desenvolvimento e permanência do Direito e do Estado no curso da história.

Os autores que criticam a perspectiva funcionalista insistem que uma teoria sobre o caráter classista do Estado, ao pretender atribuir como *causa* de um fenômeno o *efeito benéfico* provocado por ele a uma determinada classe, necessariamente deveriam demonstrar *dois* aspectos ligados ao fenômeno em estudo: primeiro, a *intencionalidade* dos atores sociais em produzir o efeito a partir de determinada causa; segundo, a *percepção* dos atores sociais acerca da relação de causalidade existente, ou seja, a consciência de qual é a causa do efeito benéfico existente. Uma explicação funcionalista, portanto, incorreria no problema de justamente *pressupor* aquilo que deveria *demonstrar*, ou seja, ela supõe "(...) a existência de algum mecanismo que garante a ocorrência/persistência do evento X porque ele produz um efeito (Y) benéfico"[320] para uma classe. No decorrer do nosso texto, retomaremos o debate acerca das visões funcionalistas no marxismo. Por enquanto, queremos nos ater a algumas das implicações das ideias acima expostas por Gerstenberger.

Para Gerstenberger, compartilhando do pensamento antifuncionalista, seria necessário mostrar a *intencionalidade* e a *percepção* por parte da classe burguesa sobre os benefícios trazidos para si por intermédio do *Estado* e do *Direito*. Por essa razão, a autora, desde o início, criticava a redução teórica da luta de classes a mero movimento de implementação

---

[320] PERISSINOTO, Renato. "Considerações sobre o marxismo analítico". *In*: CODATO, Adriano; PERISSINOTO, Renato. *Marxismo como ciência social*. Curitiba: UFPR, 2011, p. 165.

de certas leis gerais[321] e imanentes (em vez de examinar seu curso concreto e suas decorrências), cujo resultado, invariavelmente, seria uma interpretação funcionalista do Estado.

Assim, para a autora, seria equivocado explicar a constituição formal do Direito e do Estado a partir da *funcionalidade* destes para reprodução do capital, ainda que se possa reconhecer que este tenha como função ordenar uma economia na qual a relação de exploração da *força de trabalho* não decorre de uma coerção direta, mas é resultado de um ato voluntário, no qual ela é vendida (trocada) como mercadoria, sendo, portanto, reconhecida como propriedade do trabalhador por ambas as partes envolvidas no negócio jurídico de compra e venda. E o Estado, por sua vez, atuará como aquele que garante o cumprimento das normas formalmente estabelecidas pelas leis e pelos contratos:

> O que o Estado garante desta forma é a aparência da liberdade contratual, que vem a ser expressa na lei burguesa. Esta aparência, contudo, somente pode ser mantida porque os salários têm uma base que pode ser materialmente experimentada (Cf. Negt, 1973). Só porque os salários criam a aparência de que todo o trabalho é pago, a relação capital pode estabelecer-se na superfície, como uma relação de troca. A ocultação é trazida não pela forma jurídica, mas pelo modo de produção capitalista. Mas desde que o capitalismo conseguiu esconder o sistema de exploração na organização da produção em si, tornou-se possível para a política que a regulação jurídica das relações entre as pessoas na sociedade burguesa desenvolva-se em uma abstração formal da organização social da produção. Daí que o Estado não garante de fato a justiça, mas nada mais do que a aplicação de princípios formais.[322]

---

[321] GERSTENBERGER, Heide. "Class conflict, competition and State functions". *In:* HOLLOWAY, John; PICCIOTTO, Sol (Coord.). *State and capital:* a marxist debate. Londres: Edward Arnold (Publishers) Ltd., 1978, pp. 157-158.

[322] GERSTENBERGER, Heide. "Class conflict, competition and State functions". *In:* HOLLOWAY, John; PICCIOTTO, Sol (Coord.). *State and capital*: a marxist debate. Londres: Edward Arnold (Publishers) Ltd., 1978, p. 156. Tradução nossa.

CAPÍTULO III - A TEORIA DERIVACIONISTA DO ESTADO

A aceitação, no entanto, de que o Direito e o Estado tenham essa funcionalidade não permite acusar a autora de adotar uma *explicação funcionalista*, pois esta não se verifica simplesmente ante a mera atribuição de funções a um dado fenômeno, mas sim, quando há uma dedução não fundamentada da origem do fenômeno a partir da sua funcionalidade.[323] No caso de Gerstenberger, poder-se-ia imputar que há mera enunciação (não explicação) funcional e, portanto, um distanciamento do funcionalismo.

O mesmo raciocínio apresentado pela autora na década de 1970 continuará sendo por ela utilizado, com algumas variações, em sua principal obra, *Impersonal Power (Die subjektlose Gewalt)*, na qual trata a respeito das revoluções burguesas, do modo capitalista de produção e das relações de classe da seguinte maneira:

> Todas as constituições dos Estados burgueses garantem a proteção da propriedade privada. Onde quer que os trabalhadores tenham

---

[323] "Segundo Cohen, a explicação funcional é típica do marxismo e cumpre aí uma função importante: *identificar regularidades*. Este autor tem plena consciência de que é preciso diferenciar 'enunciados funcionais' de 'explicações funcionais', já que a atribuição de funções a um dado fenômeno, reconhece ele, não configura por si só uma explicação desse mesmo fenômeno (COHEN, 2001, pp. 251-258). Nesse sentido, cabe perguntar: 'se nem todo enunciado funcional é explicativo, o que torna um enunciado funcional explicativo?' (p. 256). Para ele, isso só ocorre quando se pode constatar que a relação entre a existência/persistência de um dado fenômeno e as consequências que ele produz assume a forma de uma 'lei' (*consequence law*), isso é, uma regularidade passível de generalização (p. 259). Assim, se for possível demonstrar, através de evidência empírica fundamentada, que sempre que A foi funcional para B, A ocorreu, então revelar-se-ia uma regularidade importante que poderia explicar a persistência de A, embora não necessariamente a sua gênese, isto é, o mecanismo através do qual A se formou ou através do qual B deu origem a A. Segundo Cohen, esse é o caminho mais simples para confirmar uma explicação funcional sem estabelecer um mecanismo (1982, p. 490 e p. 495, nota 14). É importante insistir na ideia de "regularidade", pois *é ela que garante que a ocorrência de A em função de sua funcionalidade para B não é meramente acidental*". PERISSINOTO, Renato. "Considerações sobre o marxismo analítico". *In:* CODATO, Adriano; PERISSINOTO, Renato. *Marxismo como ciência social*. Curitiba: UFPR, 2011, pp. 169-170. Itálico no original. As obras as quais ele se refere são: COHEN, Gerald Allan. *Karl Marx's theory of history*: a defense. New Jersey: Princeton University Press, 2011. COHEN, Adriano. "El marxismo y la explicación functional". *In:* ROEMER, J. E. (Coord.). *El marxismo*: una perspectiva analítica. México: Fondo de Cultura Económica, 1989.

de levar sua força de trabalho ao mercado em grande número e oferecê-lo para venda como uma mercadoria, esta proteção da propriedade privada também se tornou uma garantia constitucional para as pré-condições legais de um modo de produção capitalista. Em sociedades capitalistas produtoras, trabalhadores – não todos, mas como regra geral, a maioria deles – desfrutam da liberdade pessoal para fazer contratos de trabalho. Aqueles que comercializam sua força de trabalho desta forma não a vendem vitaliciamente, mas voluntariamente contratam que por certo tempo eles vão colocá-la à disposição de um proprietário dos meios de produção (de qualquer tipo). Durante este tempo de trabalho, a força de trabalho e, portanto, a pessoa a quem ela pertence, está, então, sob o comando de outra parte contratante. Para colocar de outra forma: o cotidiano do trabalhador é regulado pelo poder. No entanto, esta relação, mesmo regulando as expressões da vida de muitos milhares nos mínimos detalhes, é vista na sociedade capitalista não como uma forma de governo, mas como o uso do direito privado na livre disposição da propriedade. Porque o Estado igualmente protege a livre disposição de qualquer tipo de propriedade privada, sanciona a diferença fundamental nas condições de vida entre aqueles que possuem bens de capital e aqueles que têm apenas sua força de trabalho para levar a mercado.[324]

É interessante observar que a exposição da autora em ambos os trechos, está permeada pelas seguintes indagações: "Por que o Estado muda sua forma na época burguesa? Porque ele torna-se, na forma, o Estado da sociedade como um todo?"[325] (o mesmo questionamento levantado por Pachukanis, conforme apontamos anteriormente, ainda que a autora não faça nenhuma menção expressa ao jurista soviético).

---

[324] GERSTENBERGER, Heide. *Impersonal power*: History and Theory of the Bourgeois State (Trad. David Fernbach). Chicago: Haymarket Books, 2005, p. 669. Tradução nossa. Em alemão: GERSTENBERGER, Heide. *Die subjektlose Gewalt*: Theorie der Entstehung bürgerlicher Staatsgewalt. Münster: Westfälisches Dampfboot, 2006, p. 520. Tradução nossa.

[325] GERSTENBERGER, Heide. "Class conflict, competition and State functions". *In:* HOLLOWAY, John; PICCIOTTO, Sol (Coord.). *State and capital*: a marxist debate. Londres: Edward Arnold (Publishers) Ltd., 1978, p. 155. Tradução nossa.

CAPÍTULO III - A TEORIA DERIVACIONISTA DO ESTADO

Como sabemos, responder a essa indagação focando-se no momento de transição entre o feudalismo e o capitalismo tem sido uma tarefa árdua e controvertida, inclusive para os pensadores do marxismo. Um dos principais problemas consiste em entender a convivência entre os dois modos de produção, sendo difícil precisar o momento no qual existe o predomínio de um ou de outro, ou ainda, estabelecer com absoluta precisão quais relações sociais são tipicamente feudais e quais são capitalistas. Pode-se notar que, em ambos os textos, Gerstenberger afirma que, neste período de transição, o problema não seria o de estabelecer as relações capitalistas de produção (pois já existiriam), mas de reproduzi-las, expandi-las e garanti-las, ou seja, *o Estado na sua forma especificamente burguesa* seria resultado da *forma primitiva de acumulação capitalista*, tendo mudado para uma forma impessoal de poder no momento em que aumenta a proletarização de grande parte da população e que ocorre o crescimento da acumulação de capital.[326]

A argumentação de Gerstenberger, no entanto, no campo jurídico, não parece elucidar adequadamente a relação intrínseca entre o desenvolvimento do Estado, da forma jurídica e da forma mercadoria.

---

[326] "The formation of the specifically bourgeois form of the state is historically the result of primitive accumulation. Only after the state – in the form of an institution acting undisguisedly in the interests of the ruling classes – had furthered the proletarianization of a large part of the population and the rapacious accumulation of capital did it change its phenomenal form. (For an amplification of this see Gerstenberger 1973). Capitalist relations of production are already established at that period, if not always very extensively. Thereafter it is no longer so much a matter of establishing but rather of reproducing these relations. Whereas in all previous epochs of production the overt fixing of power relations formed part of the process of reproduction, the reproduction of capitalist relations of production must take place as far as possible without the application of overt force. For the result of the establishment of the structure of exploitation in the form of an overt relation of force is the extensive immobilization of labour power. But this is very hard to reconcile with capitalist accumulation determined by competitive processes. Hence the reproduction of capitalist relations of production does not merely presuppose the availability of labour power (which could already have been achieved by the withdrawal of the means of self-subsistence); it also presupposes that worker should view their situation as not in any way brought about by force, but rather experience it is the result of an act of exchange into which have brought their labour power" (GERSTENBERGER, Heide. "Class Conflict, Competition and State Functions". *In*: HOLLOWAY, John; PICCIOTTO, Sol (Coord.). *State and capital*: a marxist debate. Londres: Edward Arnold (Publishers) Ltd., 1978, pp. 155-156).

Vejamos o raciocínio exposto por ela: na economia capitalista, o Estado garante "(...) a aparência da liberdade do contrato, o qual vem a ser expresso no Direito burguês".[327] O trabalho assalariado cria a imagem de que todo trabalho é pago, por isso a relação capitalista pode se estabelecer na superfície como uma relação de troca, ocultando assim o que realmente representa o salário e a relação existente entre o burguês e o trabalhador. Como o capitalismo, ao organizar a produção, perpetua sucessivamente a ocultação dos seus mecanismos de exploração, isso faz com que a regulação jurídica das relações individuais se desenvolva numa abstração formal da organização social da produção, tornando assim o Estado mero aplicador de princípios formais, não garantidor da justiça, segundo a autora. O caráter formal do Direito, portanto, seria proveniente da *ocultação* da relação de exploração por meio do trabalho assalariado. Ao final, Gerstenberger admite que sua argumentação é insuficiente, ao dizer que se trata apenas de uma análise formal, que precisa ser complementada por um estudo do desenvolvimento concreto do Estado burguês na história. Por essa razão, ela também conclui que "(...) da forma do Estado burguês não podemos diretamente derivar suas funções", uma alusão crítica dirigida explicitamente contra Blanke, Jürgens e Kastendiek, que assim teriam procedido,[328] por meio dos argumentos que destacamos anteriormente. No entanto, parece-nos que o problema nos argumentos dela decorre mais da própria análise formal que ela elabora, do que da carência de um estudo histórico. Vejamos isso.

A argumentação de Gerstenberger sobre o Direito faz com que este apareça como uma externalidade da relação de troca de mercadorias, ou seja, como se as relações no capitalismo não se constituíssem como jurídicas, mas fossem assim qualificadas *a posteriori*. Desse modo, o Direito é apontado como mera ideologia, meio de ocultação de realidade, ou ainda, como se fosse uma espécie de complemento da relação

---

[327] GERSTENBERGER, Heide. "Class Conflict, Competition and State Functions". *In:* HOLLOWAY, John; PICCIOTTO, Sol (Coord.). *State and capital*: a marxist debate. Londres: Edward Arnold (Publishers) Ltd., 1978, p. 156. Tradução nossa.

[328] GERSTENBERGER, Heide. "Class Conflict, Competition and State Functions". *In:* HOLLOWAY, John; PICCIOTTO, Sol (Coord.). *State and capital:* a marxist debate. Londres: Edward Arnold (Publishers) Ltd., 1978, p. 204.

CAPÍTULO III - A TEORIA DERIVACIONISTA DO ESTADO

mercantil e não a própria forma como ela se constitui no capitalismo. Conforme observa Picciotto, quanto mais o caráter de classe do Direito é pensado como algo que lhe é externo – não incorporado –, maior é a tendência de pensá-lo como "mera máscara, uma hipocrisia ideológica que oculta a realidade do poder de classe (ainda que haja considerável quantidade de dissimulação ideológica e hipocrisia sobre o Direito)".[329]

Percebe-se, assim, como existe uma tensão entre o pensamento da Gerstenberger e o pensamento althusseriano, comumente acusado de ter uma explicação funcionalista para o Estado e o Direito.[330] Primeiro, notamos que a exigência da autora, de se demonstrar a consciência da burguesia a respeito da funcionalidade do Estado de Direito para o capitalismo significa negar a ideia de que o sujeito seja um "portador" (Träger) de determinadas relações sociais constituídas.[331] Segundo, destacamos que a explicação da autora a respeito do caráter ilusório do Direito não tem afinidade com a leitura althusseriana, segundo a qual a ideologia não pode ser considerada como mera falsa consciência da realidade, mas sim como uma prática.[332] A questão central na perspectiva

---

[329] PICCIOTTO, Sol. "The theory of the state, class struggle and the rule of law". In: FINE, Bob et al (Coord.). *Capitalism and the rule of law*: from deviancy theory to Marxism. London: Hutchinson, 1979, p. 166. Tradução nossa.

[330] Althusser procurou se defender dessa acusação, publicando uma nota a respeito de sua obra *Aparelhos Ideológicos do Estado:* notas sobre os aparelhos ideológicos do Estado. Rio de Janeiro: Edições Graal, 1985, pp. 109-113. O filósofo francês chama a atenção justamente para a necessidade de se examinar o desenvolvimento concreto da luta de classes no interior da sociedade capitalista.

[331] Retomaremos adiante de forma mais pormenorizada.

[332] "A prática, portanto é o lugar de onde o marxismo fala. A prática desloca o formalismo e, enraizando historicamente a ideologia, desvela o seu *funcionamento* e a sua *função*, partir da prática é se dar os meios de seguir as articulações. Mas, essa leitura da prática não é uma leitura empirista, imediata. Ela não faz da prática um ponto de partida absoluto, mas um ponto de chegada. A leitura do real deve ser uma leitura engajada. O discurso marxista sobre a prática parte de uma abstração prévia dessa mesma prática. Voltar à prática parte de um longo rodeio pela prática teórica, permite evitar a cegueira e a esterilidade da evidência. Não há evidência. A evidência é sempre o deslumbramento da banalidade. Ela não explica nada. É preciso, dizia Engels, *estabelecer* a evidência. Isso toma tempo, isso demanda um longo desvio: aquele mesmo da *abstração*. Hegel já o tinha dito admiravelmente: separar-se do imediato

posta por Althusser, não seria a de indicar a existência de uma "consciência" da classe burguesa ou dos indivíduos acerca da necessidade dos conceitos e formas jurídicas, mas mostrar como as relações sociais existentes no capitalismo estão necessariamente revestidas da ideologia jurídica e, portanto, revelam-se como práticas constituídas em termos jurídicos.[333]

A duplicidade de toda a ideologia, mais precisamente aqui, da ideologia jurídica, não se apresenta como simples 'consciência',

---

para retornar a ele. De uma outra maneira. Da evidência, é esse tempo da pesquisa que aprofunda relações. Marx dizia dos economistas vulgares que eles se sentiam à vontade na aparência, no fenômeno e que, desse modo, as relações lhes pareciam evidentes 'tanto mais evidentes quanto suas ligações internas permaneciam mais dissimuladas'. É assim que tudo está e não está na prática. É preciso saber lê-la, senão, a prática é muda, ela parece neutra mesmo quando produz estragos" (THÉVENIN, Nicole-Édith. "Ideologia jurídica e ideologia burguesa: (ideologia e práticas artísticas)". In: NAVES, Márcio Bilharinho (Coord.) *Presença de Althusser*. Campinas, SP: Unicamp/IFCH, 2010, pp. 55-56).

[333] "Para Althusser, a ideologia não é uma mera fantasia, descartável ou sem utilidade: ela tem um importante peso no todo da vida social. A reprodução social não se faz de modo mecânico. Há, ao lado das concretas relações sociais, também um conjunto de dinâmicas ideológicas que perfazem tal reprodução. E, no arcabouço das ideologias, o direito em papel relevante. Para Althusser, resgatando a leitura de Marx, a ideologia não tem história própria, isso quer dizer, ela não é uma construção intelectual do indivíduo, feita voluntária e conscientemente, variável no tempo de acordo com meras propensões dos desejos. A ideologia não é uma ideia acidental de cada um, nascida e com vida apenas dentro dos limites de cada indivíduo que pensa. Muito mais que isso, ela é um dado estabelecido estruturalmente na sociedade. Toda sociedade tem ideologia, na medida em que ela funciona como meio de reprodução da própria lógica social. Assim sendo, ao contrário de uma certa visão tradicionalmente arraigada, a ideologia não é apenas uma distorção imaginária da realidade feita pelos indivíduos (...)" (MASCARO, Alysson. *Filosofia do Direito*. São Paulo: Atlas, 2010, p. 559). "A questão do sujeito torna-se fundamental para o pensamento de Althusser. O sujeito não é aquele que, partindo de um dado bruto, livre e singular, abre-se no mundo para formar uma visão de seu respeito. Pelo contrário, o sujeito é constituído como tal a partir de um quadro de referência ideológica já dada. Daí a noção do *sujeito de direito* ser fundamental à operacionalidade autônoma, à qual correspondem direitos e deveres, e, por meio de tal visão, submete-se à máquina de reprodução mercantil infinda do capitalismo, vendendo-se como força de trabalho assalariado indistinta ao mercado, mas sem perceber de imediato sua exploração: de início, sua constituição ideológica identifica, nos elementos que o levam ao mercado para ter seu trabalho vendido, a sua liberdade e a sua autonomia da vontade" (MASCARO, Alysson. *Filosofia do Direito*. São Paulo: Atlas, 2010, p. 563).

CAPÍTULO III - A TEORIA DERIVACIONISTA DO ESTADO

ela se apresenta em uma *prática*, que a faz funcionar e a reproduz. É por isso que Edelman nunca dissocia *ideologia* de *funcionamento* prático dessa ideologia. 'O conhecimento concreto do seu funcionamento é próprio conhecimento teórico da ideologia'. A prática desvela, portanto, a duplicidade da ideologia jurídica e, desvelando-a, mostra os seus fundamentos e, assim, a essência de sua necessidade e de seus limites naturais. Sua necessidade, diríamos, como produção ideológica necessária de um modo de produção (no caso aqui, o modo de produção capitalista), que só pode se reproduzir elaborando uma ideologia 'correspondente'; seus limites, como expressão dos limites históricos de todo modo de produção.[334]

Gerstenberger, portanto, parece rejeitar a ideia de que o desenvolvimento das relações capitalistas implica, concomitantemente, a constituição jurídica dessas relações, o que resultaria na existência de um Estado de Direito, defensor não apenas da ordem, mas da ordem juridicamente constituída, cujo poder se exerce de maneira impessoal, em prol das normas legais e contratuais, na qual há o reconhecimento dos indivíduos como sujeitos de direito.

Ao não associar a forma jurídica contemporânea diretamente à forma mercadoria, ou seja, o Direito com a estrutura social do capitalismo, não é surpreendente que Gerstenberger atinja duas conclusões equivocadas a respeito do Direito no capitalismo. Vejamos quais são.

Primeiro, defender o fortalecimento do *Direito internacional* como primeiro passo para enfrentar a limitação da democracia burguesa e os problemas sociais existentes, especialmente a precarização das condições de trabalho, agravados por meio da aceleração do fenômeno comumente denominado de "globalização".[335]

---

[334] THÉVENIN, Nicole-Édith. "Ideologia jurídica e ideologia burguesa: (ideologia e práticas artísticas)". *In:* NAVES, Márcio Bilharinho (Coord.) Presença de Althusser. Campinas, SP: Unicamp/IFCH, 2010, p. 54

[335] Ver: GERSTENBERGER, Heide. *Impersonal power:* History and Theory of the Bourgeois State. Chicago: Haymarket Books, 2005, p. 687. Em alemão:

Segundo, interpretar a formalização da burocracia estatal (leia-se, a relação entre particulares e Estado) – feita por meio da criação de procedimentos previamente determinados, submetidos ao princípio da legalidade e da revisão judicial – como uma forma de autolimitação do Estado. A autora reconhece que não se trata de uma limitação que atinja o objetivo real da ação estatal, contudo, ela interpreta isso como uma forma de reconciliação das contradições existentes entre forma e função do Estado.[336] Para ela, a "relação entre forma e função do Estado burguês envolve uma contradição",[337] pois o Estado precisa atender às necessidades entre os modos particulares de relação (existentes entre as várias frações do capital) e as condições gerais da produção. No entanto, as ideias da autora não permitem inferir que as relações entre particulares se tornam jurídicas (e consequentemente judicializáveis) porque a lógica da troca mercantil também se exprime no âmbito do Direito público, ou seja, assumem uma forma semelhante àquelas existentes no âmbito privado. Tal fato fica evidenciado quando observamos que o Direito Tributário e o Penal,[338] enquanto ramos do direito público, por serem o ponto de tensão entre monarcas e burgueses, envolvendo diretamente os fundamentos da economia capitalista – a propriedade e a liberdade – sejam primeiramente pensados em termos jurídicos pela doutrina contemporânea (após o Direito Privado naturalmente), estando tais ramos, não por acaso, submetidos ao princípio da legalidade, da

---

GERSTENBERGER, Heide. *Die subjektlose Gewalt:* Theorie der Entstehung bürgerlicher Staatsgewalt. Müster: Westfälisches Dampfboot, 2006, p. 534.

[336] Ver: HOLLOWAY, John; PICCIOTTO, Sol. "Capital, Crisis and State". *Capital and Class*, London: Conference of Socialist Economists, vol. 1, n. 2, Summer 1977, p. 87.

[337] GERSTENBERGER, Heide. "Class conflict, competition and State functions". *In:* HOLLOWAY, John; PICCIOTTO, Sol (Coord.). *State and capital:* a marxist debate. Londres: Edward Arnold, 1978, p. 156. Tradução nossa.

[338] Pachukanis, aliás, demonstra de maneira exemplar a relação entre a lógica mercantil e o Direito Penal burguês em: PACHUKANIS, E. *Teoria geral do direito e marxismo*. São Paulo: Acadêmica, 1988, pp. 143 *e ss*. Ver: ainda: PICCIOTTO, Sol. "The theory of the state, class struggle and the rule of law". *In:* FINE, Bob *et al* (Coord.). *Capitalism and the rule of law:* from deviancy theory to Marxism. London: Hutchinson, 1979, pp. 172 *e ss*.

CAPÍTULO III - A TEORIA DERIVACIONISTA DO ESTADO

anterioridade e da revisão judicial (que Gerstenberger menciona) de maneira mais radical, abrangente e detalhada.

Se, por um lado, a preocupação da autora acerca dos limites da análise formal do Estado e do Direito enriquece o debate para compreensão acerca do desenvolvimento histórico de ambos, por outro, parece que o sentido desse exame precisa estar adequadamente orientado, sob pena de não chegar a conclusões elucidativas, apesar da vastidão de fatos e dados pesquisados, reunidos e apresentados.

Jessop, a exemplo de Gerstenberger, insiste igualmente que não é suficiente elaborar uma explicação do Estado e do Direito a partir de uma derivação puramente lógica.[339] Conforme mostraremos a seguir, é justamente a ênfase neste ponto que faz com que Jessop afirme ser necessário inserir o elemento da luta de classes em todo exame teórico que pretenda explicar a reprodução contínua das relações sociais capitalistas estabelecidas.

No entanto, no momento, em vez de abordarmos a questão da luta de classes (mencionada mais adiante), queremos destacar um ponto de convergência entre Jessop e a argumentação exposta por Gerstenberger anteriormente.

Conforme pudemos observar, em Gerstenbeger, o conceito de soberania, consequentemente a centralização legislativa e jurisdicional, tem um peso essencial para estabelecer o surgimento do Estado moderno. Jessop, dessa maneira, afirma que o conceito de soberania é importante em dois sentidos: primeiro, para se reconhecer que o Estado burguês não é a forma original de Estado (uma ideia plenamente compatível com as de Gerstenberger); segundo, para destacar que alguns aspectos do Estado não podem ser derivados da análise do valor isoladamente.[340]

---

[339] JESSOP, Bob. The *capitalist state*. Oxford: Martin Robertson & Company Ltd., 1982, p. 133.

[340] JESSOP, Bob. The *capitalist state*. Oxford: Martin Robertson & Company Ltd., 1982, p. 129.

Evidentemente, não se pode afirmar que Jessop ignore a relação entre Direito e circulação de mercadoria, conforme evidenciado anteriormente, por meio das menções às obras anteriores desse autor. Jessop, desde os primeiros escritos, já mostra seu conhecimento sobre tal relação, conforme explicitado em seu principal artigo à época do debate da derivação do Estado – *Recent theories of the capitalist state* (1977) – e no período subsequente, com o livro *The capitalist State: marxist theories and methods* (1982). Nesse último, Jessop afirma que o Direito somente alcança seu pleno desenvolvimento quando há mediação jurídica da exploração por meio da troca de força de trabalho e capital.[341] No entanto, logo em seguida ele afirma que isso não significa que o Estado e o Direito: (i) não antecedam ao capitalismo; (ii) não possam sobreviver para além do capitalismo; e (iii) não possam ter funções não capitalistas.[342]

De todas as ideias de Jessop apontadas anteriormente ao longo da nossa exposição, duas podem ser consideradas mais defensáveis: primeiro, a afirmação de que alguns aspectos do Estado não podem ser derivados da análise do valor isoladamente; segundo, a defesa da ideia de que nem todas as funções do Estado e do Direito estão ligadas ao funcionamento do capitalismo. Tais pontos podem ser defendidos com certa segurança na medida em que defender o contrário seria incorrer em simplificações exageradas, ou ainda, num mecanicismo simplista, imaginando que toda ação do Estado ou toda lei criada está intrinsecamente ligada à lógica de reprodução do capitalismo. No entanto, é importante destacar que, nestes casos, o caráter não classista do Estado e do Direito concerne muito mais aos seus conteúdos, não à sua forma propriamente.

Com relação às demais afirmações de Jessop, ao contrário, a polêmica é seguramente mais acentuada, pois o autor sustenta a existência do

---

[341] JESSOP, Bob. *The capitalist state*. Oxford: Martin Robertson & Company Ltd., 1982, p. 122.

[342] Em sua obra de 1990, Jessop permanece afirmando a existência da funcionalidade do Direito para a economia capitalista; contudo, para evitar ser acusado de apresentar uma explicação funcionalista, ressalva que a economia de mercado capitalista não é a *causa* da autonomização do Estado ou do Direito. JESSOP, Bob. *State theory*: putting the capitalist state in its place. Polity Press: Cambridge, 1996, pp. 83-84.

CAPÍTULO III - A TEORIA DERIVACIONISTA DO ESTADO

Estado e do Direito em dois momentos: antes do capitalismo e também depois, quando da superação deste modo de produção. Sendo assim, Jessop opor-se-á aos que defendem que a forma do Estado e a forma jurídica são essencialmente burguesas e não podem existir fora do modo capitalista de produção. Neste ponto, Jessop extrapola a própria hesitação teórica pachukaniana, pois, quanto ao passado, o jurista russo defende a inexistência de um Direito idêntico – seja no conteúdo ou na forma – ao da contemporaneidade, restando apenas uma vacilação teórica em suas obras com relação ao futuro, conforme explica Márcio Naves:

> O limite da posição teórica de Pachukanis decorre de sua concepção de que o socialismo possa conhecer normas de caráter 'técnico', não afetadas pela luta de classes, 'isoladas' do processo de transformação das relações sociais, normas rigorosamente 'neutras', do ponto de vista de classe, do ponto de vista da luta política e ideológica que as massas travam contra as formas de existência do capital. Tudo se passa como se houvesse um 'espaço' recortado e subtraído à luta de classes, um espaço em que a política, isto é, a luta de classe proletária não penetra, o que é justamente a representação que a burguesia faz da política, interditando o espaço da produção à luta de classe proletária. Não por acaso, Pachukanis compreende essa esfera técnica como a realização de reações não fetichizadas, como um espaço de racionalidade, construindo uma oposição que opera inteiramente dentro de um dispositivo teórico especulativo, no qual as figuras idealizadas das relações sociais reais substituem a materialidades dessas mesmas relações.[343]

Hirsch, por sua vez, também lida com a questão da análise formal e histórica, advertindo que uma teoria a respeito do desenvolvimento do Estado não pode ser apenas "(...) uma questão da dedução de leis abstratas sem a compreensão conceitualmente informada de um processo

---

[343] NAVES, Márcio Bilharinho. *Marxismo e direito*: um estudo sobre Pachukanis. 1ª ed. São Paulo: Boitempo, 2000, p. 121.

histórico".[344] Ele afirma que elaborar a derivação nestes termos seria um modo de evitar uma análise funcionalista do Estado. Os caminhos adotados pelo filósofo alemão se mostram, no entanto, diferentes dos demais pensadores da derivação acima citados (Jessop e Gerstenberger).

Como dissemos, o debate mencionado revela um ponto relativamente lacunoso nas teorias marxistas a respeito do Estado: entender o momento de transição entre as formas pré-capitalistas e capitalistas. E o debate da derivação do Estado não foi suficiente para avançar significativamente sobre esse tema.

Ao fazer um balanço crítico a respeito do debate da derivação do Estado, Hirsch reforça essa necessidade afirmando que uma teoria do Estado permaneceria apenas como pálido esqueleto se não analisasse o desenvolvimento histórico da formação social capitalista.[345] Assim, para uma adequada elaboração teórica devem ser consideradas as estruturas concretas de dominação e os conflitos que se manifestam dada sua existência, o que inclui, certamente, entender o surgimento do Estado moderno, suas transformações mais contemporâneas e o desenvolvimento correspondente da luta de classes.

O próprio Hirsch, desde seu artigo de 1973 – *Elemente einer materialistischen Staatstheorie*[346] – até a versão mais bem acabada deste, na forma de livro, em 1974 – *Staatsapparat und Reproduktion des Kapitals*[347] –, traçava as bases iniciais para essa discussão, sem, no entanto, tê-la desenvolvida

---

[344] HIRSCH, Joachim. "The state apparatus and social reproduction: elements of a theory of the bourgeois State". *In:* HOLLOWAY, John; PICCIOTTO, Sol (Coord.). *State and Capital*: a marxist debate. Londres: Edward Arnold (Publishers) Ltd., 1978, p. 82. Originalmente em: HIRSCH, Joachim. *Staatsapparat und Reproduktion des Kapitals*. Frankfurt/M: Suhrkamp, 1974, p. 51. Tradução nossa.

[345] HIRSCH, Joachim. "Nach der Staatsableitung: Bemerkungen zur Reformulierung einer materialistischen Staatstheorie". *In: Aktualisierung Marx*. Berlin W: Argument-Verlag, 1983. (*Argument-Sonderband AS 100*), p. 159.

[346] HIRSCH, Joachim. "Elemente einer materialistischen Staatstheorie". *In:* BRAUNMÜHL, Claudia von et al. *Probleme einer materialistischen Staatstheorie*. Frankfurt/M: Suhrkamp, 1973, pp. 199-266.

[347] HIRSCH, Joaquim. *Staatsapparat und Reproduktion des Kapitals*. Frankfurt/M: Suhrkamp, 1974.

CAPÍTULO III - A TEORIA DERIVACIONISTA DO ESTADO

na profundidade que ele mesmo julgava necessária. O filósofo alemão afirmava que o Estado moderno, surgido no curso do desenvolvimento do capitalismo, ainda não está plenamente adequado a este modo de produção, mas já é suficiente para possibilitar sua reprodução e expansão, sendo que sua insuficiência neste momento histórico não lhe permite determinar totalmente a legislação para a reprodução das relações sociais existentes, razão pela qual a classe burguesa, ainda sem predomínio suficiente, necessita se fortalecer, aliando-se com classes e poderes não capitalistas, aproveitando-se da oposição entre eles. Segundo Hirsch, o Estado, portanto, mesmo sem a sua forma contemporânea, já é o elemento sob o qual o capital não desenvolvido se apoia,[348] sendo sua consolidação resultado concomitante das relações de capital existentes e da consequente luta de classes. Essas considerações e as subsequentes, no entanto, não serão suficientes para dar conta de todas as nuances existentes sobre a questão da constituição histórica do Estado e do Direito.

Cabe mencionar, ainda, um ponto importante suscitado por esse debate específico: o entendimento sobre a formação histórica do Estado nos países subdesenvolvidos (alguns deles agora denominados "em desenvolvimento") tem como fonte de referência fundamental este período de transição da modernidade para a contemporaneidade – do pré-capitalismo para o capitalismo –, razão pela qual ele pode ser considerado uma chave de compreensão sobre as transformações jurídicas e políticas nos países da periferia do capitalismo. Não por acaso, Pierre Salama se apoia justamente nas considerações citadas de Hirsch sobre o período de transição da modernidade para defender que os argumentos utilizados pelo filósofo alemão podem ser aplicados à situação dos "países capitalistas subdesenvolvidos, hoje semi-industrializados".[349]

---

[348] HIRSCH, Joachim. "The state apparatus and social reproduction: elements of a theory of the bourgeois State". *In:* HOLLOWAY, John; PICCIOTTO, Sol (Coord.). *State and Capital*: a marxist debate. Londres: Edward Arnold (Publishers) Ltd., 1978, p. 63. Originalmente em: HIRSCH, Joachim. *Staatsapparat und Reproduktion des Kapitals*. Frankfurt/M: Suhrkamp, 1974, pp. 22-23.

[349] SALAMA, Pierre. *Estado e Capital*: o Estado capitalista como abstração do real, p. 130. Disponível em: http://bibliotecavirtual.cebrap.org.br/arquivos/estado_e_capital_f.pdf. Acesso em: 12 de fevereiro de 2012.

A partir desta exposição, podemos fixar um ponto claro de distinção entre o pensamento de Jessop e Gerstenberger em relação ao de Hirsch. Todos estes pensadores demonstram uma preocupação com o excesso de "academicismo" e "abstração" no debate da derivação do Estado, o que implicaria em armadilhas funcionalistas (algo sobre o qual falaremos mais detalhadamente adiante). No entanto, no caso de Hirsch, sua preocupação em examinar as transformações históricas fundamentais ocorridas concretamente – não se limitando, portanto, apenas ao estudo das características estruturais gerais das sociedades capitalistas –, não implica na rejeição de algumas das principais ideias do pensamento althusseriano.

As posições de Gerstenberger e Jessop, por sua vez, opõem-se claramente ao pensamento althusserianiano – sobretudo a ideia dos sujeitos como portadores (*Träger*) de determinações decorrentes do modo de produção.[350] A argumentação althusseriana explica o papel do Estado e do Direito na reprodução das relações sociais capitalistas, sem que sejam necessárias as ideias de "consciência" e "intencionalidade" dos agentes envolvidos, distanciando-se, portanto, da necessidade de comprovação empírica de que burguesia "tinha em mente a funcionalidade do Estado para o capitalismo". É exemplar a explicação de Étienne Balibar, inserida na perspectiva althusseriana, a respeito dessa questão, razão pela qual é oportuno recuperar alguns de seus principais argumentos.

Balibar explica[351] que há uma particularidade no processo de apropriação do excedente, produzido pelo trabalho, no capitalismo, uma vez que o produto do trabalho assume necessariamente a *forma de valor*. Noutras palavras, a exploração de uma classe por outra, por intermédio da tomada daquilo que excede o necessário para reprodução da força de trabalho, existe em todas as sociedades de classes, mas no capitalismo, de uma maneira diferenciada. Balibar explica, assim, que a mais-valia não pode ser compreendida em termos puramente

---

[350] A crítica de Jessop a esta ideia fica explicitada em *The capitalist state*. Oxford: Martin Robertson & Company Ltd., 1982, pp. 253-254, conforme veremos mais adiante.

[351] BALIBAR, Étienne. *Cinco estudos do materialismo histórico*. Presença: Lisboa, 1975, pp. 31 *e ss.*

CAPÍTULO III - A TEORIA DERIVACIONISTA DO ESTADO

quantitativos (ainda que, de fato, ela aumente exponencialmente no capitalismo), mas sim qualitativos, como integrante de um processo no qual há contabilização de valores e, portanto, cálculo a respeito da diferença entre valores envolvidos no processo de produção das mercadorias. No capitalismo, o valor da força de trabalho (a parte necessária do trabalho) e o sobreproduto (o sobretrabalho) assumem, igualmente, a forma *monetária* (o valor na sua forma desenvolvida), fato que deve ser entendido como algo *consequente* e *necessário* para a reprodução da relação de produção capitalista. Assim, o que verdadeiramente caracteriza a mais-valia não é o fato de ela ser um excedente, mas o modo como ela é produzida, pois "(...) somente quando pensada como efeito do modo de produção capitalista é que se pode entender suas determinações quantitativas".[352] Fixadas essas premissas, Balibar pode esclarecer a particularidade da apropriação de excedente no capitalismo:

> O modo de produção capitalista não assegura um excedente exercendo um constrangimento sobre o trabalho e o consumo dos trabalhadores do *exterior*, fora do processo de produção imediato, (como no tributo, na renda fundiária ou no imposto pré-capitalista), mas *no processo de produção imediato*, incorporando directamente a força de trabalho, a título de mercadoria, no processo de produção cujos meios materiais estão sempre já reunidos fora dela.
>
> Como se põe então o problema da forma social? A partida, *para cada* processo de produção capitalista, os fatores da produção estão *sempre* já dados sob a forma de valor (portanto, com um preço). A chegada, o produto (mercadoria) é ele também dado sob forma de valor (que aparecerá quando for realizada: na venda do produto; mas o capitalista antecipa esta realização na sua previsão e inscreve-a como tal no balanço).[353]

---

[352] BALIBAR, Étienne. *Cinco estudos do materialismo histórico*. Presença: Lisboa, 1975, pp 33-34.

[353] BALIBAR, Étienne. *Cinco estudos do materialismo histórico*. Presença: Lisboa, 1975, pp 33-34. Itálicos no original.

E prossegue explicando mais adiante:

> O capitalista, esse, sabe bem que na prática o valor dos meios de produção não se conserva sozinho. Também o valor conservado é, de fato, *reproduzido* como quantidade de valor determinada.
>
> O valor da força de trabalho é *consumido* (destruído) no processo de trabalho. Os meios de produção reunidos sob a forma do capital são os meios deste consumo, da 'bombagem' da força de trabalho. Mas este, ao mesmo tempo, *cria* um novo valor, proporcional à duração e à intensidade do trabalho dispensado. Só então este novo valor, que provém do fato de a força de trabalho ter sido dispendida *sob a forma capitalista*, isto é, como consumo produtivo de meios de produção *já capitalizados*, pode ser subdividido em duas frações, das quais uma substitui o valor da força de trabalho e a outra constitui a mais-valia. A divisão do novo valor em valor de força de trabalho (capital variável) e mais-valia não intervém, pois, senão *demasiado tarde*, como uma consequência do contrato de trabalho assalariado e da organização capitalista do processo de produção.[354]

A explanação feita por Balibar evidencia que, no capitalismo, os fatores de produção já estão "dados" aos agentes envolvidos no processo econômico, de início, sob uma determinada forma social, no caso, a forma valor. Para nossa exposição, interessa perceber que a assunção do caráter jurídico das relações existentes – seja quando da produção ou do consumo – também ocorre de início dentro desse modo de produção. Assim, a condição de *sujeito de direito* – de agente livre que somente contrai obrigações (cerceando "voluntariamente" sua liberdade) por meio da manifestação de *vontade* e do *entendimento* acerca do ato praticado –, bem como o reconhecimento recíproco da condição de proprietários (seja dos meios de produção ou da força de trabalho) já se encontram previamente "assumidos" a partir do momento em que a apropriação do excedente não ocorre por meio do constrangimento sobre o trabalho e

---

[354] BALIBAR, Étienne. *Cinco estudos do materialismo histórico*. Presença: Lisboa, 1975, pp. 35-36. Itálicos no original.

CAPÍTULO III - A TEORIA DERIVACIONISTA DO ESTADO

o consumo. Mais precisamente, os indivíduos não precisam "assumir" ou "reconhecer" tais condições, eles são portadores desta, visto que isso é resultado da própria forma como as relações sociais se constituíram. A observação de Balibar a respeito do contrato de trabalho é bastante ilustrativa a esse respeito: assim como a relação entre o trabalho e sua forma *monetária* deve ser vista como algo consequente e necessário da reprodução do processo de acumulação capitalista, o mesmo se dá com o trabalho e a forma *jurídica* que ele assume. Neste ponto, notamos que o "revestimento" jurídico não é apenas uma ideologia, mas também uma prática efetivamente assumida, pois a classe burguesa, do ponto de vista fático, não apenas jurídico, reconhece a classe trabalhadora como constituída por sujeitos de direito, proprietários de mercadorias, no caso, a força de trabalho. Conforme explica Picciotto, Pachukanis demonstrou justamente a necessária correlação e concomitância entre o surgimento do *sujeito de direito*, do Estado e do circuito de trocas mercantis, que aparecem no modo de acumulação primitiva e alcançam plenitude quando a força de trabalho se torna mercadoria.[355] Conclusão: o movimento de expansão da forma mercadoria coincide com o desenvolvimento da forma jurídica, não porque há uma demanda externa em prol do reconhecimento da condição jurídica às relações sociais, mas sim, porque elas já se constituem dentro desse pressuposto.[356]

---

[355] "Thus the first moment of the capitalist state is to *establish and guarantee exchange* as the mediation of production and consumption. This involves the creation and maintenance of individuals as *economic and legal subjects*, the bearers of reified property rights. Thus, as Pashukanis rightly emphasizes, the basic legal category is the legal subject as the bearer of rights and duties (...). This individual legal subjectivity is enshrined and maintained by legal procedures. A 'right' in bourgeois legal form does not create but fragments class solidarity" (PICCIOTTO, Sol. "The theory of the state, class struggle and the rule of law". *In*: FINE, Bob *et al* (Coord.). *Capitalism and the rule of law*: from deviancy theory to Marxism. London: Hutchinson, 1979, p. 171). Itálico no original.

[356] "A relação entre o proprietário das condições objetivas da produção e o possuidor da força de trabalho passa necessariamente pela mediação das figuras do direito, a propriedade, a liberdade e a igualdade. São essas categorias que permitem que o homem se transmute em sujeito de direito, ao mesmo tempo em que o ato da venda da sua força de trabalho, o ato mesmo de sua sujeição, pode aparecer como o seu contrário, como a expressão livre de sua vontade soberana e o momento em que a liberdade e a igualdade se realizam plenamente" (NAVES, Márcio. "A democracia e seu não lugar". *Ideias*. Campinas: Unicamp, n. 1, vol. 1, pp. 61-70, 1º semestre de 2010, p. 68).

Neste capítulo, procuramos mostrar quais as principais questões envolvidas no debate a respeito da necessidade do exame histórico e não apenas formal do Estado. As polêmicas, contudo, não se encerram nos pontos acima descritos; ao contrário, elas se desenvolvem a partir delas. A defesa acerca da necessidade de se examinar historicamente a constituição do Estado conduz à investigação sobre o papel da *luta de classes* e seu impacto nas funções desempenhadas pelo Estado na economia (inclusive no modo como este lida com as situações de crise e a com a tendência da queda da taxa de lucro, questões abordadas mais adiante). Para tratarmos disso, enfatizaremos uma questão mais específica nessa discussão, que implica uma polêmica direta com a teoria pachukaniana: a relação entre luta de classes, quebra/manutenção da legalidade e reprodução do capital.

3.6 Legalidade, ilegalidade e manutenção do capitalismo

Jessop[357] afirma que não é suficiente para a reprodução burguesa apenas a manutenção da forma estatal e jurídica. Segundo o autor britânico, Estado e Direito se constituem a partir da luta de classes, que têm um papel essencial para que estes estejam adaptados às necessidades do capital, o que ocorre por meio das ações políticas. Pensar o contrário, segundo o autor, seria imaginar que as forças econômicas sozinhas seriam suficientes para reprodução e expansão do capital. Desconsiderar o elemento da luta de classes, diz ele, seria ainda *essencializar* equivocadamente a forma do Estado e do Direito.

Ao tratar a respeito da "essencialização" da forma do Direito e do Estado, Jessop argumenta que tal perspectiva geralmente reduz o Estado capitalista ao Estado de Direito e equipara a política a conflitos envolvendo normas jurídicas e direitos,[358] o que não corresponderia à realidade.

---

[357] JESSOP, Bob. *The capitalist state*. Oxford: Martin Robertson & Company Ltd., 1982, p. 122.

[358] JESSOP, Bob. *The capitalist state*. Oxford: Martin Robertson & Company Ltd., 1982, p.123.

CAPÍTULO III - A TEORIA DERIVACIONISTA DO ESTADO

Para corroborar sua tese, Jessop apoia-se numa exposição feita por Hirsch, a seguir referida, no qual o autor alemão apontaria uma insatisfação com a ideia de que, no capitalismo, o conflito de classes se torna um embate necessariamente dentro do campo do Direito. Conforme veremos, segundo Hirsch, o Estado é responsável pela manutenção da ordem jurídica, mas recorrentemente, quebra os princípios a partir dos quais se estabelece o domínio do Direito, portanto, a quebra da legalidade não seria algo episódico, acidental. Vejamos tais questões.

Um governo "democrático" burguês nos moldes liberais é uma possibilidade aberta ante as contradições da sociedade capitalista, pois sua particularidade histórica consiste numa *forma política*, na qual o Estado não é instrumento sob o domínio direto de uma classe; portanto, não é um núcleo de poder dirigido imediatamente pela classe dominante (ao contrário do que ocorre no feudalismo ou no escravagismo). Isso não significa que o Estado sempre adote um regime de democracia burguesa, mas que essa possibilidade está sempre latente. Levando isso em consideração, Hirsch afirma que uma teoria do Estado burguês deve partir do fato de que o domínio político no capitalismo sempre "(...) representa uma unidade (muito contraditória) de *integração ideológica e repressão violenta*".[359]

Mais adiante abordaremos o aspecto da *integração das massas por meio da ideologia*. No momento, cabe destacar o segundo aspecto apontado por Hirsch: o fato de o coração do sistema capitalista ser o *aparato de violência*. O filósofo alemão afirma que o capitalismo não pode se sustentar no longo prazo apenas por meio do uso da repressão violenta;[360] no

---

[359] HIRSCH, Joachim. "The crisis of mass integration: on the development of political repression in Federal Germany". *International journal of urban and regional research*, vol. 2, n. 2, 1978, p. 224. Itálicos nossos. Tradução nossa.

[360] HIRSCH, Joachim. "The crisis of mass integration: on the development of political repression in Federal Germany". *International journal of urban and regional research*, vol. 2, n. 2, 1978, p. 224. Essa tese reforça as ideias de Althusser acerca da necessidade dos aparelhos ideológicos do Estado para assegurar as condições de operação do Estado e reprodução do capital. "Não obstante. Althusser adverte que a garantia de funcionalidade da máquina do consenso, dos AIE, é outorgada pelos aparelhos repressivos, ou seja, que a "convicção" se funda na coação. Os AIE asseguram pela repressão as condições políticas para a sua atuação e operatividade. Nenhuma classe pode deter de forma duradoura o poder sem exercer a sua hegemonia sobre os AIE. Estes – como

entanto, ele destaca que o uso recorrente da força pura,[361] isto é, fora dos estritos limites da legalidade, não pode ser visto como algo acidental ao sistema capitalista, mas como uma tendência imanente deste. Isso ocorre sempre que se torna necessário assegurar a manutenção das condições concretas para a acumulação do capital, algo que pode ser observado recorrentemente em duas situações: (i) quando a luta do proletariado se torna uma "ameaça", voltando-se contra os fundamentos da economia capitalista[362] e não contra suas manifestações mais superficiais; e (ii) quando das crises econômicas, contexto no qual o Estado intervém para reconstruir as condições de regeneração do capital, apoiando-se, muitas vezes, em mecanismos de legitimação (decisões oriundas das instituições oficiais do Estado e de organismos internacionais, apoio de órgãos da sociedade civil, especialmente dos meios de comunicação etc.), mas que, se não forem suficientes ou adequados, conduzem à repressão estatal direta, mesmo ilegal e ilegítima.[363]

---

já dissemos – funcionam massivamente e predominante mediante a ideologia, mas secundariamente mediante a repressão, em última instância, atenuada, dissimulada, sub-reptícia e simbolicamente" (SAMPEDRO, Francisco. "A teoria da ideologia de Althusser". *In*: NAVES, Márcio Bilharinho (Coord.) *Presença de Althusser*. Campinas, SP: Unicamp/IFCH, 2010, p. 49.

[361] O que pode acontecer por meio da ação direta do Estado ou da sua conivência ou anuência com o uso da violência por parte de membros da sociedade civil contra outros.

[362] SAMPEDRO, Francisco. "A teoria da ideologia de Althusser". *In:* NAVES, Márcio Bilharinho (Coord.) *Presença de Althusser*. Campinas, SP: Unicamp/IFCH, 2010, p. 225 *e ss*.

[363] Cf. explica Salama: "Havíamos mostrado que a crise é ao mesmo tempo necessária ao capital para que ele se reproduza, e perigosa quanto às possibilidades de sua própria reprodução. Observamos que a regeneração do capital necessitava da intervenção do Estado. Acentuamos que essa intervenção permitia qualificar em parte o Estado por uma função crise. Mas havíamos assinalado imediatamente que o déficit de legitimação ocasionado pela crise limitava as possibilidades da intervenção pública. *Os dois termos – função de regeneração e função de legitimação – não se situam no mesmo nível*", p. 138. E mais adiante: "Compreende-se finalmente e sobretudo que, quando a função de regeneração (de acumulação) se opõe fortemente à função de legitimação, a ponto de a intervenção pública decorrente ser totalmente insuficiente para assegurar a reprodução do capital e da relação de produção que está ligada a ela, a busca da legitimação é abandonada em benefício de uma reprodução direta acentuada. Ela constitui um meio diferente para que se possa efetuar, nas condições tidas como as melhores para a

CAPÍTULO III - A TEORIA DERIVACIONISTA DO ESTADO

A repressão estatal não apenas ocorre de modo reativo – por meio da repressão aberta às tentativas concretas de mudança na correlação de poder ou nas estruturas econômicas – mas também de modo preventivo, por meio da supressão de determinados direitos ou formas de organização social – o que inclui o cerceamento da liberdade de expressão, ingenuamente pensado, pelo senso comum, como um direito inerente ao capitalismo, mas que rapidamente desaparece sempre que seu uso coloca verdadeiramente em risco a ordem instituída, ou seja, as condições para reprodução do capital. Tal supressão costuma receber, inclusive, aplauso dos liberais, que nesses momentos não escondem o desejo de reprimir o ideário "subversivo"; noutra palavras, as ideias – até as perigosas – podem existir, mas apenas enquanto permanecerem como divagações, nunca como algo que se associa ao mundo concreto.

Isso explica a ojeriza dos reacionários aos movimentos sociais, cuja própria denominação – "movimento" – já indica determinado pensamento que se materializou como prática.

Assim, por um lado, não se pode estabelecer com certeza se as atividades estatais encontrarão apoio sempre, em cada caso concreto, na legalidade e na legitimidade; no entanto, pode-se dizer que se trata de uma tendência e, portanto, é verificável na maioria dos casos. De outro lado, a ruptura com a ordem jurídica e democrática também não é certa diante das necessidades de ajuste da ordem econômica, mas a probabilidade daquela aumenta progressivamente em função desta. O fato de a concretização destas probabilidades depender de diversos arranjos – políticos, ideológicos etc. – levará os pensadores da teoria da derivação a examinar o peso das variáveis existentes (tema a ser abordado a seguir). Cabe notar que, no capitalismo, os agentes operam por uma lógica de cálculo, portanto, de probabilidade, que é justamente garantida pelo Direito, por isso essas eventuais rupturas, mesmo ilegais, podem ser até

---

burguesia, a função de acumulação. Mas compreende-se também porque a burguesia prefere inicialmente escolher uma legitimação maior" (SALAMA, Pierre. *Estado e Capital*: o Estado capitalista como abstração do real, p. 140). Disponível em: http://bibliotecavirtual.cebrap.org.br/arquivos/estado_e_capital_f.pdf. Acesso em: 12 de fevereiro de 2012.

toleradas – ainda que não sejam desejáveis *a priori* – se o objetivo for reforçar o respeito ao ordenamento jurídico. Por essa razão, as "revoluções conservadoras", mesmo gerando um grau de indeterminação, podem ser vistas como soluções contra riscos maiores.

Essa argumentação já era esboçada por Hirsch desde o início, quando o autor mostrava que a situação histórica concreta determina o modo a partir do qual o Estado opera com a legalidade e a exceção. Isso pode ser observado em seu artigo de 1974, no qual trata, ainda que superficialmente, da presença do Direito no capitalismo:

> (...) é importante salientar que a 'particularização' do Estado acontece sempre em face de um contexto social de reprodução apoiado na exploração e na opressão das classes, um contexto sujeito a crises, o que abre a possibilidade permanente de *utilização aberta da violência no interior do processo de produção e de reprodução, bem como a eliminação da liberdade formal e da igualdade civil* (Estado autoritário, fascismo), produzindo também, no entanto, formas específicas de introdução estrutural do aparelho estatal no processo de reprodução ('capitalismo estatal') e, deste modo, modificações específicas de sua forma.[364]

No mesmo ano, de maneira semelhante, Hirsch retoma a questão, reescrevendo sobre o tema da seguinte maneira:

> As contradições do processo capitalista de reprodução, nas quais o aparelho do Estado burguês tem sua fonte e sua base contínua, dão origem às inconsistências aparentes em seu modo de aparência e atividade. Como autoridade que garante as regras da troca de equivalentes e de circulação das mercadorias, autônoma do processo social de reprodução e das classes

---

[364] HIRSCH, Joachim. "O problema da dedução [derivação] da forma e da função do Estado burguês". *In*: HELMUT, Reichelt; HIRSCH, Joachim; HENNIG, Eike *et al*. *A teoria do Estado*: materiais para reconstrução da teoria marxista do Estado. Rio de Janeiro: Tempo Brasileiro, 1990, p. 150. Destaque nosso.

CAPÍTULO III - A TEORIA DERIVACIONISTA DO ESTADO

sociais, ele adquire uma forma particular da mistificação do capital – a aparência de neutralidade de classe livre de força, a qual, no entanto, *pode e precisa ser transformada num uso aberto da força, tanto interna quanto externamente, se em qualquer ocasião as bases da reprodução e da autoexpansão do capital e das explorações forem ameaçadas*.[365]

As explicações aqui apresentadas não significam que o domínio da burguesia se perpetue por meio de uma violência que extravasa os limites do Direito; ao contrário, a liberdade, a igualdade, a legalidade são os elementos por meio dos quais as relações sociais do capitalismo se reproduzem, sendo, portanto, suficiente, no mais das vezes, a violência estatal dentro dos estritos ditames do Direito; no entanto, a existência do Estado não exclui a possibilidade de que o uso da violência aberta ocorra, neste caso, invocando-se razões de Estado, que, inclusive, podem ganhar uma roupagem jurídica – por meio de figuras como preservação da segurança nacional, estado de sítio etc. – ou se apresentar escancaradamente contrários ao Direito, invocando toda sorte de valores e ideias condizentes com a manutenção do capitalismo (ordem, paz, segurança, liberdade etc.).

A discussão a respeito da "legitimidade" da ação ilegal e antidemocrática do Estado contra grupos terroristas – muitos deles com forte conteúdo anticapitalista – era realizada abertamente naquela época,[366] assim como existem forças políticas que nos dias de hoje ainda defendem ações desse gênero. Hirsch, analisando a realidade alemã do período, destacava ainda que a ação violenta de grupos mais radicais (existentes naquele período) pode, inclusive, servir de pretexto não apenas

---

[365] HIRSCH, Joachim. "The state apparatus and social reproduction: elements of a theory of the bourgeois State". *In:* HOLLOWAY, John; PICCIOTTO, Sol (Coord.). *State and capital*: a marxist debate. Londres: Edward Arnold (Publishers) Ltd., 1978, p. 65. Originalmente em: HIRSCH, Joachim. *Staatsapparat und Reproduktion des Kapitals*. Frankfurt/M: Suhrkamp, 1974, p. 25. Destaque nosso. Tradução nossa.

[366] Cf. PICCIOTTO, Sol. "The theory of the state, class struggle and the rule of law". *In:* FINE, Bob *et al.* (Coord.). *Capitalism and the rule of law*: from deviancy theory to Marxism. London: Hutchinson, 1979, p. 164.

para legitimar a supressão dos direitos humanos, como também para a criação de uma estrutura policial repressiva que não apenas se restringe ao seu propósito original, qual seja, atacar as "ameaças terroristas", mas acaba servindo para repressão de qualquer manifestação de insurgência contra a ordem.[367] Uma situação que ocorreu no Brasil no período da ditadura militar pós 1964 e se repete na atualidade, ante a criação de um aparato de "guerra ao terror" pelos Estados Unidos da América, que notadamente se estende para ações que estão totalmente desvinculadas das razões que foram invocadas para lhe dar origem.

    Nota-se aqui um ponto bastante sutil para uma teoria marxista do Direito e do Estado. De um lado, seria equivocado imaginar que a reprodução e a expansão da sociedade capitalista poderiam ocorrer sem o desenvolvimento do Estado e do Direito contemporâneo. De outro lado, seria igualmente inadequado supor que a mediação jurídica das relações sociais conduziria a luta de classes a se desenvolver sempre dentro do nível estritamente jurídico e no interior das instituições que lhe são próprias. Pensar desta maneira poderia levar ainda a outros dois equívocos: primeiro, estabelecer que a classe trabalhadora deve necessariamente encaminhar suas lutas dentro dos estritos limites do Direito burguês; segundo, imaginar que a burguesia, no seu enfrentamento de classe, valer-se-á apenas dos instrumentos e instituições jurídicas para manter e aprofundar seu domínio sobre a classe trabalhadora.

    Essa questão, trazida à tona por Hirsch, é mencionada por Jessop para se chegar à seguinte conclusão: é necessário considerar o Estado como uma unidade funcional contraditória de legalidade e ilegalidade sem "essencializar" nenhum momento[368] (acusação imputada por Jessop contra Pachukanis) – uma ideia mencionada pelo pensador inglês que é coerente com sua polêmica posição mencionada anteriormente, na qual defende a existência do Estado pré e pós-capitalista. No entanto, não

---

[367] HIRSCH, Joachim. "The crisis of mass integration: on the development of political repression in Federal Germany". *International journal of urban and regional research*, vol. 2, n. 2, 1978, pp. 230-231.

[368] JESSOP, Bob. *The capitalist state*. Oxford: Martin Robertson & Company Ltd., 1982, p. 124.

CAPÍTULO III - A TEORIA DERIVACIONISTA DO ESTADO

parece que a correlação entre forma jurídica e forma mercantil, operada por Pachukanis, implique a negação de que a legalidade e a ilegalidade possam conviver *com* o Estado, ou ainda que possam *partir* dele mesmo. Isso já havia sido evidenciado, mesmo que brevemente, na análise pachukaniana a respeito do Estado, conforme pode ser observado no seguinte fragmento:

> A burguesia colocou este conceito jurídico de Estado na base de mais teorias e tentou transpô-lo à prática. Ela o fez deixando-se guiar pelo famoso princípio 'tanto por tanto'. Com efeito, a burguesia jamais perdeu-se de vista, em nome da pureza histórica, o outro aspecto da questão, a saber, que a sociedade de classe não é somente um mercado no qual se encontram os proprietários independentes de mercadorias, mas que é também um campo de batalha de uma feroz guerra de classes, no qual o Estado representa uma arma muito poderosa. Sobre este campo de batalha, as relações não se formam no espírito kantiano do direito como a restrição mínima de liberdade individual, indispensável à coexistência humana. Gumplowicz tem plena razão quando explica que tal tipo de direito nunca existiu, pois 'o grau de 'liberdade' de uns não depende do grau de dominação de outros. A norma de coexistência não é determinada pela possibilidade da coexistência, mas pela dominação de uns sobre os outros'. O Estado como fator de forma na política interior e exterior: esta é a correção que a burguesia deve fazer à sua teoria e à sua prática do 'Estado jurídico'. Quando mais a dominação da burguesia for ameaçada, mais estas correções se tornam comprometedoras e mais rapidamente o 'Estado jurídico' se transforma em uma sombra material, até que a *agravação extraordinária da luta de classes force a burguesia a rasgar inteiramente a máscara do Estado de direito e a revelar a essência do poder de Estado como a violência organizada de uma classe social contra as outras.*[369]

---

[369] PACHUKANIS, E. *Teoria geral do direito e marxismo*. São Paulo: Acadêmica, 1988, pp. 125-126. Destaque nosso.

O que se extrai de mais substancial neste ponto é a percepção de que o estabelecimento do Estado de Direito está intrinsecamente ligado às características inerentes da economia capitalista, porém, mesmo existindo uma transformação qualitativa das relações socioeconômicas no capitalismo – agora concebidas como relações jurídicas, ou seja, mediadas pelo Estado e o Direito –, isso não implica: (i) restringir a luta de classes a um embate que se desenvolve apenas no campo jurídico, ou seja, por meio de seus procedimentos, normas e instituições; e (ii) reduzir o mercado capitalista a um mero espaço de negócio entre mercadores livres e independentes, deixando de vê-lo como o campo de batalha entre burgueses e trabalhadores, ou seja, no qual existe a permanente luta de classes.

Jessop reconhece que Pachukanis nota que a unidade do direito público e do direito privado é inerentemente contraditória e particularmente instável,[370] sendo, portanto, necessário que a burguesia desenvolva alguma coesão na sua capacidade como classe dominante.

Isso não significa que Jessop não entre em atrito com a teoria pachukaniana. Ao contrário, ele afirma que Pachukanis negligencia as diferentes categorias de sujeito de direito, os diferentes modos de raciocínio jurídico, bem como ignora o problema da articulação destes com sujeitos não jurídicos e discursos não jurídicos.[371] A crítica do britânico é coerente com o caminho adotado por ele posteriormente, valorizando o elemento da luta de classes em detrimento do próprio capital, além de enfatizar o embate político e outras relações sociais (não econômicas) como fatores de influência essenciais para o Direito e para a ação estatal. Enveredando por essa perspectiva, também não é estranho notar que Jessop, no avançar de suas teorias sobre o Estado, tenha perdido progressivamente um interesse a respeito da relação entre forma jurídica e forma mercadoria, colocando assim de lado a própria análise da teoria de Pachukanis, o que pode ficar evidenciado

---

[370] JESSOP, Bob. *The capitalist state*. Oxford: Martin Robertson & Company Ltd., 1982, p. 123.

[371] JESSOP, Bob. *The capitalist state*. Oxford: Martin Robertson & Company Ltd., 1982, p. 122.

CAPÍTULO III - A TEORIA DERIVACIONISTA DO ESTADO

se compararmos suas principais obras ao longo de quase quatro décadas – *The Capitalist State: marxist theories and methods* (1982); *Nicos Poulantzas: marxist theory and political strategy* (1985); *State Theory: putting the Capitalist State in its place* (1990); *The future of the capitalist State* (2002) e *State Power: a strategic-relational approach* (2008) – nas quais Pachukanis tinha peso considerável no início, mas ao final, em sua última obra, não obstante se remeter ao debate da derivação do Estado, sequer há qualquer menção ao jurista russo e sua teoria. Em suma, o caráter classista do Direito e do Estado dilui-se de tal modo até se tornar imperceptível.[372] Na realidade, os ingredientes necessários para tal diluição já estavam presentes em suas receitas desde o início de sua produção teórica.

Recentemente, Jessop, fazendo um balanço de sua produção teórica ao longo das últimas décadas,[373] indicava claramente que, desde o início (1982), buscava elaborar uma teoria do Estado que buscasse uma abordagem estratégico-relacional (*Strategic-Relational Approach*), cujo núcleo, segundo ele, é focalizar "as relações com as relações", isto é, uma "análise das relações junto com relações diferentes que compõem a formação social".[374] Nessa perspectiva, que desloca significativamente o eixo de análise para fora das relações econômicas, as "negligências" atribuídas contra Pachukanis poderiam lhe parecer significativas. Contudo, na realidade, essa análise acaba por evidenciar o distanciamento do autor aos pressupostos necessários para elaborar uma teoria a respeito do Estado dentro do viés marxista. Conforme o próprio Jessop reconheceu, a progressiva ênfase no estudo desses aspectos foi parcialmente responsável pela acusação de um "politicismo" acentuado em suas teorias a respeito

---

[372] Oportuno remeter às considerações de Jessop a respeito da teoria de Hirsch com relação à Escola Lógica do Capital, expostas anteriormente neste trabalho, no qual o caminho adotado pelo autor fica evidenciado.

[373] JESSOP, Bob. *State Power*: a strategic-relational approach. Cambridge: Polity Press, 2008, pp. 12-15.

[374] JESSOP, Bob. *The capitalist state*, Oxford: Martin Robertson & Company Ltd., 1982, p. 252. Tradução nossa.

do Estado.[375] Esse atrito desenvolveu-se em um momento posterior ao debate de derivação do Estado, envolvendo um embate com Holloway e com Hirsch, mais bem explicado no próximo capítulo. Para isso, devemos recordar o ponto de partida das ideias de Jessop: a luta de classes tem um papel essencial para adequar, por meio da política, o Estado e do Direito às necessidades do capital; portanto, seria equivocado imaginar que as forças econômicas sozinhas seriam suficientes para reprodução e expansão do capital. Pensar o oposto seria essencializar a forma do Estado e do Direito, um equívoco, segundo a visão do autor britânico. Essa visão de Jessop reflete, ao final, sua própria recusa em associar o surgimento da forma jurídica e da estatal com o desenvolvimento do capitalismo, o que significa, noutras palavras, deixar de reconhecer a essência burguesa do Direito e do Estado. No entanto, as contestações colocadas por Jessop não deixam de ser relevantes, pois mostravam como a análise a partir da *luta de classes* concorria com a análise a partir do *capital*, nas formulações de uma teoria marxista a respeito do Estado. Isso será explicado a seguir com maior profundidade.

3.7 Luta de classes, Estado e Direito

Não obstante as diversas divergências e as controvérsias apresentadas no capítulo anterior, emerge um ponto de convergência no âmbito do debate da derivação que pode ser assim resumido: apesar do papel desempenhado pelo Estado e pelo Direito na reprodução do capital, as ações estatais e o conteúdo do Direito possuem certo grau de indeterminação que está relacionado ao êxito da luta política e, portanto, está ligado ao desenvolvimento da luta de classes (mas não exclusivamente a ela, uma vez que o espaço político está permeado por conflitos que envolvem os mais variados grupos e interesses).

O debate sobre esse tema se desenvolve, então, a partir de uma divisão conceitual, no qual o Estado é pensado de dois modos diferentes.

---

[375] JESSOP, Bob. *State Power*: a strategic-relational approach. Cambridge: Polity Press, 2008. p. 15.

CAPÍTULO III - A TEORIA DERIVACIONISTA DO ESTADO

A terminologia ora adotada para descrever essa dicotomia não é unívoca; sendo assim, inicialmente, propomos a seguinte distinção: o Estado como estrutura; o Estado como instituição.

O objetivo desta divisão é distinguir que: (i) o Estado, do ponto de vista estrutural, não pode ser separado das relações econômicas – as capitalistas – que estão ligadas à sua origem e perpetuação (noutras palavras, o Estado aparece como um elemento estruturante das interações sociais existentes); (ii) o Estado, como instituição, desempenha funções que não correspondem necessariamente à lógica do capitalismo ou ao interesse da classe burguesa, podendo até entrar em conflito com ela. Neste caso, o poder do Estado, as coerções impostas por ele, poderiam estar ou não em conformidade com desígnios de classe.[376] Trata-se de uma questão que não foi esgotada pelo debate da derivação e que tem se desdobrado em outras discussões, por exemplo, na diferenciação entre Estado e regimes de governo,[377] sempre, contudo, com objetivo de responder à ambiguidade do caráter de classe do Estado, na qual se observa que nem todas as suas funções estão ligadas à lógica de reprodução do capital.

A questão acima apontada está diretamente relacionada com o cerne do debate da derivação do Estado: se não é possível derivar todo conteúdo e funções do Estado e do Direito apenas a partir de categorias econômicas, então, é preciso explicá-los a partir de outras causas. Isso remete assim à necessidade de entender a dinâmica da luta de classes e seus efeitos sobre o nível político e jurídico.

---

[376] Essa distinção surge no interior do próprio pensamento marxiano, conforme explica TOSEL, André. "Les critiques de la politique chez Marx". *In:* BALIBAR, Étienne; LUPORINI, Cesare; TOSEL, André. *Marx et sa critique de la politique.* Paris: François Maspero, 1979. Neste caso, as principais referências a partir das quais se pode extrair tal conceituação encontra-se em: MARX, Karl. *O 18 Brumário de Luís Bonaparte.* São Paulo: Boitempo, 2011. E também em: MARX, Karl. *A Guerra Civil na França.* (São Paulo: Boitempo, 2011.

[377] CODATO, Adriano; PERISSINOTO, Renato. "O Estado como instituição". *In:* CODATO, Adriano; PERISSINOTO, Renato. *Marxismo como ciência social.* Curitiba: UFPR, 2011, p. 46.

Além da motivação estritamente teórica, podemos apontar que a transformação das circunstâncias históricas na qual os pensadores da derivação estavam situados influenciou decisivamente para a adoção desse rumo.

A análise concreta da luta de classes e das formas de obter êxito na luta política vai se tornando uma questão aguda entre os pensadores daquela época.[378] A crise econômica na Europa e no mundo se agravava ao final de 1970, vindo a ser interpretada posteriormente como algo estrutural do capitalismo e não meramente conjuntural. Tal situação impactou diretamente a luta política nas décadas seguintes, pois a reestruturação econômica desencadeada enfraqueceu consideravelmente as forças políticas progressistas e marxistas. Além disso, o espaço político e as organizações de esquerda e de direita foram impactadas pelos movimentos sociais emergentes[379] ligados a diversas questões: gênero, raça,

---

[378] "The theoretical debate over the state had more or less died out by the end of 1977, not because it had been resolved by the clear victory of one side or another, but because the fundamental points of disagreement had been identified and clarified, at which point there was nothing more to do than to agree to differ. Moreover the priorities in the debate had never been to develop theory for its own sake, but for the purposes of political clarification. From 1977 theoretical debate took second place to political strategy, each approach to the state having its own political implications for the socialist response to the crisis" (CLARKE, Simon. "The State debate". *In*: CLARKE, Simon (Coord.). *The state debate*. Londres: Palgrave Macmillan, 1991, pp. 50-51).

[379] "The new social movements were the modern version of Lenin's vanguard, forging an alliance with the marginalized, excluded and dispossessed in order to lead the struggle for liberation on behalf of all humanity. However, as it became clear that the mass of humanity was not following the lead of the vanguard, despite the deepening crisis of the Keynesian Welfare State, divisions opened up in the politics of the new social movements in the 1980s. The left, whose focus was the plight of the marginalised strata whose material needs were not met by traditional class politics, tended to adopt a populist pluralism, seeking to reinvigorate social democracy by abandoning its class basis in order to build a popular front around a minimalist humanitarian programme. Meanwhile the right, whose focus was the aspirations of those rebelling against the bureaucratic and authoritarian forms of the Keynesian Welfare State, moved towards a populist and anti-statist libertarianism" (CLARKE, Simon. "The State debate". *In*: CLARKE, Simon [Coord.]. *The state debate*. Londres: Palgrave Macmillan, 1991, pp. 51-52).

CAPÍTULO III - A TEORIA DERIVACIONISTA DO ESTADO

orientação sexual, ecologia etc.,[380] que não apenas traziam demandas particulares, mas também propunham outras formas de entendimento acerca da questão do papel do Estado em torno dessas temáticas, seja pela sua atuação repressiva contra determinadas minorias, seja pela sua omissão em promover uma igualdade material entre elas. Parte do debate sobre raça, gênero, orientação sexual etc. acabou se polarizando equivocadamente em dois extremos: num polo, pairava a acusação de um reducionismo economicista contra os marxistas; estes, por sua vez, tratavam – e alguns ainda tratam – tais questões não econômicas como secundárias ou residuais, acreditando que seriam extintas *ipso facto* com a superação no modo de produção capitalista.

O pêndulo da luta política começou a se deslocar então num sentido bastante distinto a partir do final da década de 1970. Anteriormente, havia uma tensão entre dois polos: o socialismo (no sentido marxista) ou a social-democracia (entendida como ordem que mantém o capitalismo, mas o tempera com direitos sociais). Evidentemente, seria possível encontrar variações nas correntes de ambos os lados. No caso da esquerda, por exemplo, os marxistas se dividiam, de um lado, entre os adotantes do pensamento soviético/stalinista, e de outro, entre os críticos dessa visão. No entanto, não queremos destacar tal aspecto, mas sim, que na aurora da década de 1980, o pêndulo político encontrará uma nova rota de oscilação, cada vez mais distante do marxismo. Haverá então dois novos polos: o Estado de bem-estar social e o Estado neoliberal. O pano de fundo dessa nova polarização será o desgaste econômico-simbólico do regime soviético, combinado com o rearranjo das forças políticas e, como dissemos, com a crise capitalista de então.

O contexto de crise e o progressivo avanço do neoliberalismo no campo prático e teórico implicarão reformas e alterações das funções do Estado, o que acabará impedindo a progressão dos direitos sociais ou resultará ainda na diminuição destes. Tornou-se então inevitável para os pensadores da teoria da derivação tratar das mudanças econômicas em

---

[380] Ver, por exemplo: ROWBOTHAM, S.; SEGAL, L.; WAINWRIGHT, H. *Beyond the fragments*: feminism and the making of socialism. London: Newcastle Socialist Centre and Islington Community Press, 1979.

andamento, dando ensejo a diversos debates,[381] cada vez mais distantes daqueles feitos inicialmente, como: (i) a reestruturação do capitalismo (no qual ganhará peso a análise do denominado "fordismo" e "pós--fordismo"); (ii) a relação entre crise, regulação, capitalismo e neoliberalismo; ou ainda (iii) a necessidade de entender a luta política a partir de recortes não classistas ou a luta de classes sem confiná-la à esfera do trabalho[382] (abordando, assim, a questão de gênero, raça etc., porém, dentro de uma perspectiva materialista).[383] Conforme mencionamos anteriormente, Simon Clarke, avaliando as mudanças de rumo no debate da derivação do Estado, afirma que "a partir de 1977 o debate teórico ficou em segundo lugar diante da estratégia política, cada abordagem sobre o Estado tendo sua própria implicação política para a resposta socialista à crise".[384]

---

[381] Ver: BONEFELD, Werner; HOLLOWAY, John (Coord.). *Post-Fordism and Social Form*: a marxist debate on the post-fordist State. Macmillan: London, 1991. Uma coletânea que contém contribuições de Holloway, Clarke, Jessop, Hirsch, Bonefeld, Kosmas Psychopedis dentre outros.

[382] Ver: PICCIOTTO, Sol. "The theory of the state, class struggle and the rule of law". *In:* FINE, Bob et al (Coord.). *Capitalism and the rule of law*: from deviancy theory to Marxism. London: Hutchinson, 1979, p. 167.

[383] Hirsch trata dessa questão em sua obra *Teoria Materialista do Estado*. São Paulo: Revan, 2010, p. 78 e ss., ou ainda, a menciona em outros artigos, quando afirma, por exemplo, que "a relação entre 'sociedade' e 'Estado' não é apenas determinada pelo processo capitalista de revalorização, mas está também estritamente ligado a ele as relações sexuais, étnicas, nacionalista, racistas de opressão e exploração. O Estado burguês é, portanto, sempre e simultaneamente um estado capitalista, racista e patriarcal e as relações sociais que ele expressa e 'regula', por meio de seu aparelho, compreende todas essas contradições". "¿Qué significa estado? Reflexiones acerca de la teoría del estado capitalista". *Revista de Sociologia e Política*, Curitiba: UFPR – Departamento de Ciências Sociais, n. 24, pp. 165-175, jun. 2005, p. 171. Disponível em: http://ojs.c3sl.ufpr.br/ojs2/index.php/rsp/article/view/3722/2970. Acesso em: 4 de novembro de 2012.

[384] CLARKE, Simon. "The state debate". *In:* CLARKE, Simon (Coord.). *The state debate*. Londres: Palgrave Macmillan, 1991, p. 51. Tradução nossa. Outros pensadores, como Kosmas Psychopedis, irão atribuir essa guinada a equívocos de ordem metodológica entre os pensadores envolvidos com debate da derivação do Estado. Ver: PSYCHOPEDIS, Kosmas."Crisis of theory in the contemporany social sciences". *In:* BONEFELD, Werner; HOLLOWAY, John (Coord.). *Post-Fordism and Social Form*: a marxist debate on the post-fordist State. Macmillan: London, 1991, pp. 188-189.

CAPÍTULO III - A TEORIA DERIVACIONISTA DO ESTADO

Nesse contexto de mudança, Altvater publicou em 1983 um artigo intitulado "O capitalismo em uma crise da forma",[385] mais bem explicado adiante no capítulo sobre "Crise e Regulação". Nesse artigo, ele trata das mudanças econômicas em curso naquele momento. Na mesma obra que abriga esse texto, Hirsch apresentará "Comentários sobre a reformulação de uma teoria materialista do Estado", uma espécie de balanço "Após a 'Derivação do Estado'" (título do artigo), no qual aponta que o debate sobre a derivação passou a padecer um excesso de academicismo abstrato e se desvinculou de uma análise das ações e dos efeitos políticos concretos do presente.[386] Hirsch aponta uma questão sobre a qual ele e outros se debruçarão posteriormente: o debate acerca da derivação mostrou que a particularização do Estado não é algo simplesmente dado, mas continuamente reproduzido pela luta de classes; é preciso, portanto, entender como se desenvolve sua dinâmica, inclusive no nível político,[387] especialmente considerando os processos de reestruturação produtiva diante das crises da economia capitalista.

Parte do debate continuará sendo desenvolvido pela CES[388] (*Conference of Socialist Economists*) tendo como integrantes Bonefeld e Holloway. Este último estará à frente do *London Edinburgh Weekend Return Group*[389] tratando das relações contraditórias entre a classe trabalhadora

---

[385] ALTVATER, Elmar. "Der Kapitalismus in einer Formkrise: Zum Krisenbegriff in der politischen Ökonomie und ihrer Kritik". *In: Aktualisierung Marx*. Berlin W: Argument-Verlag, 1983. (Argument-Sonderband AS 100), pp. 80-100.

[386] HIRSCH, Joachim. "Nach der Staatsableitung: Bemerkungen zur Reformulierung einer materialistischen Staatstheorie". *In: Aktualisierung Marx*. Berlin W: Argument-Verlag, 1983. (Argument-Sonderband AS 100), p. 158.

[387] HIRSCH, Joachim. "Nach der Staatsableitung: Bemerkungen zur Reformulierung einer materialistischen Staatstheorie". *In: Aktualisierung Marx*. Berlin W: Argument-Verlag, 1983. (Argument-Sonderband AS 100), p. 159.

[388] Conference of Socialist Economists (CSE). Disponível em: https://www.cseweb.org.uk. Acesso em: 5 de maio de 2012.

[389] "The most stimulating and provocative work on the relationship between the working class and the welfare state was that initiated by the Edinburgh CSE group, which started work in 1976, and which was broadened into the 'LondonEdinburgh Weekend Return Group' in 1978, both of which fed in to wider CSE discussions through the 'State Expenditure and State Apparatus' working group and through the

e o Estado de bem-estar social, examinando como isso ocorria concretamente no seu cotidiano, um esforço motivado, em certa medida, por uma sensação semelhante àquela mencionada por Hirsch: o excesso de teorização abstrata no debate da derivação do Estado.[390]

Os estudos feitos pelo Grupo de Londres-Edinburgo, numa obra denominada *In and against the State* (Dentro e contra o Estado), publicada em 1979 e reeditada em 1980, enfatizará a distinção do Estado como *aparato* – uma totalidade institucional – e do Estado como *processo ou forma de relação social* (uma definição que se aproxima da ideia de Estado como estrutura, mencionada anteriormente por nós):

> (...) podemos distinguir entre dois sentidos da palavra 'Estado' entre o aparelho do Estado, e o Estado considerado como uma forma ou processo de relações sociais. Os dois sentidos estão intimamente ligados, mas a distinção é importante. O problema de trabalhar dentro e contra o Estado é precisamente o problema de transformar o nosso contato de rotina com o aparelho do Estado contra a forma de relações sociais que o aparelho tenta impor às nossas ações.
>
> Agora, é muito claro que o aparelho do Estado não é neutro. Todo o complexo de leis, procedimentos, divisões de competência, a maneira que os edifícios são construídos e os móveis desenhados – todos parecem pressionar nossas atividades para certo molde. Os professores encaixam-se em certa hierarquia na escola, ele(a) é instruído a ensinar um determinado assunto durante os períodos estritamente destinados do dia, dentro de uma sala de aula em que as crianças são separadas do resto do mundo e colocadas em mesas dispostas em um padrão claro e ordenado. Mas não se pode presumir que a forma de atividade do Esta-

---

annual CSE Conference. These groups produced a series of papers for the annual CSE Conferences which culminated in the important book, *In and Against the State*, produced by the London Edinburgh group, and Struggle over the State, produced by the State Expenditure group". (CLARKE, Simon. "The state debate". CLARKE, Simon (Coord.). *The state debate*. Londres: Palgrave Macmillan, 1991, p. 53).

[390] Cf. CLARKE, Simon. "The state debate". CLARKE, Simon (Coord.). *The state debate*. Londres: Palgrave Macmillan, 1991, p. 51.

CAPÍTULO III - A TEORIA DERIVACIONISTA DO ESTADO

> do dos trabalhadores é inevitável e completamente determinada pelo aparelho do Estado.
>
> Nós já vimos exemplos de experiência popular contraditória do Estado, refletindo as contradições e antagonismos da sociedade capitalista. O processo da atividade estatal é constantemente interrompido pelo comportamento dos trabalhadores sendo incompatíveis com os objetivos do aparelho de Estado. Ensinar não é sempre preparar crianças para o capitalismo, os agentes comunitários não estão *sempre* atuando como policiais brandos ['*soft-cops*'].
>
> (...)
>
> Mais importante, fica claro que o desafio a partir de dentro é essencial. Porque o Estado é uma forma de relações, os seus trabalhadores e clientes, se não lutarem contra ele, ajudam a perpetuá-lo. Estamos envolvidos na imposição de relações sociais do capital. Sem uma ação de oposição, nós ativamente perpetuamos e recriamos uma sociedade capitalista e machista e desigual, não apenas por omissão, mas por tudo o que fazemos.[391]

Nota-se que esta distinção assinala um grau de indeterminação na parte institucional do Estado face à região econômica, sugerindo a necessidade de práticas específicas para completar o caráter burguês do Estado. Sendo assim, o texto aponta ser possível atuar dentro e contra o Estado para resistir e contra-atacar as tentativas de imposição da forma burguesa. De um lado, a análise do caráter institucional do Estado é útil para evidenciar uma determinada área autônoma e, portanto, de possível contradição com as necessidades imediatas do capital. Por outro lado, as análises do Estado como processo ou forma de relação social e as ações políticas neste campo – iniciativas antiestatais – são um tanto quanto imprecisas. Em certa medida, isso pode ser interpretado como reflexo da dificuldade existente naquele momento – e que persiste até hoje – em conseguir a adesão política em torno de ideias mais radicais e revolucionárias.

---

[391] LONDON Edinburgh Weekend Return Group Summer. *In and against the state*. Disponível em: http://libcom.org/library/chapter-5-against-state. Acesso em: 12 de novembro de 2012.

É importante mencionar que a importância dada ao estudo dessas questões já era evidenciada por Holloway e Picciotto desde a publicação de seu artigo, em 1977, intitulado Capital, *Crisis and State*, oriundo também do CES, no qual afirmam que uma teoria socialista do Estado deve ter como ponto de partida a *luta de classes*,[392] mas não simplesmente ela, pois é preciso partir, mais especificamente, da forma capitalista dessa luta, ou seja, das categorias econômicas inerentes a esse modo de produção e dos movimentos socialmente determinados por estas. Contudo, notadamente neste momento, o foco não eram as estratégicas de luta política a serem travadas pela classe trabalhadora no interior do Estado e contra ele, ao contrário do que será a publicação "*In and against the State*".

Em suma, o grupo de Londres-Edinburgo, liderado por Holloway, defende que há um papel importante tanto na luta fora do Estado e sobre seus efeitos na sociedade civil, quanto na luta por meio do aparato do Estado, daí o título da publicação – *In and against the State*. Para Jessop, a perspectiva aberta pelo referido grupo seria uma contribuição importante para a teoria do Estado.[393] Tal juízo é coerente à visão estratégico-relacional deste autor britânico e à sua ênfase no aspecto político-estatal, visão que constitui, no entanto, justamente o ponto a partir do qual ele é criticado – inclusive por Holloway–, pois tal perspectiva resulta em um "politicismo" acentuado, conforme já citamos anteriormente.

É importante destacar que Jessop, desde o início, apontava que a desorganização das classes dominadas pode ser benéfica ao capital, que justamente se aproveita disso para conseguir articular as políticas em favor de seus interesses,[394] situação que evidenciaria o papel da luta de classes na determinação do Direito e do Estado.

---

[392] HOLLOWAY, John; PICCIOTTO, Sol. Capital. "Crisis and State". *Capital and Class*, London: Conference of Socialist Economists, vol. 1, n. 2, Summer 1977, p. 77.

[393] JESSOP, Bob. *The capitalist state*. Oxford: Martin Robertson & Company Ltd., 1982, p. 128.

[394] JESSOP, Bob. *The capitalist state*. Oxford: Martin Robertson & Company Ltd., 1982, p. 123.

CAPÍTULO III - A TEORIA DERIVACIONISTA DO ESTADO

No entanto, Jessop pretende ao mesmo tempo criticar a ideia de que a forma jurídica está condicionada "em última instância" pelas exigências do capital, uma argumentação que estará inserida na sua objeção às teorias funcionalistas.[395] Neste ponto, Jessop se opõe às ideias de Holloway e Picciotto a respeito do papel da luta classes, afirmando que as explicações destes sobre o preenchimento das indeterminações do jurídico-estatal são inadequadas, pois, segundo ele, há uma insistência de que o Estado de Direito e as formas legais desorganizam a luta de classes, sem que haja uma explicação de como os interesses do capital em geral são assegurados por meio dessas formas. Sendo assim, Jessop até reconhece como mérito dessas teorias o enfoque nas formas do Direito e do Estado e a problematização sobre sua funcionalidade em termos de limitação inerente à própria forma. Contudo, acredita que há uma lacuna, pois, tais explicações não complementam a análise da forma com a análise das forças sociais, o que poderia explicar o desenvolvimento dos momentos liberais e intervencionistas do Estado e a relação entre esses dois.[396]

Jessop, na tentativa de preencher a lacuna teórica acima apontada, provocará um embate com Hirsch, ainda que este concorde que o debate da derivação do Estado tratou de maneira insuficiente as questões necessárias para desenvolver uma teoria materialista completa do Estado[397] e do Direito também.

---

[395] A acusação a respeito do caráter funcionalista da teoria da derivação é bastante comum. Isso pode ser visto, por exemplo, em relação a: Müller e Neusüß (KANNANKULAM, John. "Zur westdeutschen Staatsableitungsdebatte der siebziger Jahre: Hintergründe, Positionen, Kritiken". *In*: ROSA Luxemburg Initiative Bremen (Coord.). *Staatsfragen*: Einführungen in die materialistiche Staatskritik, Berlin: Rosa Luxemburg Stiftung, 2009, p. 45. Disponível em: http://www.rosalux.de/fileadmin/rls_uploads/pdfs/rls-papers_Staatsfragen_0911t.pdf. Acesso em: 5 de maio de 2010, em relação a Blanke, Jürgens e Kastendiek (Idem, ibidem, p. 55) e em relação a Altvater (ELBE, Ingo. *Marx im Westen*: Die neue Marx-Lektüre in der Bundesrepublik seit 1965. 2ª ed. Berlin: Akademie, 2010, p. 333).

[396] JESSOP, Bob. *The capitalist state*. Oxford: Martin Robertson & Company Ltd., 1982, p. 123.

[397] HIRSCH, Joachim. "Nach der Staatsableitung: Bemerkungen zur Reformulierung einer materialistischen Staatstheorie". *In*: *Aktualisierung Marx*. Berlin W: Argument-Verlag, 1983. (Argument-Sonderband AS 100), pp. 159 *e ss*.

Nesse ponto, percebe-se que o debate a respeito da luta classes, entre os pensadores da teoria da derivação, gira em torno de uma questão fundamental: os mecanismos existentes por meio dos quais a burguesia consegue manter-se como classe dominante e reproduzir as condições de reprodução do capitalismo. Não por acaso, dois autores que trataram recorrentemente desse tema serão referidos,[398] ainda que criticamente: Antonio Gramsci (1891-1937), em decorrência de seus conceitos sobre hegemonia e bloco hegemônico;[399] Louis Althusser (anteriormente mencionado), por seu conceito de aparelhos ideológicos do Estado e sua visão a respeito da ideologia.

---

[398] Em 1983, Hirsch, citando autores Marx, Engels e Poulantzas, afirma que estes colocaram as bases para uma compreensão da estrutura concreta e da função do Estado que ainda precisa ser desenvolvida longamente no marxismo (HIRSCH, Joachim. "Nach des Staatsableitung: Bemerkungen zur Reformulierung materialistischen Staatstheorie". *In: Aktualisierung Marx*. Berlin W: Argument-Verlag, 1983, p. 161).

[399] Conforme explica Alysson Mascaro, Gramsci defende que "A infraestrutura econômica-produtiva não constrói, automaticamente, o todo social. A exploração de classes se dá, além da óbvia e mais determinante relação especificamente econômica, também pelo nível cultural. Se os trabalhadores considerarem natural que haja uma divisão entre quem explora e quem é explorado poderão até se insurgir contra a sua própria localização, individual, entre os explorados, mas não contra o sistema que distingue a ambos. Mas, para que essa ideologia seja permeada por todas as classes, não basta apenas o confronto e a imposição. É preciso uma espécie de aliciamento, de construção compartilhada de um senso comum, pelo qual a própria burguesia encontre reveses, mas no todo consiga manter a lógica estrutural da exploração. O *consenso* entre as classes é a forma de consolidação hegemonia dominante. (...) Para tal hegemonia de uma classe sobre as outras, vários elementos de força agrupam: a religião, os valores morais, a cultura, as artes, os meios de comunicação e a opinião pública, uma certa diretriz política e também o direito, seja como instituição política concreta seja como ideologia do justo, da igualdade, da liberdade contratual, do respeito às leis e aos poderes estabelecidos. O poder não se ganha apenas no confronto e na luta direta: ganha-se na hegemonia dos valores dos próprios dominantes sobre os dominados. No contexto da hegemonia, o Estado, além da sua função repressora, necessária, se estrutura também como um educador da sociedade, buscando ganhar os explorados para a concordância em relação aos valores dos exploradores. O direito, para Gramsci, é um elemento decisivo nessa busca estatal por consolidar a hegemonia. No pensamento gramsciano, o direito é, ao mesmo tempo que a repressão e negatividade do Estado, também um elemento positivo, de "premiação" dos que se enquadram nos valores hegemônicos. A "opinião pública" é o padrão a ser chamado a balizar o enquadramento dos indivíduos sob o direito" (MASCARO, Alysson. *Filosofia do Direito*. São Paulo: Atlas, 2010, pp. 484-485).

CAPÍTULO III - A TEORIA DERIVACIONISTA DO ESTADO

Ao tratar desse tema, uma preocupação emerge recorrentemente no debate sobre a derivação: escapar de uma explicação funcionalista a respeito do Estado e do Direito. São acusados de "funcionalistas" os pensadores que constroem sua argumentação a partir da ideia de que a "lógica do capital" perpassa todos os fenômenos sociais no interior do capitalismo – inclusive os estatais e jurídicos –, fazendo com que estejam sempre, em alguma medida, condicionados por tal lógica. Essa acusação é imputada contra Müller, Neusüß, Elmar Altvater, Flatow, Huisken e Hans Kastendiek[400] nos seguintes termos: na teoria desses pensadores, o Estado aparece como um capitalista coletivo ideal, não apenas possível no capitalismo, mas igualmente necessário, uma vez que nenhuma força particular do mercado seria capaz de executar a tarefa de garantir, por meio da coerção se necessário, o circuito de trocas mercantis. Neste caso, a funcionalidade do Estado, apto a desempenhar algo que as frações do capital não poderiam fazer, explicaria a sua constituição e permanência. No interior do debate da derivação, surgirão tentativas para superar as acusações de funcionalismo e dar conta da insuficiência da abordagem do Estado como "capitalista coletivo ideal", conforme explica Holloway:

> O debate sobre a derivação do Estado, que buscou oferecer um marco rigoroso para a análise do Estado capitalista, derivando a forma do Estado da natureza do capital, tem sido frequentemente acusado de adotar a lógica do capital ou um enfoque funcionalista. Embora possa se dizer que de fato algumas das contribuições ao debate assumiram que o desenvolvimento do Estado poderia ser deduzido a partir da 'lógica do desenvolvimento capitalista', o grande mérito do artigo Hirsch, *The State Apparatus and Social Roproduction: Elements of a Theory of the Bourgeois State* (1974/1978), foi o de afastar-se do enfoque da lógica do capital, ao mesmo tempo sublinhando a importância de estabelecer uma análise do Estado a partir da natureza do capital. Um dos temas principais do artigo Hirsch é sua

---

[400] O próprio Althusser, que apresenta uma teoria distinta destes autores, sofreu igual crítica em decorrência de suas formulações sobre o Estado.

argumentação contra o funcionalismo, do qual Bonefeld o acusa em sua discussão em torno do seu último trabalho. Neste sentido, Jessop está certo quando diz que 'os colaboradores da Alemanha Ocidental da reformulação desenvolveram o enfoque antifuncionalista no debate sobre a derivação do Estado'.[401]

Cabe agora retomar nossa breve menção a respeito do funcionalismo e explicá-la mais detalhadamente. Numa perspectiva funcionalista, a origem, desenvolvimento e permanência do Estado e pelo Direito seriam explicados pelo benefício produzido para a classe burguesa, sem que fossem apresentadas evidências de que esta classe agiu intencionalmente, em função da consciência das vantagens existentes, buscando constituí-los de modo a corresponder às suas necessidades. Disso decorreria a necessidade de se mostrar a *intencionalidade* e *consciência* dos atores sociais envolvidos. Caso contrário, o mecanismo gerador do fenômeno não ficaria demonstrado, ou seja, não se esclareceria como o Estado e o Direito foram sendo gestados concretamente no curso da história.

Jon Elster tornou-se conhecido por criticar a existência do funcionalismo no interior do marxismo, alertando a respeito das suas consequências para o campo da teoria do Estado: segundo as teorias funcionalistas, tudo aquilo que ocorre na sociedade capitalista corresponde à necessidade de acumulação de capital, sendo as exceções explicadas pela autonomia relativa do Estado.[402] Os críticos de Elster, dentre os quais se

---

[401] HOLLOWAY, John. "The Great Bear: post-fordism and class struggle: a comment on Bonefeld and Jessop". *In:* BONEFELD, Werner; HOLLOWAY, John (Coord.). *Post-Fordism and Social Form*: a marxist debate on the post-fordist State. Macmillan: London, 1991, pp. 93-94.

[402] ELSTER, Jon. "Marxismo, funcionalismo e teoria dos jogos: argumentos em favor do individualismo metodológico". VIGEVANI, Tulio (Coord.) *Lua Nova: revista de cultura e política.* São Paulo, n. 17, jun. 1989, pp. 176-177. Em inglês: ELSTER, Jon. "Marxism, functionalism, game theory: the case for methodological individualism". *Theory and Society*: Renewal and critique in social theory. Dordrecht, vol. 11, n. 4, jul. 1982, pp. 453-482.

CAPÍTULO III - A TEORIA DERIVACIONISTA DO ESTADO

destaca Cohen,[403] no entanto, rejeitam tal radicalidade, mostrando não apenas os méritos de uma explicação funcionalista, mas também que ela não se opõe a uma explicação intencional; ao contrário, conforme explicam Claus Offe e Johannes Berger, as abordagens estruturalistas, funcionalistas e individualistas têm caráter complementar, devendo o uso variar conforme a casuística.[404] Desse debate emergem alguns apontamentos favoráveis às explicações funcionalistas, por exemplo, sua capacidade de identificar regularidades funcionais e fenômenos a serem explicados,[405] servindo, portanto, como um trabalho preliminar de pesquisa. Esse mérito pode ser encontrado na teoria da derivação do Estado, conforme mostraremos a seguir.

O debate a respeito da derivação do Estado foi capaz de identificar determinadas características gerais existentes no Direito e no

---

[403] Ver: COHEN, Gerald Allan. "Reply to Elster on 'Marxism, Functionalism, and Game Theory'". *Theory and Society*: Renewal and critique in social theory. Dordrecht, vol. 11, n. 4, jul. 1982, pp. 483-495.

[404] Ver: BERGER, Johannes; OFFE, Claus. "Functionalism vs. rational choice?". *Theory and Society*: Renewal and critique in social theory. Dordrecht, vol. 11, n. 4, jul. 1982, pp. 521-526.

[405] "O funcionalismo que pretende identificar regularidade, mas não explicar a gênese de um fenômeno pelas suas consequências, é definido por Giddens como um 'funcionalismo sofisticado', ao qual cabe, na verdade, apenas a realização de um *trabalho preliminar* que demandaria posteriormente mais esforço analítico. Ou seja, esse trabalho preliminar serviria para indicar fenômenos que 'clamam por explicações, em vez de serem explicados pelas concepções que eles [os funcionalistas] oferecem' (Giddens, 1982, p. 531). É preciso, porém, evitar o menosprezo frente a esse 'trabalho preliminar'. Penso que, seguindo as indicações de Cohen, a identificação de regularidades é uma forte indicação da direção em que deve caminhar a pesquisa, além de, por si só, revelar ligações interessantes e significativas. É o que sugere o próprio Weber, ao dizer que 'necessitamos saber primeiro qual é a importância de uma ação do ponto de vista funcional para a 'conservação' (...) e desenvolvimento em uma direção determinada de um tipo de ação social antes de poder nos perguntar de que maneira se origina aquela ação e quais são os seus motivos. É preciso que saibamos que serviços prestam um 'rei', um 'funcionário' e um 'empresário', um 'rufião', um 'mago', ou seja, que ação típica (...) *é importante para análise e merece ser considerada antes de começarmos a análise propriamente dita*' (Weber, 1984, p. 15)". (PERISSINOTO, Renato. "Considerações sobre o marxismo analítico". *In:* CODATO, Adriano; PERISSINOTO, Renato. *Marxismo como ciência social*. Curitiba: UFPR, 2011, p. 174). O artigo de Giddens citado no texto é: "Commentary on the Debate". *Theory and Society*. Amsterdam/New York, vol. 11, n. 4, 1982, pp. 527-539.

Estado, mostrando sua funcionalidade para reprodução do processo de acumulação de capital. Trata-se assim de uma exposição a respeito de uma regularidade funcional verificável no tempo e no espaço, em todos os lugares onde o capitalismo se desenvolveu. Ao mesmo tempo, as explicações funcionalistas vão mostrando a necessidade de se esclarecer com maior precisão as regularidades que são observáveis no campo do Direito e do Estado.

Isso nos revela, ainda, o valor e a incompletude das explicações encontradas na teoria da derivação do Estado, sobretudo na Escola Lógica do Capital, cuja consequência seria a existência de uma explicação que não apresenta o fundamento adequado para todas as etapas de argumentação, pressupondo relações de causa e efeito que deveriam ficar efetivamente demonstradas. Noutras palavras, a explicação funcionalista seria, portanto, uma espécie de atalho para justificar a ocorrência de um fenômeno, evitando assim uma longa e necessária trilha na qual os fundamentos causais seriam evidenciados.

Como a solução antifuncionalista adequada seria, na visão de Elster, mostrar a consciência e a intencionalidade das ações sociais e seus resultados, o que não foi feito pela Escola Lógica do Capital, a solução precária adotada por esta corrente acabou sendo recorrer à explicação de que a história, no seu inexorável curso, é regida por leis imanentes, delas resultando os fenômenos sociais observáveis.[406] Isso daria margem para explicar o fenômeno jurídico ou as funções do Estado a partir de afirmações genéricas de "necessidade sistêmica ou objetiva", o que pode levar a conclusões inconsistentes, sem o fundamento adequado evidenciado. O reconhecimento dessa fraqueza talvez explique porque os membros da Escola Lógica do Capital – especialmente Müller, Neusüß, Elmar Altvater, Flatow e Huisken – foram os que menos desenvolveram posteriormente os argumentos apresentados nos seus textos originais. Altvater, inclusive, nos seus textos redigidos após o debate da derivação, explicitamente abandonou a argumentação original e, portanto, não

---

[406] PERISSINOTO, Renato. "Considerações sobre o marxismo analítico". *In:* CODATO, Adriano; PERISSINOTO, Renato. *Marxismo como ciência social*. Curitiba: UFPR, 2011, p. 167.

CAPÍTULO III - A TEORIA DERIVACIONISTA DO ESTADO

mais se referiu diretamente às ideias de derivação das funções do Estado a partir da análise do capital em geral como fizera outrora, tratando da funcionalidade do Estado como mediador do processo de acumulação e de regulação do consenso social.[407]

Como os autores da teoria da derivação defendem justamente a existência de uma necessidade sistêmica – imperativos objetivos – na constituição da forma do Direito e do Estado contemporâneos, não é estranho imputar que as explicações deles teriam como fundamento a "lógica do capital". No entanto, o problema que pode ser atribuído às explicações funcionalistas não decorre propriamente de se explicar a forma jurídica e estatal a partir da "lógica do capital", mas sim, o fato de a explicação, eventualmente, não mostrar adequadamente *como tais necessidades objetivas se vinculam às ações humanas* engendradas no curso das transformações históricas dos modos de produção, de maneira a não evidenciar exatamente como o Estado e o Direito estão implicados, o fenômeno de reprodução do capital.

erá apontada por autores como Bob Jessop que procu- e orienta as ações dos atores sociais, fazendo-os aten- o capital de modo suficientemente eficaz para manter sua expansão. O autor britânico propõe, então, o que ele denomina de uma "abordagem estratégico-relacional" (mencionada anteriormente), uma vertente alinhada com o pensamento neoinstitucionalista, na qual se destaca Fred Block,[408] conhecido por propor o estudo da dinâmica do Estado por meio de uma "perspectiva relacional".[409]

---

[407] Cf. BOLAÑO, César. "Da derivação à regulação: para uma abordagem da indústria cultural". *Eptic: Revista de Economía Política de las Tecnologías de la Información y Comunicación.* São Cristovão, vol. 5, n. 3, set-dez. 2003, pp. 69-70. Disponível em: https://seer.ufs.br/index.php/eptic/article/view/405. Acesso em: 12 de março de 2021.

[408] Dois artigos ao autor são bastante ilustrativos: "Beyond relative autonomy: State managers as historical subjects" e "The ruling class does not rule: notes on the marxist theory of the State", ambas em: BLOCK, Fred. *Revising State theory*: essays in politics and postindustrialism. Philadelphia: Temple University Press, 1987.

[409] CODATO, Adriano; PERISSINOTO, Renato. "O Estado como instituição", *In*: CODATO, Adriano; PERISSINOTO, Renato (Coord.). *Marxismo como ciência social.* Curitiba: UFPR, 2011, p. 41.

Jessop propõe que a análise do aparato do Estado e do seu poder seja feita por meio de um estudo das "relações entre as relações", pois os fenômenos são uma síntese complexa de múltiplas determinações cuja explicação não pode ser reduzida a um único princípio, sendo, portanto, necessário entender como ocorre a interação entre os vários encadeamentos causais desses fenômenos.[410] O cerne do problema é conseguir tratar da relação entre elementos estruturais – que, a princípio, não podem ser alterados por determinado(s) ator(es) social(is) – e o processo de decisão e ação deste(s), que ocorre(m) no nível das instituições existentes. Essa perspectiva será desenvolvida ao longo da produção intelectual de Jessop e teria a expectativa – malsucedida, segundo a crítica severa de Hirsch – de:

> (...) resolver a dicotomia entre as considerações teóricas da 'lógica do capital' (isto é, teórico-estruturais) e as de classe (isto é, da ação) na teoria do Estado. Quer dizer, os processos sociais deveriam ser considerados 'dialeticamente', tanto sob a perspectiva dos condicionamentos estruturais, como também sob a das posições estratégicas. A deficiência desse conceito consiste no fato de que ele não esclarece em que consiste, realmente, esta 'dialética'. Assim, ele afirma que a complexa 'forma' do Estado, enquanto conjunto institucional, estruturaria o processo político e condicionaria uma 'seletividade estrutural' que não poderia ser de antemão definida como específica de classes ou de interesses. A 'forma' do Estado teria efeitos significativos até mesmo para os cálculos de interesses políticos e as estratégias, com isso, também para a conexão e a dinâmica das forças sociais, mas não as explicaria de maneira satisfatória. Como solução, ele propõe o seu conceito 'teórico-estratégico': as orientações fundamentais contraditórias das ações coletivas condensam-se como resultado da 'direção política' imposta, voltada para a realização de 'projetos estratégicos' de larga extensão.[411]

---

[410] JESSOP, Bob. *The capitalist state*. Oxford: Martin Robertson & Company Ltd., 1982, p. 252

[411] HIRSCH, Joachim. Forma política, instituições políticas e Estado – II. BOITO Jr., Armando; GALVÃO, Andréia; TOLEDO, Caio Navarro (Coord.). *Crítica marxista* n. 25. São Paulo: Revan, 2007, p. 49.

CAPÍTULO III - A TEORIA DERIVACIONISTA DO ESTADO

Ao explicar (e criticar) a abordagem estratégico-relacional de Jessop, Hirsch remete a textos do autor inglês de 1985 (*Nicos Poulantzas: marxist theory and political strategy*) e 1990 (*State Theory: putting the capitalist state in its place*); no entanto, observamos que tal abordagem já era apresentada embrionariamente por Jessop desde a obra *The Capitalist State*, de 1982[412] (na qual já critica as noções althusserianas de sujeito como portador – *Träger* – das estruturas sociais), tendo sido desenvolvida

---

[412] JESSOP, Bob. *The capitalist state*. Oxford: Martin Robertson & Company Ltd., 1982, pp. 253-254: "A 'relational' approach also enables us to locate the problematic concept of 'power'. We have already argued that power should not be seen as a pre-given quantum or property of particular agents that is allocated in a zero-sum fashion and have suggested that it should be viewed instead as a complex social relation reflecting the balance of forces in a given situation. Power can be defined as the production of effects within the limits set by the 'structural constraints' confronting different agents. It results from the 'contingently necessary' interaction of their conduct in a given situation and must be related to the conduct of all relevant actors in that situation. This does not imply that agents are morally responsible for these effects by virtue of being free-willed, originating subjects but it does mean that agents cannot be seen simply as the Träger of self-reproducing structures. We can identify the exercise of power in terms of the impossibility of predicting these effects from a knowledge of the 'structural constraints' in isolation from knowledge about particular agents so that the actual effects can meaningfully be said to depend in part on their actions or inaction. This insistence that the exercise of power involves the production of effects that 'would not otherwise occur' is quite compatible with an account of the agents involved as non-unitary subjects constituted in and through discourse. For all that is required to sustain this conception of power is the notion of agents who can discursively interpret their situation and decide upon a course of (in)action. In this context the idea that individual and/or collective subjects can be non-unitary, 'interdiscursive' agents of interpretation, calculation, and intervention is an important element in sustaining an adequate account of power. Such an account would be simultaneously anti-structuralist (anti-träger) and anti-voluntarist (opposed to the assumption of a unitary, rational, free-willed, autonomous subject). In this sense it would help to explain the indeterminacy of events at the level of structural constraints. (It should also be noted that 'interdiscursivity' is a crucial precondition of effective ideological intervention.) At the same time a 'relational approach' implies that the exercise of power is over determined at the level of social action in so far as it depends on the interaction of all relevant agents in the power relation. This makes it difficult to attribute the outcome of an interaction unequivocally to one agent among all those involved in a power relation except in the limiting case of a purely subject-object relation. More generally we must focus on the conjoint reproduction and/or transformation of social relations through the interaction of different agents and attempt to specify their carious contributions to the overall outcome within the limits set through the structural constraints severally and/or collectively facing such agents".

em suas obras posteriores até a atualidade. Assim, podemos perceber que, desde o início, o pensador inglês marcava uma posição contrária ao althusserianismo, ao mesmo tempo que pretendia evitar uma perspectiva voluntarista a respeito dos sujeitos.

Hirsch, analisando esse período intermediário das teorias de Jessop, concluirá que, não obstante as restrições e relativizações feitas pelo autor britânico, ele falha no seu principal objetivo,[413] qual seja, elaborar uma mediação dialética entre uma teoria da ação e uma da estrutura, razão pela qual o pensador inglês acaba recaindo em uma fundamentação teórica da ação, na qual a unidade entre as "instituições" e as "ações" não é satisfatoriamente apresentada, ficando ambas abstratamente separadas entre si.[414] Hirsch conclui que o erro de Jessop decorre de sua abordagem a respeito das *formas sociais das instituições*, na qual ele não distingue claramente *a determinação da forma e o processo de institucionalização*. O pensador alemão explica que tais conceitos são distintos, mas possuem uma conexão contraditória:

> Os processos de institucionalização não são o resultado contingente de ações, mas estão sujeitos à 'coerção da forma', sem com isso serem idênticos às formas sociais. A determinação formal do contexto institucional cria a probabilidade de que as opções e ações 'estratégicas' se tornem compatíveis com a reprodução da sociedade capitalista e, ao mesmo tempo, reitera a ação social que a impregna, ainda que não sejam, de modo algum, formas sociais causalmente determinadas. A 'particularidade' do Estado como expressão da determinação formal do capitalismo funda, na realidade, 'seletividades estruturais', que não possuem de maneira alguma, como pensa Jessop, uma especificação classista básica: tal

---

[413] Uma crítica sobre este aspecto da teoria de Jessop também pode ser vista em: HOLLOWAY, John." Capital is Class Struggle (and bears are not cuddly)". *In:* BONEFELD, Werner; HOLLOWAY, John (Coord.). *Post-Fordism and Social Form*: a marxist debate on the post-fordist State. Macmillan: London, 1991, pp. 172 *e ss.*

[414] HIRSCH, Joachim. "Forma política, instituições políticas e Estado – II". *In:* BOITO, Jr., Armando; GALVÃO, Andréia; TOLEDO, Caio Navarro (Coord.). *Crítica marxista* n. 25. São Paulo: Revan, 2007, p. 49.

CAPÍTULO III - A TEORIA DERIVACIONISTA DO ESTADO

> particularidade primeiro assegura a possibilidade e a probabilidade de 'estratégias' que criam os compromissos de classe adequados à reprodução (por exemplo, entre as frações do bloco no poder) e ela é dificultada em razão da separação entre 'política' e 'economia', pela penetração de processos democráticos de formação de vontade coletiva na relação do capital e na sua reprodução. É certo que com base nas formas contraditórias incorporadas nas configurações institucionais concretas, a unidade e a conexão da reprodução social ainda não estão garantidas pela rede institucional de regulação, exigindo, ao contrário, ações 'estratégicas' e 'projetos hegemônicos' reais. Mas as suas possibilidades e probabilidades colocam precondições, pois elas se encontram fundadas na determinação formal social específica dos processos de institucionalização e de configurações institucionais.[415]

Para solucionar este equívoco na teoria de Jessop, Hirsch afirma que não se pode entender "ação" e "estrutura" como se estivessem numa oposição exterior, ou seja, como se as estruturas sociais não fossem elas mesmas produzidas e reproduzidas pela própria ação, ao tempo que esta é expressão das determinações formais existentes.[416] Noutras palavras, as estruturas não são um outro, estranho às ações, pairando acima delas, mas se constituem a partir da própria ação dos sujeitos. Isso não implica que as ações dependam da consciência do sujeito ou correspondam necessariamente a esta, bastando um simples ato da decisão (adequando assim a ação à consciência). Primeiro, porque a manutenção do processo de valorização do capital – um movimento que necessariamente se renova continuamente – implica determinados pressupostos – produção, troca e consumo de mercadorias, apropriação da mais-valia etc. – que não dependem da consciência dos sujeitos

---

[415] HIRSCH, Joachim. "Forma política, instituições políticas e Estado – II". In: BOITO, Jr., Armando; GALVÃO, Andréia; TOLEDO, Caio Navarro (Coord.). Crítica marxista n. 25. São Paulo: Revan, 2007, p. 49.

[416] HIRSCH, Joachim. "Forma política, instituições políticas e Estado – II". In: BOITO, Jr., Armando; GALVÃO, Andréia; TOLEDO, Caio Navarro (Coord.). Crítica marxista n. 25. São Paulo: Revan, 2007, pp. 50-51.

envolvidos no processo. Segundo, porque a consciência sobre as estruturas e a ação contra elas implicam resistência por parte delas, ou seja, uma conduta que confronte com as causas do padrão existente implica reações voltadas a frustrá-las ou reprimi-las, o que ocorre por meio das instituições existentes, estatais ou não, de tal sorte que a existência dessa resistência impele os sujeitos constantemente para agirem ou se omitirem de determinada maneira.

Kosmas Psychopedis faz um balanço ainda mais contundente a respeito da teoria de Jessop: a insistência na necessidade teórica de se demonstrar como os sujeitos determinam suas ações considerando as relações entre classes, o circuito do capital, o equilíbrio de poder etc. (a consciência subjetiva dos atores sociais), mostra, na realidade, como o pensador britânico acaba por resgatar a figura do *sujeito idealista hegeliano* (justamente um dos pontos centrais da crítica estruturalista), o que explica, por consequência, a afinidade de Jessop com o individualismo metodológico e o relativismo histórico.[417] Isso pode ser observado desde o início nas teorias apresentadas por Jessop, contudo, Psychopedis identifica que posteriormente, na transição para uma nova fase (período sob o qual recai a crítica de Hirsch), torna-se evidente o empiricismo e relativismo das análises de Jessop e "o elemento da luta de classes é separado do problema do seu modo de movimento, degenerando-se para um fator na contingência e relatividade do desenvolvimento histórico. O real é, finalmente, entendido como indeterminado, dado que ele é visto como algo mediado por um infinito número de fatores empíricos".[418]

Essa explicação de Hirsch não é detectável em seus primeiros textos. Entretanto, antes mesmo da publicação do artigo mencionado,

---

[417] PSYCHOPEDIS, Kosmas "Crisis of theory in the contemporany social sciences". *In*: BONEFELD, Werner; HOLLOWAY, John (Coord.). *Post-Fordism and Social Form*: a marxist debate on the post-fordist State. Macmillan: London, 1991, p. 189.

[418] PSYCHOPEDIS, Kosmas "Crisis of theory in the contemporany social sciences". *In*: BONEFELD, Werner; HOLLOWAY, John (Coord.). *Post-Fordism and Social Form*: a marxist debate on the post-fordist State. Macmillan: London, 1991, p. 189. Tradução nossa.

CAPÍTULO III - A TEORIA DERIVACIONISTA DO ESTADO

o autor alemão demonstra uma nítida preocupação em entender o desenvolvimento da luta de classes a partir das estruturas existentes. Em 1978, numa nítida referência ao pensamento althusseriano,[419] Hirsch diz que uma série de aparatos (meios de comunicação, educação etc.) processam e difundem a ideologia dominante e promovem a integração das massas, desde os partidos políticos até os sindicatos, que, mesmo atendendo às necessidades materiais dos trabalhadores (e até por conta disso), acabam selecionando-as a partir de sua compatibilidade com o sistema, ou seja, com o processo de reprodução do capital.[420] Noutras palavras, existe uma conformação da luta de classes, que justamente adquire a forma e o conteúdo compatíveis com a manutenção das estruturas estabelecidas.

Sobre esse último ponto, é importante notarmos como o Direito se encontra no cerne desse processo, o que já apontamos parcialmente quando tratamos da interpretação de Gerstenberger sobre o Direito e a ideologia. Os próprios movimentos sociais, inclusive as entidades sindicais e de trabalhadores, muitas vezes encerram sua luta nos horizontes jurídicos, ou seja, convertem sua ação em demandas por mais e melhores direitos. Isso ocorre também entre aqueles que criticam o capitalismo e defendem o socialismo, ao imaginarem que o problema da luta de classes se resume à conquista de direitos e à mera transferência da titularidade da propriedade privada dos meios de produção ao Estado.[421]

---

[419] Ver: ALTHUSSER, Louis. *Aparelhos Ideológicos do Estado*: notas sobre os aparelhos ideológicos do Estado. Rio de Janeiro: Edições Graal, 1985.

[420] HIRSCH, Joachim. "The crisis of mass integration: on the development of political repression in Federal Germany". *International journal of urban and regional research*, vol. 2, n. 2, 1978, p. 224.

[421] "É, portanto, encontrar-se inteiramente prisioneiro da ideologia jurídica pensar que o capital público não seria objecto duma *apropriação* (isto é, duma monopolização) *privada* (no sentido do materialismo histórico, isto é, no sentido dum monopólio de *classe*). Não há portanto contradição *entre* a reprodução dos capitais privados e a reprodução dos capitais públicos só pelo facto de o seu estatuto jurídico ser diferente" (BALIBAR, Étienne. *Cinco estudos do materialismo histórico*. Lisboa: Presença, 1975, p. 100).

Outro ponto interessante suscitado por esse debate merece ser enfatizado: Hirsch destaca ainda que o processo de preservação das estruturas sociais existentes decorre do autointeresse de determinados grupos que integram o próprio Estado: políticos profissionais e funcionários públicos. Isso ocorre, porque a existência material deles e as possibilidades destes exercerem o poder estão justamente ligadas à sua permanência na estrutura estatal.[422] Podemos salientar ainda que entre os políticos profissionais e funcionários públicos ocorre um fenômeno análogo ao descrito no parágrafo anterior: mesmo quando tais agentes políticos e funcionários públicos atuam para atender os interesses materiais da classe trabalhadora, também realizam uma conformação jurídica, confinando-os para um limite já previamente posto, totalmente incapaz de abalar, minimamente, as estruturas de manutenção do Estado e do capitalismo.

Se, no capitalismo, as contradições sociais são inerentes – uma vez que a divisão de classes é seu pressuposto –, então o sistema ideológico de integração das massas também opera dentro de uma área no qual há um conflito entre os poderes concretos dos grupos existentes, razão pela qual Hirsch conclui que a ocupação do espaço no qual ocorrem as concessões do capital – por meio de movimentos e conflitos de classe – não pode ser entendida como mera consequência de eventos econômicos, mas como determinações do desenvolvimento da consciência política e da capacidade de ação.[423] Ao mesmo tempo, no entanto, podemos acrescentar que as próprias capacidades e consciências vão se confrontando (e se conformando) com as estruturas existentes e encontram nelas o seu limite.

Percebe-se, assim, que a argumentação de Hirsch se aproxima do pensamento de Althusser, ao contrário de Jessop e Gerstenberger,

---

[422] HIRSCH, Joachim. "The crisis of mass integration: on the development of political repression in Federal Germany". *International journal of urban and regional research*, vol. 2, n. 2, 1978, p. 225.

[423] HIRSCH, Joachim. "The crisis of mass integration: on the development of political repression in Federal Germany". *International journal of urban and regional research*, vol. 2, n. 2, 1978, p. 225.

CAPÍTULO III - A TEORIA DERIVACIONISTA DO ESTADO

que apresentam um distanciamento. A proximidade de Hirsch com o estruturalismo althusseriano faz com que Bonefeld o acuse de uma espécie de "descrença" na luta de classes, dada a impotência desta para enfrentar o desenvolvimento do capitalismo, ante a estrutura e leis objetivas existentes. Segundo Bonefeld, Hirsch – a exemplo de Althusser – "parte da ideia de que a ação social é determinada estruturalmente"[424] e afirma que "o próprio capital e as estruturas que ele coloca 'objetivamente' sob as costas dos agentes continuam estabelecendo as condições decisivas para as lutas de classe e processos de crise".[425] Isso, segundo entendimento de Bonefeld, somente pode conduzir à seguinte conclusão: na visão de Hirsch, as "lutas contra o desenvolvimento capitalista não têm futuro",[426] razão pela qual as ações perpetradas pelos trabalhadores – suas greves, reivindicações etc. – seriam apenas um "fantasma pré-político", algo residual e ornamental, incapaz de merecer a atenção dos pesquisadores acadêmicos.

Não há dúvida de que o final do século XX e início do século XXI estão marcados pelas dificuldades de êxito da luta das classes trabalhadoras. No entanto, a abordagem de Hirsch não parece apontar para uma conformidade diante de uma objetividade dada, apenas o reconhecimento de que as transformações ocorridas nas últimas décadas criaram novos obstáculos a serem vencidos e que os limites da atuação por meio do Estado e do Direito devem ser reconhecidos desde o início, sob pena de se apostar numa perspectiva sem futuro.

A crítica de Bonefeld, no entanto, não é isolada; ao contrário, em certos aspectos, estende-se a vários outros pensadores da teoria da

---

[424] BONEFELD, Werner. Postfordismus, Globalisierung und die Zukunft der Demokratie: Zu Joachim Hirschs "Der nationale Wettbewerbsstaat". *Wildcat-Zirkular*, n. 39, September 1997. Disponível em: http://www.wildcat-www.de/zirkular/39/z39bonef.htm. Acesso em: 8 de novembro de 2012. Tradução nossa.

[425] HIRSCH, Joachim; ROTH, Roland. *Das neue Gesicht des Kapitalismus:* Vom Fordismus zum Post-Fordismus. Hamburg: VSA, 1986, p. 37. Tradução nossa.

[426] BONEFELD, Werner. Postfordismus, Globalisierung und die Zukunft der Demokratie: Zu Joachim Hirschs "Der nationale Wettbewerbsstaat". *Wildcat-Zirkular*, n. 39, September 1997. Disponível em: http://www.wildcat-www.de/zirkular/39/z39bonef.htm. Acesso em: 8 de novembro de 2012. Tradução nossa.

derivação. Ao evitarem o instrumentalismo – tomando o Estado com sujeito passivo da ação de classe –, os pensadores da teoria da derivação não teriam conseguido mostrar como a *instância política* – a luta travada no interior das instituições estatais – impacta concretamente as ações em prol da acumulação capitalista, fazendo, portanto, com que o Estado se desenvolva de maneira não linear, mas permeado de contradições, expressões do embate entre as frações do capital e a classe trabalhadora. Esta é, por exemplo, a visão de Renato Perissinotto:

> Os autores marxistas mais contemporâneos, ao sistematizarem a teoria do Estado capitalista, tomando-o não como um instrumento passivo de classe, mas como uma *função política* no interior do sistema social, permitiram um salto de qualidade nas formulações da própria teoria política – marxista e não marxista – sobre o Estado. No entanto, por razões que expusemos acima, mostraram-se também pouco dispostos a conjugar a perspectiva estrutural com uma sociologia empírica dos agentes estatais, de suas ações históricas e opções estratégicas e com uma análise dos 'nervos do governo'. Quem lê, por exemplo, os trabalhos da escola derivacionista alemã (Altvater, 1976;[427] Müller e Neusüß, 1978;[428] Salama, 1979,[429] Hirsch 1990,[430]

---

[427] ALTVATER, Elmar. "Some problems of state interventionism". *In:* HOLLOWAY, John; PICCIOTTO, Sol (Coord.). *State and Capital*: a marxist debate. London: Edward Arnold (Publishers) Ltd., 1978.

[428] MÜLLER, Rudolf Wolfgang; NEUSÜß, Christel. "The 'Welfare-State illusion' and the contradiction between wage labour and capital". *In:* HOLLOWAY, John; PICCIOTTO, Sol (Coord.). *State and Capital*: a marxist debate. Londres: Edward Arnold (Publishers) Ltd., 1978.

[429] SALAMA, Pierre. *Estado e Capital:* o Estado capitalista como abstração do real, p. 121. Disponível em: http://bibliotecavirtual.cebrap.org.br/arquivos/estado_e_capital_f.pdf. Acesso em: 12 de fevereiro de 2012.

[430] HIRSCH, Joachim. "O problema da dedução [derivação] da forma e da função do Estado burguês". *In:* HELMUT, Reichelt; HIRSCH, Joachim; HENNIG, Eike *et al. A teoria do Estado*: materiais para reconstrução da teoria marxista do Estado. Rio de Janeiro: Tempo Brasileiro, 1990.

CAPÍTULO III - A TEORIA DERIVACIONISTA DO ESTADO

2005[431]) fica com a impressão de que o Estado capitalista funciona como uma engrenagem plenamente eficiente, capaz de responder sempre adequadamente às exigências funcionais do processo de acumulação.[432]

De um lado, é preciso concordar com a crítica mencionada. De fato, em certa medida, o debate acabou se esgotando tanto na insuficiência para descrever uma teoria completa a respeito do Estado, quanto na autocrítica acerca do otimismo exacerbado existente sobre a capacidade explicativa da derivação.[433] Noutras palavras, a análise da forma estabeleceu pressupostos

---

[431] HIRSCH, Joachim. "¿Qué significa estado? Reflexiones acerca de la teoría del estado capitalista". *Revista de Sociologia e Política*. Curitiba: UFPR – Departamento de Ciências Sociais, n. 24, pp. 165-175, jun. 2005. Disponível em:https://revistas.ufpr.br/rsp/article/view/3722/2970. Acesso em: 4 de novembro de 2012.

[432] PERISSINOTO, Renato. "Marx e a teoria contemporânea de Estado". In: CODATO, Adriano; PERISSINOTO, Renato. *Marxismo como ciência social*. Curitiba: UFPR, 2011, p. 88.

[433] Isso pode ser observado tanto por meio do abandono de parte da argumentação utilizada à época do debate. É o caso das obras posteriores de Altvater como bem observa César Bolaño, ao comentar que Altvater não mais insiste na derivação das quatro *funções principais* originalmente apresentadas pelo autor: "Em texto mais recente, Altvater coloca a questão em termos mais gerais quando fala em dois conjuntos de funções, de acumulação e de legitimação (fazendo questão, entretanto, de negar qualquer adesão às ideias de O'Connor), entendidas como uma das manifestações do Estado enquanto 'autoridade de mediação entre o processo de acumulação (econômico) e a regulação do consenso (social)', mediação essa que se manifesta também 'na separação institucional entre política econômica – que serve, acima de tudo, à acumulação de capital – e política social, que está vinculada à 'lógica do trabalho (...)', ou ao sistema de reprodução do trabalho assalariado, e que pode, portanto, entrar em conflito justamente com as exigências da acumulação'. Não há, entretanto, nesse texto, qualquer referência àquele que, quinze anos antes, notabilizara o autor como um dos expoentes da escola berlinense da derivação do Estado. Mas, para nossos interesses, estas breves observações estão mais próximas da solução do problema teórico em discussão do que a tentativa funcionalista de construção de uma taxonomia de funções capaz de explicar o conjunto do processo histórico do Estado capitalista, como ocorria no artigo anterior" (BOLAÑO, César. "Da derivação à regulação: para uma abordagem da indústria cultural". *Eptic: Revista de Economía Política de las Tecnologías de la Información y Comunicación*. São Cristovão, vol. 5, n. 3, pp. 60-96 set-dez. 2003, pp. 69-70. Disponível em: https://seer.ufs.br/index.php/eptic/article/view/405. Acesso em: 12 de julho de 2012). O texto de Altvater mencionado por Bolaño é: "A crise de 1929 e o

importantes para formulações teóricas, mas não foi capaz, isoladamente, de esclarecer todos os fenômenos existentes, inclusive aqueles que impactam de maneira considerável no processo de acumulação capitalista. Isso é esboçado no balanço crítico feito por Holloway e Picciotto:

> (...) [é assim que] devemos entender o avanço teórico mais importante feito pelo debate alemão. Não é que a 'análise forma' representa alguma 'estrada da realeza para a ciência' em que não encontrara obstáculos para a compreensão da política: se o leitor encontra o debate, por vezes, demasiado formal e abstrato, essas críticas são, em parte, justificadas. O maior avanço da abordagem da 'análise de forma' não decorre da resolução de todos os problemas da teoria marxista do Estado, mas de ter estabelecido o *pré-requisito essencial para a compreensão do Estado com base na dialética da forma e do conteúdo de luta de classes*. A análise de forma isolada não é suficiente, mas enquanto o problema da forma é ignorado, uma abordagem adequada para o Estado não é apenas possível.[434]

Hirsch, por sua vez, faz uma avaliação mais crítica e detalhada acerca da insuficiência das conclusões atingidas por intermédio do debate sobre a derivação, reconhecendo a necessidade de examinar empiricamente o funcionamento do Estado no nível político e econômico:

> Retomando mais uma vez a 'Derivação do Estado': a restrição às definições gerais de forma do Estado (e às definições

---

debate marxista sobre a teoria da crise". *In*: HOBSBAWN, E. J. (Coord.) *História do marxismo*. 2ª ed. vol. 8. Rio de Janeiro: Paz e Terra, 1991. A primeira edição brasileira data de 1987.

[434] HOLLOWAY, John; PICCIOTTO, Sol. "Introduction: towards a materialist theory of the state". *In*: HOLLOWAY, John; PICCIOTTO, Sol (Coord.). *State and Capital*: a marxist debate. Londres: Edward Arnold (Publishers) Ltd., 1978, p. 30. Tradução nossa.

CAPÍTULO III - A TEORIA DERIVACIONISTA DO ESTADO

generalizadoras de função aí implicadas), o fato de que a estrutura concreta de socialização da formação capitalista é historicamente submetida a uma mudança radical e não pode ser explicada a partir das estruturas econômicas básicas, levou, mesmo a despeito de uma minuciosa elaboração, a resultados extremamente limitados e, em parte, triviais em sua generalização abstrata.

(...) É verdade que esse procedimento permitiu incluir estruturas políticas encontradas de forma empírica dentro um modelo baseado teoreticamente em categorias, conseguindo assim satisfazer certa predileção acadêmica pela ordem e pela sistematização. Tal procedimento permite também o debate ideológico-crítico de ideias acerca da teoria do Estado que não levaram em conta as próprias definições fundamentais de forma e estrutura (Cf. os debates acerca da 'ilusão do Estado' do reformismo social-democrático e da teoria do Stamocap). Todavia, uma explicação teórica conclusiva das estruturas políticas dominantes tinha que fracassar nesse âmbito.

Para seguir em frente, é preciso tentar explicar a relação entre a objetividade da lei do valor e ação de classe, a estrutura complexa da formação da sociedade, bem como os processos que conduziram e ainda conduzem às transformações decisivas das formas de socialização, das estruturas de classe e das relações entre classes no atual desenvolvimento das sociedades capitalistas.

Só então estaremos em condições de compreender o Estado, sua estrutura concreta e forma de funcionamento, sua importância no que tange às frações de classes, às estratégias e à luta de classes. Apesar dos princípios que, a esse respeito, havia em Marx e Engels e seus sucessores, eventualmente em Lenin e Gramsci, até Althusser e Poulantzas, ainda estamos, nesse aspecto, bem no início.[435]

---

[435] HIRSCH, Joachim. "Nach der Staatsableitung: Bemerkungen zur Reformulierung einer materialistischen Staatstheorie". In: *Aktualisierung Marx*. Berlin W: Argument-Verlag, 1983. (Argument-Sonderband AS 100), p. 161. Tradução nossa.

Por outro lado, no entanto, cabe destacar que o próprio Hirsch, desde seus primeiros textos, ou seja, desde o início do debate sobre a derivação, já destacava a necessidade de se observar e interpretar a história concreta das ações dos agentes estatais e da sociedade civil e o caráter contraditório que marca o desenvolvimento do Estado e o desempenho de suas múltiplas funções:

> O Estado tem de fazer-se e comprovar-se, a cada passo, no interior desse processo de disputa de interesses. Disso resulta, entre outras coisas, a inconsistência, a imperfeição e a insuficiência das relações do Estado, mas também a relativa contingência do processo político, que não pode ser deduzido das determinações gerais da situação do capital. Esta contradição tende a se agudizar necessariamente com a concentração e a centralização do capital, que avança a passos largos rumo à acumulação, e com a possibilidade mais ampla daí resultante para a atividade estatal: esta pode ser determinada faticamente através de capitais particulares poderosos, o que implica estorvos permanentes das atividades estatais relacionadas com o processo de reprodução do capital em geral.[436]

As mesmas ideias de Hirsch podem ser encontradas em outro texto subsequente daquele período:

> (...) está contido na forma da 'especificidade' do Estado burguês, que o aparelho estatal pode e deve, necessariamente, e a qual- quer momento, colidir não apenas com a classe trabalhadora, ou com parte dela, como também com os interesses exploratórios de capitais e grupos capitalistas. Isso quer dizer, porém, que da mesma forma que o Estado civil surge historicamente, enquanto continuidade de sua 'vontade geral', não da ação consciente de uma sociedade ou de uma classe, mas sim

---

[436] HIRSCH, Joachim. "O problema da dedução [derivação] da forma e da função do Estado burguês". *In:* HELMUT, Reichelt; HIRSCH, Joachim; HENNIG, Eike *et al*. *A teoria do Estado*: materiais para reconstrução da teoria marxista do Estado. Rio de Janeiro: Tempo Brasileiro, 1990, pp. 150-151.

CAPÍTULO III - A TEORIA DERIVACIONISTA DO ESTADO

enquanto resultado de conflitos de classes não raro contraditórios e míopes, seus mecanismos específicos de funcionamento se desenvolvem no contexto de interesses antagônicos e de conflitos sociais. Ou seja: as medidas e ações estatais concretas não se realizam segundo a lógica abstrata de uma pretensa estrutura social ou de um pretenso processo evolutivo histórico, mas tão somente sob pressão de interesses e movimentos políticos impostos sobre essa base. A 'especificidade' do Estado tem que, reiteradamente, se reinventar e se afirmar nesse processo de conflito de interesses. A partir daí surge não apenas a imperfeição, o inacabamento e a inconsistência das ações do Estado, como também, ao mesmo tempo, a contingência – relativa, e não dedutível das determinações gerais das relações capitalistas – do processo político.[437]

Hirsch, no entanto, fazia uma ressalva acerca do otimismo no exame empírico da luta de classes, que consistia justamente em afirmar a necessidade de que tais estudos fossem feitos numa perspectiva orientada, sob pena de cair num historicismo ou empiricismo estéril. Ele afirmava assim ser preciso partir de uma estrutura conceitual e teórica a respeito do processo de acumulação e de crise para analisar do processo de desenvolvimento do capitalismo, suas formas correspondentes de consciência e o funcionamento do Estado.[438]

---

[437] HIRSCH, Joachim. "The state apparatus and social reproduction: elements of a theory of the bourgeois State". *In:* HOLLOWAY, John; PICCIOTTO, Sol (Coord.). *State and Capital:* a marxist debate. Londres: Edward Arnold (Publishers) Ltd., 1978, pp. 65-66. Originalmente em: HIRSCH, Joachim. *Staatsapparat und Reproduktion des Kapitals.* Frankfurt/M: Suhrkamp, 1974, pp. 26-27. Tradução nossa.

[438] "Outras afirmações que ultrapassam as definições gerais sobre as funções do Estado não podem, contudo, ser feitas nesse nível da análise. Sob esse aspecto, a "derivação geral da forma" permanece trivial. Para irmos além disso seria necessária uma análise do desenvolvimento concreto-histórico do processo de reprodução capitalista e das condições que se transformaram em seu decurso. Seria errado, porém, explicar tal fato [como uma questão de] simples empiria ou historiografia. Muito mais interessante seria criar um quadro teórico e categorial para uma análise do processo de desenvolvimento capitalista. Em outras palavras: uma análise da manifestação concreta do Estado burguês e de suas funções em devir só é possível com base em uma teoria do processo de acumulação e de crise, que somente pode fornecer categorias para escrever

Pode-se concluir que, em pensadores como Hirsch, Holloway e Picciotto, o fato de a análise formal do Estado ter sido insuficiente, sobretudo para explicá-lo no seu aspecto institucional (no sentido a que nos referimos anteriormente), não permite estabelecer uma a contraposição excludente entre uma abordagem a partir da "lógica do capital" e outra a partir da "luta de classes":

> Os três últimos citados colaboradores do livro (Hirsch, Gerstenberger, Braunmühl) desenvolvem de diferentes maneiras a questão dos limites da análise da forma do Estado. Levantar o problema do limite da abordagem é, contudo, bastante diferente de questionar a validade da abordagem. O objetivo do debate da 'derivação Estado' tem sido o de chegar a um entendimento sobre o Estado como forma particular de relações sociais no capitalismo e de impulso para limitações e sobre a atividade estatal decorrente dessa forma. Sugerimos anteriormente que na discussão marxista do Estado na Grã-Bretanha tem havido uma tendência subjacente de contrapor a 'lógica do capital' para 'luta de classes' como ponto de partida alternativo para uma análise do Estado. Temos argumentado que ao contrapor estas duas abordagens cria-se uma falsa polaridade: a 'lógica do capital' não é nada mais que a expressão da forma básica da luta de classes na sociedade capitalista. É errado pensar que o desenvolvimento social pode ser entendido através de uma análise da luta de classes que é indiferente à questão da forma de luta de classes: tal análise não pode fazer justiça à natureza das restrições e ao impulso decorrente da forma. Esta indiferença para com o problema da forma que nos parece ser a essência do reformismo,

---

e interpretar a história empírica. Uma tal teoria precisa, da mesma forma, associar a análise formal ao duplo caráter do trabalho e da definição do processo capitalista que surge então como unidade contraditória entre processo de trabalho e de valorização" (HIRSCH, Joachim. "The state apparatus and social reproduction: elements of a theory of the bourgeois State". *In:* HOLLOWAY, John; PICCIOTTO, Sol (Coord.). *State and Capital*: a marxist debate. Londres: Edward Arnold (Publishers) Ltd., 1978, p. 66). Originalmente em: HIRSCH, Joachim. *Staatsapparat und Reproduktion des Kapitals*. Frankfurt/M: Suhrkamp, 1974, pp. 27-28. Tradução nossa.

CAPÍTULO III - A TEORIA DERIVACIONISTA DO ESTADO

> e este também tem sido o ponto focal de nossa crítica do Poulantzas, Miliband e Gramsci, e os neo-ricardianos. Se a análise indiferente da forma deve ser rejeitada, é igualmente errado pensar que a análise do Estado pode ser reduzida à análise da sua forma, a mera 'lógica do capital'.
>
> É certo que, às vezes – especialmente nas primeiras contribuições para o debate alemão – muito se esperou da análise da forma. O problema, porém, é analisar o desenvolvimento social não simplesmente em termos de 'forma' da luta de classes (por isso tende a levar a uma visão sobredeterminista do desenvolvimento social), nem simplesmente em termos de 'conteúdo', mas ver que o desenvolvimento social é determinado por uma interação dialética de forma e conteúdo.[439]

Finalmente, a fim de adentrarmos no capítulo seguinte, devemos perceber que, ao estudarem o desenvolvimento da luta de classes, as teorias formuladas pelos pensadores da teoria da derivação recorrentemente remeteram à necessidade de entender as economias nacionais considerando o contexto mundial no qual estão inseridas.

Nas últimas décadas, compreender a relação entre o mercado mundial, o Direito e o Estado, passou a estar no cerne das pesquisas jurídicas, políticas e econômicas. O aumento da internacionalização, seja no nível econômico ou jurídico, impactou a organização das condições de produção, bem como as políticas a serem desenvolvidas pelo Estado, razão pela qual se tornou crescente o interesse pelo fenômeno comumente denominado por "globalização". Tais questões já ocupavam os pensadores da teoria da derivação desde o início dos debates, pois estão relacionadas ao entendimento sobre as a formas e as funções do Estado.

---

[439] HOLLOWAY, John; PICCIOTTO, Sol. "Introduction: towards a materialist theory of the state". *In:* HOLLOWAY, John; PICCIOTTO, Sol (Coord.). *State and Capital:* a marxist debate. Londres: Edward Arnold (Publishers) Ltd., 1978, pp. 29-30. Tradução nossa.

3.8 O mercado mundial

Atualmente, tornou-se comum afirmar que as condições de produção e circulação de mercadorias em outro país são um fator crucial para as decisões políticas e econômicas no interior das instituições de um Estado. O discurso burguês afirma que determinadas condições existentes num país estrangeiro diminui a competitividade nacional, afetando os interesses de investimentos em uma determinada localidade. Do ponto de vista da burguesia nacional, isso significa a impossibilidade de competir com os estrangeiros; do ponto de vista do capital internacional, isso resulta na "inviabilidade" de se investir em determinado país e optar por outro com melhores "condições".

Analisando esse tipo de discurso, nota-se que o elemento determinante da competividade se daria, no nível jurídico, em dois níveis: num primeiro, teríamos o impacto da política no conteúdo do Direito e nas intervenções econômico-estatais de determinado país; num segundo nível, teríamos a própria estabilidade jurídica, ou seja, o respeito às leis, às decisões dos tribunais e aos contratos. Assim, a citada "perda de competividade", num primeiro nível, decorreria justamente de alguma decisão política tomada no interior do Estado estrangeiro, resultando, por exemplo, na intervenção econômica (subsídios, políticas públicas que ajudariam as empresas nacionais etc.), ou impactando a legislação existente (especialmente a trabalhista e previdenciária, ou seja, as garantias e proteções dadas aos trabalhadores, que implicariam em aumento no custo da produção). Num segundo nível, a segurança jurídica seria o elemento primordial a ser considerado, pois sua existência também afetaria o nível de competitividade de um Estado, já que a incerteza sobre o respeito aos contratos, sobre a eficácia do Direito e sobre a efetividade e celeridade das decisões dos tribunais tornaria determinado país menos convidativo para investimentos. Em ambos os casos, o plano jurídico--estatal consiste no elemento de oportunidade a ser considerado para o investimento de capital em determinada localidade, ou seja, uma das condições que determina em qual país serão desenvolvidas as relações sociais aptas a reproduzir o capital.

CAPÍTULO III - A TEORIA DERIVACIONISTA DO ESTADO

O discurso da classe trabalhadora, por sua vez, também não fica alheio à questão da conjuntura internacional. Contudo, neste caso, são mais acentuadas as dificuldades para encontrar uma linha de argumentação adequada. A burguesia facilmente centraliza suas reivindicações e defende um nivelamento "por baixo", que invariavelmente consiste na diminuição dos direitos trabalhistas e previdenciários, desoneração tributária sobre o capital, flexibilização da legislação ambiental e urbanística etc. As contradições do discurso burguês, geralmente, ficam localizadas no plano das políticas públicas: de um lado, defendem a desoneração tributária e o "enxugamento" da máquina estatal; por outro, demandam investimentos públicos em infraestrutura, transporte, saúde, educação etc. Os trabalhadores, diferentemente, não conseguem atingir o mesmo grau de consenso, pois têm dificuldades em sustentar que a manutenção ou ampliação de direitos será possível sem a perda da mencionada "competitividade", ou seja, sem afetar os investimentos e, consequentemente, a empregabilidade. Nesse ponto, percebe-se que quanto mais o pensamento da classe trabalhadora mergulha em ideias nacionalistas, mais difícil se torna emergir para uma saída definitiva deste dilema mencionado. O recorte nacionalista, inclusive, acaba se tornando um lugar comum no discurso político, que, paradoxalmente, coloca em confronto as classes trabalhadoras de diferentes Estados, sobretudo na realidade atual em que as economias mundiais estão mais integradas do que antes e, portanto, há maior fluxo de mão de obra entre os países.[440]

Pode-se notar, portanto, que o estudo a respeito das funções do Estado, do conteúdo e forma do Direito e, principalmente, da luta de classes não pode se desvincular de uma reflexão da economia no nível

---

[440] "Tal como antes, o sistema de Estados singulares é base da divisão das classes exploradas e dependentes ao longo das fronteiras nacionais; um quadro que, com a maior mobilidade do capital, adquire um significado mais acentuado. Ele, por um lado, permite que as classes e as populações sejam colocadas umas contra as outras, e, por outro lado, é simultaneamente o fundamento de coalizões voltadas para um 'bem-estar' de caráter chauvinista, que caracteriza a defesa de privilégios relativos que atravessam as classes. Elas definem cada vez com mais força as relações políticas no interior do Estado em disputa" (HIRSCH, Joachim. *Teoria materialista do Estado*. São Paulo: Revan, 2010, p. 179).

internacional.[441] Não por acaso, o *mercado mundial* é um dos elementos que se faz presente no debate a respeito da derivação do Estado.

Segundo Jessop, a constituição histórica dos Estados deve ser pensada necessariamente em termos do mercado mundial, o que implica entender: (i) a articulação do modo capitalista de produção com outros modos de produção e/ou formas de trabalho privado e social; e (ii) o desenvolvimento em termos de internacionalização da mercadoria, do dinheiro e do capital produtivo.[442] O objetivo de uma teoria assim formulada é conseguir explicar como o Estado-nação possui uma tendência e uma contratendência de internacionalização que se relaciona com as lutas de classes, sobretudo se consideramos que a relação de um Estado com seus pares e com o mercado mundial pode estar mais vinculada ao interesse da burguesia ou do proletariado.

Além disso, o enfoque limitado ao Estado-nação e ao capital nacional, ou seja, o desvio da compreensão do mercado mundial, poderia resultar na ideia de que seria necessário um Estado único para assegurar as condições necessárias para reprodução do capital em geral, complementando as forças de mercado mundial, uma vez que o movimento decorrente da lei do valor, por si só, seria insuficiente para tanto. Jessop acha um equívoco tal afirmação:[443] apesar de existirem forças hegemônicas em âmbito mundial (seja Estado nação, capital nacional ou fração internacional) atuando sobre a pluralidade de Estados nação,[444] isso não indica um movimento de consolidação de um Estado global. Os pontos

---

[441] No caso do Brasil, isso pode ser observado, de maneira exemplar, com relação às transformações do Direito do Trabalho ao longo do século XX. Sobre essa questão, ver: SIQUEIRA NETO, José Francisco. *Direito do Trabalho e Democracia*: apontamentos e pareceres. São Paulo: LTr, 1996, p. 181 *e ss*. Ou ainda: SIQUEIRA NETO, José Francisco. *Liberdade sindical e representação dos trabalhadores nos locais de trabalho*. São Paulo: LTr, 1999, pp. 293 *e ss*.

[442] JESSOP, Bob. *The capitalist state*. Oxford: Martin Robertson & Company Ltd., 1982, p. 128.

[443] Em sentido semelhante é a explicação de Hirsch em: *Teoria materialista do Estado*. São Paulo: Revan, 2010, pp. 179 *e ss*.

[444] JESSOP, Bob. *The capitalist state*. Oxford: Martin Robertson & Company Ltd., 1982, p. 128.

CAPÍTULO III - A TEORIA DERIVACIONISTA DO ESTADO

anteriormente mencionados aparecerão desde o início do debate sobre a derivação e em momentos posteriores. De início, cabe indicar a precursora dessa questão: Claudia von Braunmühl.

A pensadora e cientista política Claudia von Braunmühl se sobressaiu no estudo a respeito do Estado e sua internacionalização ao tempo do debate da derivação do Estado. Pelo menos dois artigos da autora daquele período podem ser destacados: "Movimento do mercado mundial do capital, Imperialismo" – *Weltmarktbewegung des Kapitals, Imperialismus und Staat* (1973)[445] e "Acumulação do capital no contexto do mercado mundial: abordagem metodológica para uma análise do Estado nacional burguês" – *Kapitalakkumulation im Weltmarktzusammenhang. Zum methodischen Ansatz eine Analyse des bürgerlichen Nationalstaats* (1974).[446] Em ambos, a análise do mercado mundial se faz presente como elemento para formular uma teoria a respeito do Estado.

A autora alemã argumenta que a acumulação primitiva foi a premissa para formação dos Estados e teve como base necessária de seu desenvolvimento o mercado mundial, que passou também a desempenhar um papel-chave na organização da produção e circulação das mercadorias, relacionando-se com a valorização do capital-dinheiro. Nas palavras de Braunmühl:

> A existência de unidades políticas nacionalmente delimitadas, dotadas de atribuições soberanas, foi, desde o início, a premissa e meio específico do estabelecimento e consolidação de uma

---

[445] BRAUNMÜHL, Claudia von. "Weltmarktbewegung des Kapitals, Imperialismus und Staat". *In*: BRAUNMÜHL, Claudia von *et al*. *Probleme einer materialistischen Staatstheorie*. Frankfurt/M: Suhrkamp, 1973.

[446] BRAUNMÜHL, Claudia von. "Kapitalakkumulation im Weltmarktzusammenhang. Zum methodischen Ansatz eine Analyse des bürgerlichen Nationalstaats". *In*: EBERLE, Friedrich (Coord.). *Gesellschaft:* Beiträge zur Marxschen Theorie 1. Frankfurt am Ma*In*: Suhrkamp, 1974. Em inglês: BRAUNMÜHL, Claudia von. "On the analysis of the bourgeois nation State within the world market context,". *In*: HOLLOWAY, John; PICCIOTTO, Sol (Coord.). *State and Capital*: a marxist debate. Londres: Edward Arnold (Publishers) Ltd., 1978.

relação de troca fundada na divisão do trabalho e baseada no modo de produção capitalista, e, portanto, do desenvolvimento das leis do capital. Porém, ao mesmo tempo, o surgimento do modo de produção capitalista tinha como premissa fundamental o mercado mundial, de um lado, no sentido de conquista de tesouros e na absorção de mercadorias; de outro lado, o mercado mundial era atmosfera vital do capital no sentido de que os processos de acumulação fragmentários não se ligavam formando uma única unidade, mas sim, aproveitando e modificando as funções das delimitações e dos aparatos de dominação pré-existentes, tendo assumido formas políticas de organização – precisamente o Estado burguês – que se relacionavam competitivamente com as demais.[447]

Dentro do modo de produção capitalista, a relação social desenvolvida é necessariamente de competição entre os vários capitais particulares; no entanto, a relação entre eles, no nível internacional, ocorre com algumas particularidades importantes, produzindo impactos significativos para as funções do Estado e, podemos acrescentar, para o Direito também.

Claudia von Braunmühl explica[448] que os capitais particulares em competição procuram os meios necessários para manter e ampliar a acumulação de capital, o que inclui a apropriação dos aparatos estatais para dirigi-los a favor de seu interesse, criando assim as condições mais favoráveis para tanto (podemos afirmar ainda que isso ocorre inclusive por meio da criação de normas jurídicas especialmente voltadas para tal objetivo). Como consequência, no nível internacional,

---

[447] BRAUNMÜHL, Claudia von. "On the analysis of the bourgeois nation State within the world market context". *In:* HOLLOWAY, John; PICCIOTTO, Sol (Coord.). *State and Capital*: a marxist debate. Londres: Edward Arnold (Publishers) Ltd., 1978, p. 168. Tradução nossa.

[448] BRAUNMÜHL, Claudia von. "On the analysis of the bourgeois nation State within the world market context". *In:* HOLLOWAY, John; PICCIOTTO, Sol (Coord.). *State and Capital:* a marxist debate. Londeres: Edward Arnold, 1978, pp. 162-177.

CAPÍTULO III - A TEORIA DERIVACIONISTA DO ESTADO

duas situações passam a coexistir: de um lado, há o fortalecimento dos múltiplos centros econômicos – o Estado-nação – voltados a assegurar a acumulação do capital; de outro lado, há a internacionalização das condições de produção e de circulação da mercadoria e do capital, realizado por intermédio dos organismos internacionais e do direito internacional. Ocorre assim um movimento dentro de uma relação de contradição, pois a internacionalização se desenvolve de maneira concomitante e concorrente com a nacionalização das condições de acumulação do capital. Podemos notar que tal situação fica evidenciada pela crescente importância dos organismos internacionais e do direito internacional, voltados para normatizar o circuito de trocas mercantis em nível mundial, utilizando inclusive sanções para tentar fazer valer suas regulamentações e decisões, o que serve para conferir maior estabilidade às condições gerais de reprodução do capital. Os Estados nacionais por sua vez, atendendo às demandas políticas em seu interior, tratam de resistir ou não a tais pressões, dinâmica esta que depende da correlação de forças entre classes e agentes sociais (estatais e privados) envolvidos e interessados nesse processo. Nesse contexto, existe uma tensão permanente entre as forças nacionais e as internacionais.

A autora procura, assim, incluir uma análise acerca do desenvolvimento da economia e do mercado mundial na elaboração de uma teoria do Estado, mostrando que a compreensão histórica das funções estatais deve ser feita considerando o circuito de trocas mercantis em nível nacional e internacional que se desenvolve com a industrialização e a consequente divisão internacional do trabalho:

> Portanto, com a revolução industrial, o processo de industrialização do país tornou-se ativamente abrangido pela estrutura de divisão internacional do trabalho, e, operando de acordo com a dinâmica da valorização do capital, efetuou mudanças permanentes sobre ele. No processo violento pelo qual a estrutura da divisão internacional do trabalho foi estabelecida formou-se a estrutura de comércio e de produção das colônias, de modo a satisfazer os requisitos de produção e do capital industrial (cf. Capital vol. 1, p. 705) e, assim, alcançar a acumulação necessária

> para assegurar o dispêndio de capital suficiente para o sucesso e a prosperidade do modo de produção capitalista nas regiões metropolitanas. A estrutura das relações internacionais tornou-se 'a expressão de uma particular divisão do trabalho' (Marx, Carta a Annenkob, MESW v. 1, p. 520) e alterado de acordo com ela; histórias distintas e particulares subsumiram-se e condensaram-se em uma única história mundial (*A ideologia alemã* [...]).[449]

E prossegue a autora, explicando como a expansão do capitalismo inglês impactou a organização política dos demais Estados:

> Considerando que a Inglaterra estava em competição no mercado mundial com os Estados que ainda estavam na fase de um capitalismo mercantil quase puro, os Estados europeus foram confrontados em ambos os mercados, interno e externo, por um concorrente tecnologicamente superior com conexões de mercado extensas que estava permanentemente na condição de efetuar transferência de valores por meio de trocas desigualmente lucrativas. Eles foram, assim, forçados, por um lado, a criar um complexo de produção e de circulação sem prejuízo do seu próprio controle e protegido, tanto quanto possível, de influências externas, por meio de tarifas de proteção e, por outro lado, revolucionar as relações econômicas e sociais para introduzir as relações capitalistas e promover o desenvolvimento de condições de concorrência da produção, ou, em suma, para desenvolver um capital nacional, que seria competitivo no mercado mundial. Quanto menos as relações pré-capitalistas de produção já estavam em estado de decadência, mais a aceleração mediada pelo Estado para acumulação contribuiu para a petrificação das relações pré-capitalistas de classe e mais o aparelho de Estado ativo tornou-se autônomo. Assim, em cada país metrópole que foi submetido à acumulação

---

[449] BRAUNMÜHL, Claudia von. "On the analysis of the bourgeois nation State within the world market context". *In:* HOLLOWAY, John; PICCIOTTO, Sol (Coord.). *State and Capital*: a marxist debate. Londeres: Edward Arnold, 1978, p. 170. Tradução nossa.

CAPÍTULO III - A TEORIA DERIVACIONISTA DO ESTADO

primitiva e à revolução industrial na esteira da Inglaterra, as relações de classe e a relação do aparato de Estado com a sociedade comportaram-se de uma maneira específica marcada pela posição do país no mercado mundial.[450]

Os argumentos desenvolvidos por Braunmühl servem assim de embasamento para a tese de que a constituição do mercado mundial está relacionada com a organização do trabalho dentro dos moldes capitalistas no interior dos Estados nacionais, nas palavras da autora o "(...) Estado-nação burguês é parte, tanto historicamente, quanto conceitualmente, do modo de produção capitalista".[451] Sendo assim, a internacionalização do circuito de trocas mercantis impacta a formação dos Estados e do Direito em escala mundial. Trata-se de uma linha de pensamento que será utilizada por autores como Werner Bonefeld e Joachim Hirsch. Antes de tratar destes autores, mostraremos que Simon Clarke, no mesmo período, também procurou apresentar uma teoria a respeito do Estado a partir da compreensão do capitalismo e do mercado mundial. Contudo, os resultados alcançados por esse autor foram menos profícuos, justamente por não estar alinhado com as premissas da teoria da derivação, sobre as quais se debruçaria posteriormente.[452]

Em uma obra de 1974, Simon Clarke – ao tratar acerca do desenvolvimento do capitalismo em seus aspectos gerais[453] – procurava mostrar justamente como o predomínio das relações capitalistas

---

[450] BRAUNMÜHL, Claudia von. "On the analysis of the bourgeois nation State within the world market context". *In:* HOLLOWAY, John; PICCIOTTO, Sol (Coord.). *State and Capital*: a marxist debate. Londres: Edward Arnold (Publishers) Ltd., 1978, p. 171. Tradução nossa.

[451] BRAUNMÜHL, Claudia von. "On the analysis of the bourgeois nation State within the world market context". *In:* HOLLOWAY, John; PICCIOTTO, Sol (Coord.). *State and Capital*: a marxist debate. Londres: Edward Arnold (Publishers) Ltd., 1978, p. 173. Tradução nossa.

[452] Ver: CLARKE, Simon. "The state debate". *In:* CLARKE, Simon (Coord.). *The state debate*. Londres: Palgrave Macmillan, 1991.

[453] CLARKE, Simon. *The development of capitalism*. London: Sheed and Ward, 1974, pp. 27 *e ss.*

no interior de cada um dos Estados não pode ser explicado apenas a partir do estudo de seus elementos internos, sendo necessário, portanto, apontar como uma realidade local impactou e foi impactada pelo mercado internacional, ou seja, pelos demais países. Nessa argumentação, Clarke explica que o surgimento do capitalismo na Inglaterra produziu consequências diretas nos Estados vizinhos: (i) as mercadorias de baixo custo produzidas pelos britânicos afetaram a produção nacional dos países nos quais eram comercializadas, provocando crises internas e, portanto, consequências para os camponeses e para estrutura feudal em nível mundial; (ii) os britânicos tiveram de aumentar seu poderio militar a fim de garantir seu domínio e interesses sobre colônias e demais países; e (iii) os demais países passaram a enfrentar uma dupla crise, de um lado, a atividade econômica se enfraquecia e a arrecadação de tributos consequentemente diminuía, de outro, havia a necessidade de fortalecimento do Estado, tanto militarmente – como forma de garantir a defesa interna e a intervenção externa – quanto administrativamente – equilibrando a balança comercial e criando mecanismos para proteger e desenvolver a economia em nível nacional.[454] Podemos observar ainda que, para aumentar sua força no campo *militar* e *administrativo*, o Estado dependia diretamente da existência de uma economia em crescimento, no primeiro caso, por conta dos custos envolvidos com o aparato militar; no segundo caso, não apenas por causa disso (ainda que o aparelho burocrático implicasse investimentos), mas porque determinadas medidas tomadas pela administração pública, inclusive protecionistas, estavam limitadas pelas possibilidades orçamentárias do Estado.

O desenvolvimento do capitalismo britânico ocorreu durante séculos. Nos demais países, no entanto, sobretudo da Europa, isso demandou um lapso temporal muito menor, justamente porque tais localidades foram impactadas pela realidade já amadurecida da Inglaterra.[455] Para

---

[454] CLARKE, Simon. *The development of capitalism*. London: Sheed and Ward, 1974, p. 28.

[455] No mesmo sentido, BRAUNMÜHL, Claudia von. "On the analysis of the bourgeois nation State within the world market context". *In*: HOLLOWAY, John; PIC-

CAPÍTULO III - A TEORIA DERIVACIONISTA DO ESTADO

enfrentar as consequências do capitalismo inglês, os proprietários de terras nos demais países da Europa tiveram de tomar medidas que fortaleceram o modo de produção capitalista e, portanto, a própria classe burguesa.[456] Conforme Clarke explica, existiram diversas razões para que os proprietários de terras agissem nesse sentido:

> Em primeiro lugar, observamos a crise das finanças estaduais. Esta crise foi dupla. Primeiro, a receita do Estado foi ameaçada apenas quando suas despesas tiveram que aumentar. Segundo o aumento das importações perturbou o equilíbrio do comércio e ameaçou uma saída de ouro. O desenvolvimento da indústria nacional ofereceu uma solução para ambos os problemas. Por um lado, ele ofereceu uma oportunidade, através de impostos, para o Estado aumentar as receitas. Por outro lado, através da substituição de importações, que oferecia a oportunidade para corrigir o desequilíbrio comercial.
>
> Em segundo lugar, o aumento da Grã-Bretanha deixou clara a dependência da força militar pelo poder econômico. Não só o poder para financiar uma grande máquina militar, mas também o poder de fazer todo o maquinário militar necessário. Assim, o desenvolvimento do capitalismo era a única maneira de enfrentar militarmente a Grã-Bretanha.
>
> Em terceiro lugar, os países que desenvolveram o capitalismo já tinham experimentado alguma comercialização da agricultura, a diferenciação do campesinato, o desenvolvimento da manufatura em larga escala. O núcleo de uma classe capitalista

---

CIOTTO, Sol (Coord.). *State and Capital*: a marxist debate. Londres: Edward Arnold (Publishers) Ltd., 1978, p. 174.

[456] Conforme apontamos anteriormente, Hirsch mostra ainda o efeito reverso. A burguesia, ainda não dominante, precisava se apoiar nos conflitos de classe existentes e utilizar-se do Estado, num ambiente pré-capitalista, ao seu favor. HIRSCH, Joachim. "The state apparatus and social reproduction: elements of a theory of the bourgeois State". *In:* HOLLOWAY, John; PICCIOTTO, Sol (Coord.). *State and Capital*: a marxist debate. Londres: Edward Arnold (Publishers) Ltd., 1978, p. 63. Originalmente em: *Staatsapparat und Reproduktion des Kapitals*. Frankfurt/M: Suhrkamp, 1974, pp. 22-23.

já existente e a classe latifundiária tiveram uma experiência de melhoria agrícola.[457]

Além de tratar das especificidades do caso britânico, o autor procura explanar a respeito das particularidades de alguns países, mostrando, de certa forma, uma preocupação mencionada anteriormente: realizar uma análise da constituição histórica do Estado, ou seja, da realidade particular de cada uma das localidades, neste caso, conjugada com uma explicação a respeito da economia mundial. No entanto, é justamente em outro ponto – a constituição formal do Estado – que Clarke ainda mostrará certas insuficiências.[458] Isso fica evidenciado no seguinte excerto de sua obra:

> Mas não é apenas como um impedimento direto que o Estado é importante, pois é o Estado que codifica e administra a lei. O tipo de direito que o capitalismo exige para o seu desenvolvimento é muito diferente do que o adequado, por exemplo, para uma sociedade feudal. As mudanças mais importantes no Direito estão relacionadas, não por acaso, à propriedade de um lado e ao trabalho do outro. Por exemplo, é necessário para o desenvolvimento do capitalismo que a usura seja legal. É essencial que a ideia feudal de propriedade como sendo algo social, o que implica obrigações sociais, seja substituída pela ideia capitalista de propriedade como sendo algo privado e livremente transferível, o que implica em direitos, mas em nenhuma obrigação.
>
> É essencial que haja leis para obrigar as pessoas a trabalhar, ou seja, as leis contra a vadiagem, e as leis que permitam a remoção de trabalhadores de seus meios de produção, de modo a criar uma força de trabalho livre.[459]

---

[457] CLARKE, Simon. *The development of capitalism*. London: Sheed and Ward, 1974, pp. 29-30. Tradução nossa.

[458] Posteriormente, o autor escreverá a respeito do tema mostrando um domínio muito mais claro a respeito dessa questão. Ver: CLARKE, Simon. "The state debate". CLARKE, Simon (Coord.). *The state debate*. Londres: Palgrave Macmillan, 1991.

[459] CLARKE, Simon. *The development of capitalism*. London: Sheed and Ward, 1974, p. 50. Tradução nossa.

CAPÍTULO III - A TEORIA DERIVACIONISTA DO ESTADO

Neste trecho, Clarke acaba por incorrer num equívoco relativamente comum no próprio marxismo: tentar explicar as particularidades do Direito no capitalismo, em relação ao feudalismo, a partir de uma mera descrição do conteúdo das normas jurídicas, no caso, afirmando, por exemplo, que as leis passaram a tolerar a usura (favorecendo a economia financeira), a punir a vadiagem (constrangendo os trabalhadores a se inserirem no modo de produção capitalista). Com isso, no máximo, torna-se possível observar que as leis passaram a ter uma funcionalidade para o modo de produção capitalista. Uma crítica a esta argumentação não significa negar que isso tenha ocorrido, mas sim, mostrar a insuficiência de se limitar a análise do Direito aos seus conteúdos, cujo resultado é a ausência completa a respeito da forma jurídica e sua relação com a forma mercadoria, nos moldes apresenta- dos por Pachukanis e outros autores da teoria da derivação (conforme explicamos nos capítulos anteriores).

A explicação de Bonefeld, feita em um momento posterior, contrasta com a de Clarke e serve para ilustrar como o Estado pode ser pensado a partir da economia mundial e das categorias econômicas de Marx. Bonefeld explica que o capital tem a tendência de expandir a apropriação da mais-valia e de homogeneizar a realidade social, que se realiza no deslocamento da produção e circulação das mercadorias para o mercado mundial.[460] Ocorrendo isso, desenvolve-se concomitantemente a existência do trabalho abstrato na realidade concreta do mercado mundial, pois ele integra o próprio processo pelo qual o capital se reproduz.[461]

Para sustentar sua argumentação, Bonefeld remete a diversos excertos dos *Grundrisse*, de Marx, nos quais este explica que: (i) há uma dupla tendência do capital, primeiro a de criar continuamente mais trabalho excedente, segundo a de aumentar os pontos de troca (que por sua vez permite a absorção do trabalho excedente), razão pela qual

---

[460] Cf. MARX, Karl & ENGELS, Friedrich. *A ideologia alemã*. São Paulo: Boitempo Editorial, 2007, pp. 40 e ss.

[461] BONEFELD, Werner. "Social Constitution and the form of the capitalist State". *In*: BONEFELD, Werner; GUNN, Richard; PSYCHOPEDIS, Kosmas (Coord.). *Open Marxism*. vol. 1. London: Pluto Press, 1992, pp. 112-113.

"(...) a tendência de criar o mercado mundial está imediatamente dada no próprio conceito de capital. Cada limite aparece como barreira a ser superada";[462] (ii) nas economias originárias, a totalidade da troca eram acessórios relacionados com o supérfluo; no capitalismo, a atividade mercantil será um momento intrinsecamente ligado à produção como um todo; assim, o próprio dinheiro aparecerá de forma diferente: não mais como troca do excedente, mas como "(...) saldo do excedente no processo global da troca internacional de mercadoria", sendo agora "moeda tão somente como moeda mundial";[463] (iii) no mercado mundial, "a produção é posta como totalidade, assim como cada um de seus momentos, na qual, porém, todas as contradições simultaneamente entram em processo",[464] razão pela qual a produção se constitui ao mesmo tempo, como pressuposto e portadora dessa totalidade.

Bonefeld concluirá, então, que a inversão da reprodução social como produção do capital se completa em nível mundial:

> O mercado mundial como o resultado do deslocamento conceitual da abstração substantiva transforma-se em uma premissa da riqueza abstrata, uma premissa que serve como um pressuposto para a reprodução das relações sociais de produção. O mercado mundial constitui um modo de existência da presença do trabalho dentro capital. As condições de vida são, assim, subordinadas ao desenvolvimento concreto mais abundante da tendência antagônica do capital e do trabalho. Assim, a expansão máxima do processo de riqueza abstrata fundada na exploração inclui também a expansão do poder do dinheiro como forma de valor por causa do caráter internacional do circuito do capital-dinheiro dentro do circuito do capital-social, situado

---

[462] MARX, Karl. *Grundrisse*: manuscritos econômicos de 1857-1858: esboços da crítica da economia política. São Paulo: Boitempo, p. 332.

[463] MARX, Karl. *Grundrisse*: manuscritos econômicos de 1857-1858: esboços da crítica da economia política. São Paulo: Boitempo, p. 170.

[464] MARX, Karl. *Grundrisse:* manuscritos econômicos de 1857-1858: esboços da crítica da economia política. São Paulo: Boitempo, pp. 170-171.

CAPÍTULO III - A TEORIA DERIVACIONISTA DO ESTADO

no mercado mundial. Do ponto de vista conceitual aqui defendido, o deslocamento da presença do trabalho no interior do capital da produção para o mercado mundial subordina as condições de vida para a forma mais ricamente desenvolvida da categoria de trabalho abstrato.[465]

Com base nessa argumentação, Bonefeld irá afirmar que o desenvolvimento da economia em nível nacional está, portanto, "(...) subordinado à igualdade, à repressão, expressão última e reificada do valor na forma do (caráter internacional do) circuito do capital dinheiro".[466] Tais ideias levarão o pensador a uma conclusão que ele remete diretamente ao artigo escrito por Braunmühl: a imposição do trabalho, nos moldes capitalistas, ocorrida no interior da economia dos Estados nacionais, tem como premissa a constituição de um mercado mundial.

A partir da exposição de Bonefeld, pode-se inferir que a tendência do capital em *expandir a apropriação da mais-valia e de homogeneizar a realidade social* ocorre em nível mundial, ao mesmo tempo que, no nível nacional, a liberdade e igualdade formais passam a ser reconhecidas pelos Estados como pressupostos *jurídicos* para a ocorrência dessa tendência. A exposição de Bonefeld, portanto, ilustra perfeitamente o acúmulo decorrente da teoria da derivação do Estado, especialmente sua ligação direta com a teoria de Braunmühl, mostrando ainda um avanço significativo em temos de teoria do Estado se comparado com os argumentos expostos por Clarke no texto mencionado anteriormente,[467] em que este também se propunha

---

[465] BONEFELD, Werner. "Social Constitution and the form of the capitalist State". *In:* BONEFELD, Werner; GUNN, Richard; PSYCHOPEDIS, Kosmas (Coord.). *Open Marxism*, vol. 1. London: Pluto Press, 1992, pp. 112-113. Tradução nossa.

[466] BONEFELD, Werner. "Social Constitution and the form of the capitalist State". *In:* BONEFELD, Werner; GUNN, Richard; PSYCHOPEDIS, Kosmas (Coord.). *Open Marxism*, vol. 1. London: Pluto Press, 1992, p.113. Tradução nossa.

[467] Não podemos deixar de mencionar que Clarke, quando da publicação do texto de Bonefeld, já demonstra um conhecimento sobre o estado da questão muito mais avançado que o da sua publicação da década de 1970 aqui referenciada, o que pode

a combinar a análise da constituição histórica do Estado e do Direito com o exame do mercado mundial e das relações sociais do modo de produção capitalista.

Nas obras de Hirsch, a relação entre mercado mundial e Estado é mencionada de forma assistemática em alguns momentos, conforme se observa, por exemplo, quando o filósofo alemão argumenta que o controle dos mercados e áreas de investimento no exterior, realizado de forma diplomática ou militar, deve ser visto como um fator que propicia a estabilidade política interna do Estado. Assim, a garantia das condições de reprodução do capital no exterior tem efeitos na ordem interna.[468]

Tais menções também aparecem na sua obra de 1974, na qual o autor afirma que o modo de produção capitalista se expande em nível mundial, impactando diversos níveis e situações: mecanização da mão de obra, racionalização da organização produtiva; o aumento da exportação do capital e do comércio mundial; avanço do imperialismo e da divisão internacional do trabalho.[469]

Essa questão, no entanto, é apresentada em mais detalhes numa obra escrita em coautoria com Roland Roth, no qual eles descrevem *A nova face o capitalismo*,[470] o que demonstra a importância da preocupação originalmente expressa ao tempo do debate da derivação do Estado. Os autores afirmam que as transformações do tradicional

---

ser observado em seu artigo intitulado "The state debate". *In:* CLARKE, Simon (Coord.). *The state debate*. Londres: Palgrave Macmillan, 1991.

[468] HIRSCH, Joachim. "The crisis of mass integration: on the development of political repression in Federal Germany". *International journal of urban and regional research*, vol. 2, n. 2, 1978, p. 227.

[469] HIRSCH, Joachim. "The state apparatus and social reproduction: elements of a theory of the bourgeois State". *In:* HOLLOWAY, John; PICCIOTTO, Sol (Coord.). *State and Capital*: a marxist debate. Londres: Edward Arnold (Publishers) Ltd., 1978, pp. 76 *e ss*. Originalmente em: HIRSCH, Joachim. *Staatsapparat und Reproduktion des Kapitals*. Frankfurt/M: Suhrkamp, 1974, pp. 42 *e ss*.

[470] HIRSCH, Joachim; ROTH, Roland. *Das neue Gesicht des Kapitalismus*: Vom Fordismus zum Post-Fordismus. Hamburg: VSA, 1986.

CAPÍTULO III - A TEORIA DERIVACIONISTA DO ESTADO

Estado-nação alteram a relação entre a sociedade civil e o Estado, sendo tal mudança decorrência do declínio do modelo fordista de produção (expressão que se torna recorrente entre diversos pensadores da derivação), que, por sua vez, é explicado, sobretudo, como resultado das crises econômicas e de um processo de crescente internacionalização do capital.[471]

Os autores explicam que o crescimento da competição internacional aumenta a pressão sobre diversos setores, inclusive sobre o Estado, que procura adequar-se a essa realidade em vários níveis, desde a produção de conhecimento – especialmente nas áreas de ciência e tecnologia – até a infraestrutura necessária para exploração dos recursos naturais e para produção e circulação de mercadorias.[472] Podemos acrescentar, ainda, que a legislação, a jurisprudência, o direito internacional e a própria organização judiciária[473] dos Estados sofreram impactos e pressões decorrentes do acirramento da competividade global.

Hirsch e Roth argumentam ainda que o desenvolvimento do Estado de bem-estar social foi um componente da forma fordista de socialização, tese esta que suscitará intensos debates entre os pensadores da teoria da derivação, que verão, nos novos regimes de organização da produção, uma das razões pelas quais o Estado modificará suas formas de intervenção e regulação da economia.[474] Os autores afirmam ainda que esta adequação entre o regime fordista e o Estado de bem-estar social explica porque determinados grupos do grande capital puderam ser complacentes com as políticas sociais, um fenômeno ocorrido inclusive no Brasil nas décadas de 60 a 80 do século XX.

---

[471] HIRSCH, Joachim; ROTH, Roland. *Das neue Gesicht des Kapitalismus*: Vom Fordismus zum Post-Fordismus. Hamburg: VSA, 1986, p. 64.

[472] HIRSCH, Joachim; ROTH, Roland. *Das neue Gesicht des Kapitalismus*: Vom Fordismus zum Post-Fordismus. Hamburg: VSA, 1986, p. 66.

[473] Ver: MASCARO, Alysson Leandro. "As mudanças do processo civil e suas diretrizes atuais". MASCARO, Alysson Leandro. *Filosofia do direito e filosofia política*: a justiça é possível. Atlas: São Paulo, 2003.

[474] HIRSCH, Joachim; ROTH, Roland. *Das neue Gesicht des Kapitalismus*: Vom Fordismus zum Post-Fordismus. Hamburg: VSA, 1986, p. 67.

Com essas explicações os autores mostram que a diversidade de Estados não colide com o processo de valorização do capital; ao contrário, a competitividade destes serve para criar e impulsionar as condições mais propícias para tanto.

Percebe-se assim que as considerações a respeito da formação dos Estados na sua relação com a economia mundial constitui uma base relevante não apenas para discutir a origem da organização estatal na Europa, mas também as experiências vivenciadas nos países da periferia econômica,[475] inclusive o Brasil,[476] cujo surgimento na forma independente, no século XIX, ocorreu com a existência da escravidão no território nacional voltada para atender às necessidades da economia capitalista desenvolvida na Europa.

A exposição de Hirsch sobre o mercado mundial poderia ser considerada datada, uma vez que foi apresentada há três décadas. Contudo,

---

[475] Para tanto, é necessário combinar a análise da constituição formal com a histórica, conforme explica Nakatami: "A dedução lógica da forma Estado é realizada a nível geral e abstrato. Não é ligada a qualquer formação social em particular. Enquanto teoria, refere-se ao modo de produção capitalista. A gênese histórica e espacial deste modo de produção articula-se em torno da formação dos Estados-Nações, profundamente diferenciados entre si. Assim, mesmo para os países do 'Centro', a utilização da teoria da derivação exige que se leve em conta a evolução do modo de produção capitalista até a sua dominação completa e o ritmo da difusão das relações mercantis em cada realidade específica. O processo histórico deverá preencher de determinações concretas os conceitos de regime político, funções do Estado e intervenção estatal e pública. No caso da 'Periferia' ou dos países 'subdesenvolvidos', devemos ter em conta o fato de que 'o modo de produção capitalista não é o produto das contradições internas a estas sociedades', que cai de 'paraquedas do exterior', na expressão de Salama. Que a difusão das relações mercantis ocorre muito mais tarde, mas num ritmo muito mais acelerado". (NAKATAMI, Paulo. "Estado e acumulação do capital: discussão sobre a teoria da derivação". *Análise Econômica*, ano. 5, n. 8, pp. 35-64, março 1987, p. 59. Disponível em: http://seer.ufrgs.br/AnaliseEconomica/article/view/10261/5999. Acesso em: 19 de agosto de 2011.).

[476] Um estudo desse gênero pode ser encontrado em: MILANI, Marcelo. *Estado, acumulação de capital e subdesenvolvimento no Brasil (1930-1980)*. 2002. 134 f. Dissertação (Mestrado em Teoria Econômica). Faculdade de Economia, Administração e Contabilidade, Universidade de São Paulo, São Paulo, 2002. Disponível em: http://www.teses.usp.br/teses/disponiveis/12/12138/tde-09122002-121846/publico/estado-acumulacao.pdf. Acesso em: 21 de maio de 2011.

CAPÍTULO III - A TEORIA DERIVACIONISTA DO ESTADO

em uma de suas obras contemporâneas, *Teoria Materialista do Estado*, o filósofo alemão reafirma o papel fundamental da multiplicidade de Estados no circuito de trocas mercantis no nível mundial, mostrando que a internacionalização do Estado não implica na independência do capital em relação a estes, pois:

> (...) o capital não se torna de modo algum 'sem Estado', mas apoia-se de maneira diferente nas estruturas dos Estados internacionalizados. Tal como antes, as empresas multinacionais voltam-se para os potenciais de força e de organização dos Estados. Por isso, não é nenhum acaso o fato de que elas, geralmente tenham suas sedes nos centros capitalistas dos Estados política, econômica e militarmente dominantes. São os Estados que proporcionam a infraestrutura social econômica e técnica que é ainda mais significativa para o desenvolvimento da tecnologia avançada para o processo de valorização. As redistribuições materiais no interior e entre as classes não são realizáveis sem a violência estatal e a existência dos Estados continua sendo elementar para a regulação das relações de classe, para legitimação das relações dominantes e para a garantia de certa coesão social.[477]

A exposição elaborada por Hirsch deixa claro ainda que o direito internacional não pode ser resposta para enfrentar os problemas decorrentes do desenvolvimento das relações capitalistas em escala mundial. Noutras palavras, o agravamento da crise de legitimidade do Estado[478]

---

[477] HIRSCH, Joachim. *Teoria Materialista do Estado*. São Paulo: Revan, 2010, p. 180.

[478] "(...) a internacionalização do direito envolve um fortalecimento do Estado autoritário e uma perda de poder dos parlamentos. Quanto mais a aplicação do direito se desloca para o plano internacional, mais claramente ela se torna um assunto das burocracias governamentais. Exemplos marcantes disso são não apenas os processos no interior da Organização Mundial do Comércio, mas também na União Europeia com o seu Conselho de Ministros enquanto órgão legislativo próprio. Acentua-se a tendência, inerente à sociedade burguesa, de transformação do Estado de direito em um Estado de medidas provisórias. Essa forma de 'implementação jurídica governamental' (ver Bogdandy, 2000) é justificada por sua maior eficiência e por uma 'necessidade social' de ação política punitiva – um argumento que sempre ressurge em favor de

e aumento na degradação socioambiental[479] estão ligados ao próprio movimento de reprodução e expansão do capitalismo em nível global, portanto, a solução apresentada por Gerstenberger – fortalecimento do direito internacional, citada por nós anteriormente[480] – significa enveredar por um caminho que jamais poderia solucionar os problemas mencionados, uma vez que intrínseco às contradições inerentes à economia capitalista.

Observando os debates em torno do Estado e do mercado mundial, é impossível não perceber sua proximidade com outro tema: as crises econômicas do capitalismo. Conforme vimos no início, foi justamente a insuficiência do poder estatal para evitar as recessões e suas consequências que motivou, em parte, o debate sobre a derivação do Estado. A década de 1990 e as primeiras do início do século XIX foram períodos nos quais as crises econômicas permaneceram, formando o consenso de que os problemas da década de 1980 e seguintes não eram conjunturais, mas estruturais. Veremos, assim, que os debates sobre esse tema, mais atuais do que nunca, vão se aprofundar envolvendo os pensadores da derivação na denominada 'teoria da regulação'.

---

relações autoritárias" (HIRSCH, Joachim. *Teoria Materialista do Estado*. São Paulo: Revan, 2010, p. 193).

[479] "Tal como antes, os estados possuem, dependendo das relações sociais de força nele presentes, uma margem de ação própria, ainda que altamente diferenciada. Isso, por sua vez, fundamenta a possibilidade de diversas estratégias de ligação com o mercado mundial. As desigualdades resultantes disso, como no caso das relações salariais, o padrão ecológico ou a infraestrutura tecnológica, são pressupostos decisivos do processo de acumulação e valorização global. Eles se baseiam no fracionamento econômico do mundo, e a existência de Estados é decisiva para que a 'globalização' não provoque nenhuma homogeneização das relações de classe e de exploração. A formação de 'redes de criação de valor' transnacionais, que representa um meio fundamental da racionalização pós-fordista, apoia-se sobre essas condições. Quanto mais fortemente a política estatal se concentre em criar condições atrativas de valorização em concorrência com outros Estados, visando atrair um capital cada vez mais móvel, tanto mais ela colide com as condições de um desenvolvimento econômico equilibrado e social integrador" (HIRSCH, Joachim. *Teoria Materialista do Estado*. São Paulo: Revan, 2010, p. 180).

[480] GERSTENBERGER, Heide. *Impersonal power*: History and Theory of the Bourgeois State. Chicago: Haymarket Books, 2005, pp. 681 *e ss*. Em alemão: GERSTENBERGER, Heide. *Die subjektlose Gewalt*: Theorie der Entstehung bürgerlicher Staatsgewalt. Münster: Westfälisches Dampfboot, 2006, pp. 529 *e ss*.

3.9 Regulação e crise

Nosso propósito aqui não é o de explicar a denominada *teoria da regulação* em seus pormenores, mas apenas indicar o ponto de contato existente com a teoria da derivação, destacando, assim, que uma teoria a respeito do Estado não pode ignorar o modo como este se relaciona com as crises econômicas.

A *teoria da regulação* teve como objetivo entender a conexão entre as formas institucionais e as regularidades dinâmicas da economia capitalista, mostrando como as instituições econômicas e extra-econômicas têm se modificado contemporaneamente para assegurar – ainda que de maneira temporária, contraditória e conflituosa – a acumulação de capital.

Bob Jessop explica que as teorias sobre a regulação se desenvolvem no decorrer década de 1970, a partir de sete vertentes, dentre as quais: "A abordagem da Alemanha Ocidental, que combina a crítica marxista da economia política, as análises parisienses e categorias teórico-estatais em uma síntese única que se destina a explorar modos alternativos de regulação econômica e regulação societal".[481]

---

[481] JESSP, Bob; SUM, Ngai-Ling. *Beyond the regulation aprroach*: putting capitalist economies in their place. Cheltenham, UK, Northampton, MA, USA: Edward Elgar, 2006, pp. 18-19. Tradução nossa. As outras seis vertentes são: "1. The 'regulation through overaccumulation-devalorization' school developed from the mid-1960s by Paul Bocarra, chief economist of the French Communist Party, to analyse the long-term dynamic and crisis-mediated self-regulation of capitalism that is largely achieved through changes in the forms of overaccumulation and devalorization of capital. 2. The approach of the *Groupe de recherche sur la régulation d'économies capitalistes* (GRREC), based in Grenoble, which analyses the role of profit rates and their equalization through competition in the regulation of plurinational economic spaces. 3. The dominant Parisian school, with its interest in the succession of technological paradigms, accumulation regimes and modes of regulation, their crisis tendencies, and the trial-and-error search process that might lead to another period of stable accumulation. In its formative period, it was especially concerned with the wage relation. (...) 5. The Amsterdam School, which is interested in the capacity of specific fractions of capital to develop 'concepts of control' that secure both relatively stable accumulation and political, intellectual and moral hegemony, especially in the context of European integration, transatlantic relations and the wider international division of labour. 6. The Nordic economic policy models school, which developed a distinctive regulation approach to understand the economic policy problems

Esta vertente da *teoria da regulação* está diretamente relacionada com a teoria da derivação alemã, cujo propósito, conforme vimos, seria entender a natureza do capitalismo por meio de um movimento progressivo partindo das suas determinações mais abstratas para suas formas e funções mais diversificadas e contingentes.[482]

Não é difícil observar os pontos de convergência entre a *teoria da derivação* e a *teoria da regulação* alemãs: o contexto histórico (por exemplo, a crise do fordismo e do Estado de bem-estar social e a emergência de novos movimentos sociais); os fundamentos teóricos (utilização das ideias marxistas para crítica do capitalismo e para criação de uma teoria do Estado); a relação entre análise econômica e social (estudo do papel chave exercido pela separação capitalista entre instituições políticas e econômicas).[483] Além disso, ambas compartilham da necessidade de se rejeitar as análises stalinistas e do período da Guerra Fria, consideradas dogmáticas, insuficientes e simplistas.

Mesmo compartilhando destes pontos de contato, uma divergência se abre entre as duas correntes teóricas, levando autores como Bonefeld e Holloway a criticar a teoria da regulação pela preocupação em formular apenas uma *explicação* para a recorrente estabilização do capitalismo e para as formas de superação de suas crises – não obstante a tendência de colapso ser parte de sua natureza[484] –, raciocínio que conduz à naturalização do capitalismo e ao menosprezo do potencial

---

of small open economies. 7. The American radicals, who combine radical political economy, econometrics and political sociology to analyse different social structures of accumulation".

[482] JESSP, Bob; SUM, Ngai-Ling. *Beyond the regulation aprroach*: putting capitalist economies in their place. Cheltenham, UK, Northampton, MA, USA: Edward Elgar, 2006, p. 45.

[483] Cf. JESSP, Bob; SUM, Ngai-Ling. *Beyond the regulation aprroach*: putting capitalist economies in their place. Cheltenham, UK, Northampton, MA, USA: Edward Elgar, 2006, p. 21.

[484] Tendência essa reconhecida como inerente ao capitalismo pelos pensadores da teoria da regulação.

CAPÍTULO III - A TEORIA DERIVACIONISTA DO ESTADO

revolucionário da luta de classes.[485] Noutras palavras, ainda que a teoria da regulação faça críticas pontuais ao capitalismo e denuncie a inevitabilidade das crises, não sustenta a viabilidade de modelos alternativos, tampouco apresenta quais seriam os caminhos políticos e econômicos para alcançar tais alternativas.

Jessop considera essa crítica inadequada e a refutou,[486] mas reconhece que as pesquisas desenvolvidas pelos teóricos da regulação procuram estudar o capitalismo como objeto histórico específico, mas não pretendem fazer uma reflexão filosófica para uma crítica da realidade em geral.[487] Aqui, novamente, não surpreende que as teorias de Jessop tenham seguido por caminhos que o levaram a escrever obras cada vez mais distantes de horizontes voltados para a transformação radical da sociedade. Holloway explica justamente o caminho pelo qual alguns autores enveredaram após a década de 1980:

> O desenvolvimento histórico deu um novo significado à trama teórica da década de 1970. Anteriormente, o que poderia ser visto como ambiguidades produtivas tornou-se então contradições com implicações reacionárias. No início dos anos 1970, enfatizar as leis objetivas do desenvolvimento capitalista significava enfatizar a natureza intrinsecamente instável do capitalismo. No final dos anos 1980, as denominadas 'linhas

---

[485] Ver: BONEFELD, Werner. "Aglietta in England: Bob Jessop's contribution to the regulation approach". *In:* SEBAÏ, Farida; VERCELLONE, Carlo (Coord.). *Ecole de la régulation et critique de la raison économique*. Paris: L'Harmattan, 1994, pp. 96-127. Também: BONEFELD, Werner. "Reformulation of state theory". *Capital and Class*, Conference of Socialist Economists (CSE), n. 33, pp. 96-127, 1984. Ou ainda: BONEFELD, Werner; HOLLOWAY, John (Coord.). *Post-Fordism and Social Form*: a marxist debate on the Post-Fordist State. Macmillan: London, 1991.

[486] Ver: JESSOP, Bob. "Polar Bears and Class Struggle: Much less than a Self-Criticism'." *In:* BONEFELD, Werner; HOLLOWAY, John (Coord.). *Post-Fordism and Social Form:* a marxist debate on the post-fordist State. London: Macmillan, 1991.

[487] JESSOP, Bob; SUM, Ngai-Ling. *Beyond the regulation aprroach*: putting capitalist economies in their place. Cheltenham, UK, Northampton, MA, USA: Edward Elgar, 2006, p. 16.

ineludíveis da tendência e da direção do mundo real' (Hall, 1985, p. 15) tornaram-se um argumento reformista para acomodar a reestruturação inevitável do capitalismo. Em um mundo onde aparentemente as leis objetivas do desenvolvimento capitalista têm esmagado lutas subjetivas da classe trabalhadora, parece que a única opção para os marxistas é escolher entre lamentar o aumento da violência e da repressão capitalista (Hirsch) ou argumentar a favor de uma acomodação com as novas 'realidades' (Hall, Jessop). Apesar de muito diferentes em suas origens e inspirações, ambas as variantes do tema pós-fordismo têm as mesmas implicações: a luta contra as leis do desenvolvimento capitalista é uma luta sem esperanças. O mundo se fechou, o futuro é determinado.[488]

As objeções de Holloway às ideias e argumentos de Jessop não se resumem apenas à questão analítica, mas também às consequências políticas que determinada teoria possui, ou seja, dentro dessa crítica se argumenta que seria necessário não apenas descrever as soluções do capitalismo para superar suas instabilidades, mas também os meios para alcançar uma ruptura com esse modo de produção. Altvater advertia que a crise não pode ser encarada simplesmente como um terreno a partir do qual as classes dominadas edificarão sua emancipação; na realidade, a crise é o espaço dentro do desenvolvimento da economia no qual o poder político do capital se regenera[489] (Margaret Wirth exemplifica esse fato mencionando as consequências da Grande Depressão de 1929 que fortaleceram ainda mais o modo de produção

---

[488] HOLLOWAY, John. "The Great Bear: post-fordism and class struggle: a comment on Bonefeld and Jessop". *In:* BONEFELD, Werner, HOLLOWAY, John (Coord.). *Post-Fordism and Social Form*: a marxist debate on the post-fordist State. London: Macmillan, 1991, pp. 97-98. Tradução nossa.

[489] ALTVATER, Elmar. "Die bürgerliche Hegemonie, die 'Logik der ökonomischen Sachzwänge' und die Alternative der Arbeiterbewegung". *In*: Arbeitskreis Westeuropäische Arbeiterbewegung *et al.* (Coord.). *Eurokommunismus und Theorie der Politik*. Berlin W: Argument-Verlag, 1979. (Argument-Sonderband AS 44), p. 71.

CAPÍTULO III - A TEORIA DERIVACIONISTA DO ESTADO

capitalista).[490] No mesmo sentido, Picciotto afirma que enquanto permanecem as bases adequadas para a expansão contínua do capitalismo, as crises acabarão servindo para quebra das contradições existentes no processo de acumulação e para a reestruturação social, de modo a resultar na criação de formas de organização distintas aptas a reestabelecer o processo de acumulação capitalista.[491] Considerando tais argumentos, Holloway enfatiza a necessidade de entender os caminhos que as crises podem criar e quais as estratégias da luta de classes para fazer dela uma oportunidade para uma mudança revolucionária, não reacionária.

Hirsch envolveu-se diretamente com a teoria da regulação,[492] no entanto, desenvolvendo teses distintas das de Jessop. Desde o início, o filósofo alemão chamava a atenção para um ponto relevante na teoria econômica marxiana e que foi objeto de análise pelos autores da regulação: *a queda tendencial da taxa de lucro*. Segundo Marx, essa tendência gradual é expressão do progresso da produtividade social do trabalho. Ainda que a taxa de lucro possa cair por questões acidentais e temporárias, isso ocorre no capitalismo porque faz parte da essência desse modo de produção, pois seu desenvolvimento faz com que a taxa média geral de mais-valia tenha de se exprimir pela queda da taxa geral de lucro, uma vez que a "massa de trabalho vivo empregado decresce sempre em relação à massa de trabalho materializado que põe em movimento,

---

[490] Cf. WIRTH, Margaret. "Zur kritik der Theorie des staatsmonopolistischen Kapitalismus". *Probleme des Klassenkampfs:* Zeitschrift für Ökonomie und sozialistische Politik. Erlagen: Politladen, n. 8/9 (Doppelheft), Mar. 1973, p.40. Disponível em: https://www.prokla.de/index.php/PROKLA/article/view/1793/1727. Acesso em: 13 de janeiro de 2011.

[491] Cf. PICCIOTTO, Sol. "The theory of the state, class struggle and the rule of law". *In:* FINE, Bob et al (Coord.). *Capitalism and the rule of law*: from deviancy theory to Marxism. London: Hutchinson, 1979, p. 164.

[492] Ver: HIRSCH, Joachim. "Zur Analyse des politischen Systems". *In:* HIRSCH, Joachim (Coord.). *Gesellschaft:* Beiträge zur Marxchen Theorie. Frankfurt, Surkamp, 1974, pp. 78-131. E também: "Kapitalreproduktion, Klassenauseinanderset- zungen und Widersprüche im Staatsapparat". *In:* BRANDES, Volker et al (Coord.). *Handbücher zur Kritik der politischen Ökonomie*, vol. 5. Frankfurt/M: Europäische Verlagsanstalt, pp. 161-181. Ou ainda: HIRSCH, Joachim. "The Fordist Security State and New Social Movements". *Kapitalistate*. San Francisco Bay Area Kapitalistate Group, n. 10-11, 1983, pp. 75-87.

à massa dos meios de produção produtivamente consumidos", o que leva à conclusão de que "a parte não paga do trabalho vivo, a qual se concretiza em mais-valia, deve continuamente decrescer em relação ao montante de valor do capital aplicado". Noutras palavras, o capital variável diminui progressivamente do ponto de vista relativo em relação ao capital constante, o que significa uma queda proporcional dos valores apropriados pelo capitalista, pois como a *taxa de lucro* consiste na relação entre o montante de mais-valia e o valor de *todo* o capital, então há uma diminuição permanente (tendencial) da lucratividade.[493] Conforme explica Marx na seção III do livro III de O capital:

> Uma vez que o desenvolvimento da produtividade [da força produtiva] e a correspondente composição superior do capital mobiliza quantidade cada vez maior de meios de produção com quantidade cada vez menor de trabalho, então, cada mercadoria isolada ou cada porção determinada da massa total produzida absorve menos trabalho vivo e, além disso, contém menos trabalho materializado, oriundo do desgaste do capital fixo aplicado ou das matérias-primas e auxiliares consumidas. É menor, portanto, a soma, encerrada em cada mercadoria, de trabalho materializado em meios de produção e de trabalho novo, adicionado durante a produção. Por isso, cai o preço de cada mercadoria. A massa de lucro contida em cada uma das mercadorias pode, entretanto, aumentar, se crescer a taxa da mais-valia absoluta ou relativa. Cada uma contém menos trabalho novo adicionado, mas a parte dele não paga aumenta em relação à paga. Ao desenvolver-se a produção, decresce enormemente, em termos absolutos, a soma de trabalho vivo de novo acrescentado a cada mercadoria e, com esse decréscimo, a parte não paga do trabalho nela contido diminui absolutamente, por mais que aumente em relação à parte paga. A massa de lucro correspondente a cada mercadoria diminuirá com o desenvolvimento da produtividade do trabalho, apesar de crescer a taxa de mais-valia e essa diminuição, como sucede com a taxa de lucro, apenas se modera

---

[493] MARX, Karl. *O capital:* livro 3. vol. 4. São Paulo: Civilização Brasileira, 2008, p. 283.

CAPÍTULO III - A TEORIA DERIVACIONISTA DO ESTADO

com o barateamento dos componentes do capital constante e com as outras circunstâncias apresentadas na parte primeira deste livro, as quais elevam a taxa de lucro para a taxa dada e, mesmo cadente, de mais-valia.[494]

Marx prossegue, então, explicando que essa tendência é agravada porque, apesar da taxa de lucro e da massa de lucro sobre mercadoria caírem, há um aumento da massa de lucro sobre a soma global das mercadorias:

> Fenômeno decorrente da natureza do modo capitalista de produção: aumentando a produtividade do trabalho, diminui o preço de cada mercadoria ou de dada quantidade de mercadoria, multiplica-se o número das mercadorias, reduzem-se a massa de lucro por mercadoria isolada e a taxa de lucro relativa à totalidade das mercadorias, mas aumenta a massa de lucro correspondente à totalidade das mercadorias. Na superfície, este fenômeno mostra apenas: queda da massa de lucro por cada mercadoria, queda de seu preço, aumento da massa de lucro correspondente à totalidade aumentada das mercadorias que produz todo o capital da sociedade ou ainda o capitalista isolado. Aventa-se então que o capitalista, por ser esta sua livre e espontânea vontade, reduz o lucro por unidade, mas se compensa pelo maior número de mercadorias que produz. Essa ideia repousa sobre a concepção do lucro como decorrência da venda (*profit upon alienation*), a qual, por sua vez, tem sua origem no prisma do capital mercantil.[495]

Assim, no modo de produção capitalista, quanto mais se intensifica a atividade produtiva e mais se barateiam as mercadorias, mais a taxa de lucro cai, não obstante sua massa cresce juntamente com o

---

[494] MARX, Karl. *O capital*: livro 3. vol. 4. São Paulo: Civilização Brasileira, 2008, pp. 297-298.

[495] MARX, Karl. *O capital:* livro 3, vol. 4. São Paulo: Civilização Brasileira, 2008, p. 303.

crescimento da massa de capital empregado: a "queda dos preços das mercadorias e o aumento da massa de lucro, em virtude da massa maior das mercadorias mais baratas, é apenas outra maneira de apresentar-se a lei da taxa cadente de lucro com acréscimo simultâneo da massa de lucro".[496] Noutras palavras, a manutenção dos níveis de lucratividade depende de um maior volume de mercadorias – cada vez mais baratas – circulando e sendo consumidas.

Por fim, na seção V do livro III, Marx concluirá que se trata de uma situação que se torna insustentável – ainda que existam meios para frear tal tendência[497] – uma vez que vai se tornando impossível que o tempo de trabalho excedente aumente indefinidamente, pois ele encontra um limite na própria realidade material, uma vez que do ponto físico-biológico não é possível ocupar o trabalhador durante todas as horas que compõem um dia de trabalho. Nas palavras de Marx, a

> (...) taxa de lucro diminui na proporção em que aumenta a acumulação de capital e acresce a correspondente produtividade do trabalho social, a qual se expressa no decréscimo relativo cada vez mais acentuado da parte variável do capital, comparada com a constante. Para produzir a mesma taxa de lucro, se o trabalhador passa a movimentar um capital constante dez vezes maior, é mister que decuplique também o tempo de trabalho excedente, e logo nem o tempo todo de trabalho daria para isso, mesmo que o capital se apoderasse das 24 horas do dia. (...) Em virtude da identidade entre mais-valia e trabalho excedente estabelece-se limite qualitativo à acumulação de capital: *a jornada total de trabalho*, as forças produtivas e a população, que, de acordo com seu nível, limitam o número das jornadas de trabalho simultaneamente exploráveis.[498]

---

[496] MARX, Karl. *O capital:* livro 3, vol. 4. São Paulo: Civilização Brasileira, 2008, p. 303.

[497] MARX, Karl. *O capital:* livro 3, vol. 4. São Paulo: Civilização Brasileira, 2008, pp. 307 *e ss*. Marx fala a respeito do aumento do grau de exploração do trabalho, da redução de salários, da baixa de preço dos elementos do capital constante, da superpopulação relativa, do comércio exterior e do aumento do capital em ações.

[498] MARX, Karl. *O capital*: livro 3, vol. 5. São Paulo: Civilização Brasileira, 2008, p. 527. Itálico no original.

CAPÍTULO III - A TEORIA DERIVACIONISTA DO ESTADO

De outro lado, o tempo de trabalho necessário (quantidade de horas voltadas para a reprodução da força de trabalho) não pode ser menor que zero, mas progressivamente se aproxima desse número. Os argumentos de Marx a respeito da "queda tendencial da taxa de lucro" foram objeto de inúmeras polêmicas e estudos empíricos, sobre os quais não queremos nos deter, mas que são relevantes, na medida em que servem para explicar diversos fenômenos, como o aumento do trabalho improdutivo frente ao produtivo.[499]

O que destacamos aqui é como a teoria da derivação – Hirsch particularmente – apropriou-se desse conceito para discutir a forma e as funções do Estado. Desde o início até o presente, o filósofo alemão argumenta que as crises são inerentes ao capitalismo e que o Estado historicamente tem de lidar com sua existência (justamente o tema que ocupa os pensadores da teoria de regulação).

Apoiando-se nas próprias ressalvas feitas por Marx a respeito do assunto, Hirsch argumenta que a queda da taxa de lucro não é uma tendência que se reproduz passivamente, sem que haja movimentos voltados para estabelecer uma contratendência. Dentre os movimentos de oposição à tendência,[500] dois são destacados por Hirsch: (i) o aumento da produtividade do trabalho, sobretudo pela via tecnológica (podemos acrescentar que os movimentos de qualidade total e de reestruturação produtiva fazem parte disso); e (ii) a expansão da exploração do trabalho em nível mundial.[501] Argumentando dessa maneira, Hirsch remete novamente aos temas anteriormente mencionados: a importância do mercado mundial, enquanto produtor e consumidor de mercadorias, para garantir o equilíbrio econômico e político no interior dos Estados;

---

[499] Ver: MANTEGA, Guido. "A lei da taxa de lucro: a tendência da queda ou a queda da tendência?". *Estudos Cebrap n. 16*, abril-junho, 1976.

[500] Sobre essa questão vide: THÉRET, Bruno; WIEVIORKA, Michel. *Critique de la théorie du "capitalism monopoliste d'État"*. Paris: François Maspero, 1978, pp. 36-37.

[501] HIRSCH, Joachim. "O problema da dedução [derivação] da forma e da função do Estado burguês". *In:* HELMUT, Reichelt; HIRSCH, Joachim; HENNIG, Eike *et al. A teoria do Estado:* materiais para reconstrução da teoria marxista do Estado. Rio de Janeiro: Tempo Brasileiro, 1990, p. 153.

o papel que a luta de classes desempenha para a concretização das estratégias de acumulação e exploração. Este último ponto, como vimos, é apontado pelo filósofo alemão como uma das lacunas no debate da derivação do Estado, razão pela qual ela afirmava que a lei da queda tendencial da taxa de lucro não pode ser vista como uma profecia de colapso,[502] mas sim como um processo cujas consequências estão abertas e sujeitas às intervenções da luta de classes.[503]

Tais argumentos aparecem no ápice do debate da derivação do Estado, quando Hirsch escreve sobre *O aparato do Estado e a reprodução social*,[504] descrevendo o papel do Estado para efetivar as contratendências, pois, as formas e a ordem de magnitude exigida não podem ser alcançadas mesmo pela ação conjunta das várias frações do capital. Neste sentido, ocorre a formação de monopólios promovidos pelo próprio Estado, que por sua vez exige desses grupos determinadas contrapartidas para compensar tal concentração. Um dos efeitos ainda é a consolidação de um forte sistema de arrecadação tributária e de concessão de créditos, realizado por meio do Estado, criado para possibilitar a melhor reprodução das relações capitalistas. Assim, o aparato estatal cresce perante os capitalistas individuais em seu esforço de arrecadar tributos e, ao mesmo tempo, utiliza tais recursos para estabilizar o sistema por meio das finanças públicas e assim favorecer certos grupos capitalistas mais poderosos. Neste ponto, pode-se notar como a situação acima descrita corresponde a que é vivenciada pelos Estados na atualidade. Na leitura vulgar acerca da carga tributária no Brasil, existe a crença de que o aumento dos tributos seria mero efeito do esforço do Estado em investir na área social.

---

[502] HOLLOWAY, John; PICCIOTTO, Sol. *"Capital, Crisis and State"*. *Capital and Class*, London: Conference of Socialist Economists, vol. 1, n. 2, Summer 1977, pp. 91-92.

[503] HIRSCH, Joachim. "Nach der Staatsableitung: Bemerkungen zur Reformulierung einer materialistischen Staatstheorie". *In: Aktualisierung Marx*. Berlin W: Argument-Verlag, 1983 (Argument-Sonderband AS 100), p. 163.

[504] HIRSCH, Joachim. "The state apparatus and social reproduction: elements of a theory of the bourgeois State". *In:* HOLLOWAY, John; PICCIOTTO, Sol. (Coord.). *State and Capital:* a marxist debate. Londres: Edward Arnold (Publishers) Ltd., 1978, pp. 86-87.

CAPÍTULO III - A TEORIA DERIVACIONISTA DO ESTADO

Na realidade, se tomarmos a carga tributária líquida – aquela que indica a efetiva capacidade de investimento estatal – e descontarmos o montante destinado a pagamento de juros da dívida pública, nota-se que houve diminuição da carga tributária no Brasil.[505] O que existe, portanto, é a crescente necessidade de se arrecadar recursos para devolvê-los ao capital financeiro como forma de se manter a "estabilidade econômica", leia-se, as condições de reprodução do capitalismo.

Em seus textos posteriores, Hirsch insiste nessa relação entre o mercado mundial e a atuação do Estado para enfrentar a queda da taxa de lucro, reforçando assim a relevância de se entender a ação do Estado considerando o desenvolvimento do capitalismo em escala global (conforme exposto no capítulo anterior). O filósofo alemão alude às políticas adotadas pela Alemanha ocidental para se manter competitiva no mercado mundial, amenizando os efeitos do declínio da taxa de lucro. Dentre as medidas adotadas encontra-se a mediação estatal do conflito entre capital e trabalho – institucionalizado por meio dos sindicatos – com o controle sobre as greves, a fim de que não produzam efeitos demasiadamente sérios na economia, o que também foi obtido por meio da disciplina organizacional.[506] Hirsch e Roth apontam ainda que em meados da década de 1980, com o aumento da integração comercial e da mobilidade do capital, cresceu igualmente a possibilidade de crises, sobretudo porque os Estados se tornaram altamente dependentes do capital externo.[507] Isso explica porque, a partir da década de 1990, época na qual a situação acima se expandiu, cresceram também as pressões sobre o Estado, no sentido de promover o "enxugamento" da máquina, de se garantir o superávit primário etc., evitando assim possíveis déficits.

---

[505] Cf. IPEA. "Carga tributária liquida e efetiva capacidade de gasto público do Brasil". *Comunicado da Presidência*, n. 23. Brasília, Ipea, jul., 2009. Disponível em: http://repositorio.ipea.gov.br/bitstream/11058/5303/1/Comunicado_n23_Carga_Tribut%C3%A1ria.pdf. Acesso em: 1º de dezembro de 2012.

[506] HIRSCH, Joachim. "The crisis of mass integration: on the development of political repression in Federal Germany". *International journal of urban and regional research*, vol. 2, n. 2, 1978, p. 226.

[507] HIRSCH, Joachim; ROTH, Roland. *Das neue Gesicht des Kapitalismus:Vom Fordismus zum Post-Fordismus*. Hamburg: VSA, 1986, p. 64.

Com essa argumentação, Hirsch enfatiza que a derivação da forma e do conteúdo do Estado, seu funcionamento político e administrativo inclusive, não podem estar desvinculados de uma análise das crises do modo de produção capitalista,[508] ou seja, do processo de valorização do capital. Isso pode ser observado nos seus primeiros escritos acerca da derivação do Estado:

> Em síntese, podemos dizer que as determinações gerais da forma e do conteúdo do Estado burguês, deduzíveis a partir das estruturas fundamentais e leis do processo capitalista de reprodução, têm de ser concretizadas historicamente com o auxílio de uma análise que esmiúça o desenrolar da crise e que descreve o modo como as barreiras imanentes ao processo de valorização são rompidas. Portanto, o desenrolar do desenvolvimento capitalista e com ele a configuração concreta e a função do aparelho estatal não seguem uma lei mecânica ou quase natural de desenvolvimento, sendo, ao invés, influenciadas por condições sociais específicas e por relações de classes, então, o processo social global de desenvolvimento e de revolução, bem como o Estado em suas funções, são determinados fundamentalmente pela lógica da lei do valor. E a partir daí devem ser determinados também os limites necessários a toda atividade administrativa do Estado, voltado à garantia do processo de reprodução que acontece em meio às crises. A quebra da lei do valor equivaleria à eliminação do Estado burguês.[509]

Tais ideias irão reaparecer ainda em outro texto de 1974, no qual Hirsch afirma já ter realizado a equivocada teoria burguesa do

---

[508] Hirsch mantém a abordagem dessa questão em seu livro mais contemporâneo: *Teoria Materialista do Estado*. São Paulo: Revan, 2010, pp. 131 *e ss*.

[509] HIRSCH, Joachim. "O problema da dedução [derivação] da forma e da função do Estado burguês". *In*: HELMUT, Reichelt; HIRSCH, Joachim; HENNIG, Eike et al. *A teoria do Estado*: materiais para reconstrução da teoria marxista do Estado. Rio de Janeiro: Tempo Brasileiro, 1990. (Biblioteca Tempo Universitário, n. 87. Série Estudos Alemães), p. 155.

CAPÍTULO III - A TEORIA DERIVACIONISTA DO ESTADO

Estado, que "analisa os processos administrativos de regulação e 'gerenciamento' sem considerar as próprias determinações sociais básicas da forma e função e, portanto, declara o Estado como forma natural e seu aparato como um produto histórico contingente".[510] Para Hirsch a questão acerca da capacidade do Estado gerenciar a economia e o processo de reprodução social revela uma questão crucial: o quanto a intervenção estatal pode realmente modificar as crises sociais e econômicas.[511]

A exemplo de outros pensadores da derivação citados anteriormente, as crises capitalistas apresentam-se como um momento no qual existe uma reorganização das relações sociais existentes. Justamente por conta disso, acirram o embate entre as classes e a crítica ao capitalismo como um todo. Isso não significa, no entanto, que elas não possam resultar no oposto: uma ordenação mais conservadora, repressora e de exploração ainda mais brutal. Nas obras de Hirsch (Altvater, Picciotto, Holloway também), já se evidenciava a convicção sobre o potencial negativo das crises, pois o aumento do desemprego e da recessão, com a consequente diminuição das margens de redistribuição material, ampliavam as dificuldades para que os danos físicos, psicológicos e ambientais, inerentes ao modo de reprodução do capital, sejam compensados por meio de concessões materiais,[512] feitas por intermédio do Estado (políticas públicas e direitos sociais), sindicatos (convenções e acordos coletivos, assistência direta etc.), ou das próprias empresas (plano de benefícios ao trabalhador, melhoria de salários etc.). Exatamente por conta disso, em tais situações agudas, torna-se necessário

---

[510] HIRSCH, Joachim. "The state apparatus and social reproduction: elements of a theory of the bourgeois State". *In:* HOLLOWAY, John; PICCIOTTO, Sol (Coord.). *State and Capital:* a marxist debate. Londres: Edward Arnold (Publishers) Ltd., 1978, p. 98.

[511] HIRSCH, Joachim. "The state apparatus and social reproduction: elements of a theory of the bourgeois State". *In:* HOLLOWAY, John; PICCIOTTO, Sol (Coord.). *State and Capital:* a marxist debate. Londres: Edward Arnold (Publishers) Ltd., 1978, p. 98.

[512] HIRSCH, Joachim; ROTH, Roland. *Das neue Gesicht des Kapitalismus*: Vom Fordismus zum Post-Fordismus. Hamburg: VSA, 1986, p. 71.

e, ao mesmo tempo, mais difícil que a luta popular tenha o horizonte de transformação radical da sociedade – com a consequente quebra do processo incessante de valorização do valor –, única alternativa para uma nova realidade, na qual não subsistam as conhecidas consequências deletérias do capitalismo.

CONCLUSÃO

A partir da exposição realizada, observamos que o debate sobre a derivação do Estado tem origem numa polêmica com diversas correntes de pensamento, dentre elas a teoria do Capitalismo Monopolista de Estado (Wirth). Os argumentos utilizados naquele período mostram que seus participantes: estavam confinados a algumas das concepções humanistas do "jovem" Marx e enfatizavam uma análise a partir da relação entre os vários capitais individuais (Müller, Neusüß, Altvater, Flatow, Huisken); procuravam relacionar o estudo da forma estatal com a forma jurídica, o que conduz a um diálogo com a teoria jurídica de Pachukanis (Blanke, Jürgens, Kastendiek, Hirsch, Holloway, Picciotto); criticavam as explicações funcionalistas e se opunham às premissas do pensamento althusseriano (Gerstenberger; Jessop) e destacavam a necessidade de compreender a formação dos Estados conjuntamente com o estudo do desenvolvimento do capitalismo em escala mundial (Braunmühl, Clarke e, posteriormente, Bonefeld).

O conjunto de ideias discutidas ao longo do nosso trabalho permite-nos agora trazer as seguintes conclusões a respeito do debate da derivação do Estado e do Direito.

Os argumentos apresentados para *derivar* o Estado e o Direito a partir das especificidades da economia capitalista – das relações econômicas que lhe são inerentes – implicam a rejeição da ideia de que ambos sejam meros instrumentos neutros – utilizáveis para qualquer propósito – manejados livremente pelas decisões políticas dos ocupantes de determinadas posições dentro do aparato estatal. Concomitantemente, afasta-se a ideia de Estado como aparelho genérico de dominação da classe dominante, cuja forma é indiferente em todos os períodos da história na qual há a exploração de uma classe pela outra. Isso implica, ainda, o reconhecimento de que mudanças periféricas – eleição de novos governantes, nova composição nos Tribunais, estatização dos setores da economia, ampliação de direitos etc. – não resultam em nenhuma desconstituição do modo de produção capitalista e de todas as consequências socioeconômicas que lhe são decorrentes, inclusive em nível político e jurídico. Ainda assim, há um razoável consenso entre os pensadores da teoria da derivação de que tais fatos podem impactar no desenvolvimento da luta de classes e, portanto, interferem no desdobramento dos fatos históricos.

O cerne da argumentação dos autores aqui estudados consiste na derivação da forma do Estado capitalista a partir das categorias da economia capitalista, do processo de produção e circulação de mercadoria e de acumulação de capital, reconhecendo assim determinadas funções do aparelho estatal como vinculadas objetivamente à reprodução do capital, dentre elas a preservação do Direito e o seu funcionamento a partir das categorias típicas da ideologia jurídica. Nesse ponto, o diálogo com o pensamento do jurista soviético Pachukanis se tornou inevitável e as teses do jurista russo nortearam parte considerável das discussões. Sobre essa questão, observamos que a ideologia jurídica – assim como o caráter "público" do Estado e isonômico do Direito – não podem ser considerados como mera ilusão que oculta as relações sociais (desiguais) existentes, mas sim como um elemento estruturante e reprodutivo da realidade, constituindo-se e reconstituindo-se, portanto, como prática. A igualdade jurídica não é, portanto, uma manifestação puramente ideológica, mas a própria base concreta do processo de acumulação capitalista. Isso implica, ainda, por consequência, a rejeição de que o Direito possa ser compreendido apenas em termos normativos, a exemplo do que fazem as teorias jurídicas que possuem um viés positivista (em especial o positivismo estrito[513] de autores como Hans Kelsen).

---

[513] Sobre essa classificação ver: MASCARO, Alysson L. *Introdução ao Estudo do Direito*. 2ª ed. São Paulo: Editora Atlas, 2011, p. 52.

CONCLUSÃO

Ainda que alguns autores da derivação examinem a forma jurídica como estritamente vinculada à forma mercadoria existente numa economia capitalista, outros não perfazem este mesmo caminho, incorrendo em omissões e hesitações. Assim, no caso dos que se omitem, a derivação do Estado é tratada de maneira desvinculada com relação à derivação do Direito. No caso dos que hesitam, a funcionalidade do Direito é reconhecida, mas há uma resistência em associar seu surgimento e sua extinção, respectivamente, com o início e o fim do modo capitalista de produção.

O esgotamento do debate da derivação ocorre no reconhecimento da insuficiência da análise da forma do Estado e do Direito para explicação de todos os fenômenos sociais nos quais ambos estão envolvidos. Uma preocupação emergente foi, então, entender o desenvolvimento histórico concreto do Estado e do Direito como meio de complementar as explicações até então realizadas, o que exigia um exame mais detalhado a respeito das intercorrências no transcorrer da luta de classes. Essa nova preocupação esteve vinculada ainda à necessidade de se compreender os caminhos para êxito no embate contra o capitalismo, dentro de um contexto em que os ideais socialistas, no sentido marxista ou não, começavam a perder espaço no meio político e, portanto, criavam a necessidade de se repensar estratégias para adesão e mobilização da classe trabalhadora.

Nota-se, assim, que os pensadores da teoria de derivação não ficaram indiferentes à nova realidade que emergia no início da década de 1980. Passaram a ter como objeto de estudo as transformações econômicas mais recentes, geralmente partindo da ideia de transição entre um modelo fordista para um pós-fordista, cujas consequências não apenas ocorriam no nível econômico (modificando especialmente as condições e organização do trabalho), mas também no nível da atuação estatal (com o surgimento de formas mais flexíveis de intervenção na economia, alterações nas políticas macroecômicas, na regulação do mercado de capitais etc.), no nível político (enfraquecimento das organizações sindicais, perda da adesão ao ideário revolucionário etc.) e no nível jurídico (sobretudo por meio da subtração dos direitos sociais em geral, em especial as tradicionais garantias trabalhistas e previdenciárias).

Vários integrantes do debate a respeito da derivação do Estado e do Direito procurarão entender esse momento de mudança, o que fará com que a discussão original seja colocada em segundo plano, mas não descartada, uma vez que permanece sendo objeto de constantes alusões. Neste ponto, nota-se ainda que o distanciamento de alguns dos pensadores, em relação ao debate da derivação em si ou às suas premissas, coincide, não por acaso, com o afastamento do próprio marxismo.

A teoria da derivação do Estado não é uma página virada da história (aliás, no Brasil, é praticamente uma página não lida). É peça essencial para o debate político, econômico e jurídico, dentro e fora do universo marxista. Ela representa ainda o impulso necessário para a permanente reflexão crítica de todos aqueles que anseiam por um mundo diferente, onde a justiça não seja apenas um vago conceito que ocupa a imaginação dos juristas e filósofos, mas uma realidade vivida, compreensível pela sua própria concretude e pelo seu contraste em face daquilo que é a experiência cotidiana do nosso tempo.

REFERÊNCIAS

ALTHUSSER, Louis. *Aparelhos Ideológicos do Estado*: notas sobre os aparelhos ideológicos do Estado. Rio de Janeiro: Edições Graal, 1985.

ALTHUSSER, Louis. *Pour Marx*. Paris: François Maspero, 1965.

ALTHUSSER, Louis et al. *A polêmica sobre o humanismo*. vol. 2. Lisboa: Presença, s/d. *Lire le Capital*. Paris: François Maspero, 1965.

ALTVATER, Elmar. "Die bürgerliche Hegemonie, die 'Logik der ökonomischen Sachzwänge' und die Alternative der Arbeiterbewegung". *In:* ARBEITSKREIS Westeuropäische Arbeiterbewegung et al. (Coord.). *Eurokommunismus und Theorie der Politik*. Berlin W: Argument-Verlag, 1979.

ALTVATER, Elmar. *Die Weltwährungskrise. Europäische Verlangst:* Frankfurt am Main, 1969.

ALTVATER, Elmar. *O preço da riqueza*: pilhagem ambiental e a nova (des) ordem mundial. Unesp: São Paulo, 1995.

ALTVATER, Elmar. *Turbo-Kapitalismus*: Gesellschaft im Übergang ins 21. Jahrhundert. Berlin: VSA-Verlag, 1997.

ALTVATER, Elmar. *Sachzwang Weltmarkt:* Verschuldungskrise, blockierte Industrialisierung und ökologische Gefährdung; der Fall Brasilien. VSA--Verlag: Berlin, 1987.

ALTVATER, Elmar. "Some problems of state interventionism". *In*: HOLLOWAY, John; PICCIOTTO, Sol (Coord.). *State and Capital:* a marxist debate. London: Edward Arnold (Publishers) Ltd, 1978.

ALTVATER, Elmar. *Die Zukunft des Marktes*: ein Essay über Regulation von Geld und Natur nach dem Scheitern des "real existierenden" Sozialismus. Münster: Westfäliches Dampboot: 1991.

ALTVATER, Elmar; HOFFMANN, Jürgen; SEMMLER, Willi. *Vom Wirtschaftswunder zur Wirtschaftskrise*. Berlin: Olle und Wolter, 1979.

ALVES, Allôr Café. "Apresentação à edição brasileira". *In:* PACHUKANIS, Evgeni B. *Teoria geral do direito e marxismo*. São Paulo: Acadêmica, 1988.

AMAZONAS, João et al. *30 anos de confronto ideológico*: marxismo e revisionismo. São Paulo: Anita Garibaldi, 1990.

ANDERSON, Perry. *A crise da crise do marxismo*. Brasiliense: São Paulo, 1983.

ANDERSON, Perry. *Considerações sobre o marxismo ocidental*: nas trilhas do materialismo histórico. São Paulo, Boitempo, 2004.

ARAÚJO, Braz José; FIGUEIREDO, Eurico de Lima (Coord.). *O marxismo e o Estado*. Rio de Janeiro: Graal, 1979.

BALIBAR, Étienne. *Cinco estudos do materialismo histórico*. Lisboa: Presença, 1975.

BERNSTEIN, Edward. *Die Voraussetzungen des Sozialismus und die Aufgaben der Sozialdemokratie*. Disponível em: https://www.marxists.org/deutsch/referenz/bernstein/1899/voraus/index.html. Acesso em: 27 de março de 2011.

BLANKE, Bernhard. *Arbeitsmarkt, Arbeitsbeziehung und Politik in den 80er Jahren*. Westdeutscher: Opladen, 1987.

BLANKE, Bernhard. *Die Linke im Rechtsstaat I. Bedingungen sozialistischer Politik* 1945-1965. Berlin: Rotbuch Verlag, 1975.

BLANKE, Bernhard; JÜRGENS, Ulrich; KASTENDIEK, Hans. "On the current marxist discussion on the analysis of form and function of the bourgeois State". *In:* HOLLOWAY, John; PICCIOTTO, Sol (Coord.). *State and Capital*: a marxist debate. Londres: Edward Arnold, 1978.

BLANKE, Bernhard; JÜRGENS, Ulrich; KASTENDIEK, Hans. "Zur neueren marxistischen Diskussion über die Analyse von Form und Funktion des bürgerlichen Staates. Überlegungen zum Verhältnis von Politik und Ökonomie". *Probleme des Klassenkampfs*: Zeitschrift für politische Ökonomie und sozialistische Politik, Erlagen: Politladen, n. 14/15 (Doppelheft), pp. 51-104, 1973. Disponível em: http://www.prokla.de/wp/wp-content/uploads/1974/Prokla14-15.pdf. Acesso em: 13 de janeiro de 2011.

REFERÊNCIAS

BLOCK, Fred. "Beyond relative autonomy: State managers as historical subjects". *In:* BLOCK, Fred. *Revising State theory*: essays in politics and post--industrialism. Philadelphia: Temple University Press, 1987.

BLOCK, Fred. "The ruling class does not rule: notes on the marxist theory of the State". *In:* BLOCK, Fred. *Revising State theory*: essays in politics and post-industrialism. Philadelphia: Temple University Press, 1987.

BERCOVICI, Gilberto. *Constituição econômica e desenvolvimento:* uma leitura a partir da Constituição de 1988. São Paulo: Malheiros, 2005.

BERCOVICI, Gilberto. *Desigualdades regionais, Estado e Constituição*. São Paulo: Max Limonad: 2003.

BERGER, Johannes; OFFE, Claus. "Functionalism vs. rational choice?". *Theory and Society: Renewal and critique in social theory*, Dordrecht, vol. 11, n. 4, 1982, pp. 521-526.

BOLAÑO, César. "Da derivação à regulação: para uma abordagem da indústria cultural". *Eptic: Revista de Economía Política de las Tecnologías de la Información y Comunicación*. São Cristovão, vol. 5, n. 3, 2003, pp. 60-96. Disponível em: https://seer.ufs.br/index.php/eptic/article/view/405. Acesso em: 12 de setembro de 2012.

BONEFELD, Werner. "Aglietta in England: Bob Jessop's contribution to the regulation approach". *In:* SEBAÏ, Farida; VERCELLONE, Carlo (Coord.). *Ecole de la régulation et critique de la raison économique*. Paris: L'Harmattan, 1994.

BONEFELD, Werner. *Post-Fordism and Social Form*: a marxist debate on the post-fordist State. London: Macmillan, 1991.

BONEFELD, Werner. Postfordismus, Globalisierung und die Zukunft der Demokratie: Zu Joachim Hirschs "Der nationale Wettbewerbsstaat". *Wildcat-Zirkular*, n. 39, 1997. Disponível em: http://www.wildcat-www.de/zirkular/39/z39bonef.htm. Acesso em: 8 de novembro de 2012.

BONEFELD, Werner. "Reformulation of state theory". *Capital and Class*, Conference of Socialist Economists (CSE), n. 33, 1984, pp. 96-127.

BONEFELD, Werner. "Social Constitution and the form of the capitalist State". *In:* BONEFELD, Werner; GUNN, Richard; PSYCHOPEDIS, Kosmas (Coord.). *Open Marxism,* vol. 1. London: Pluto Press, 1992.

BONEFELD, Werner; GUNN, Richard; PSYCHOPEDIS, Kosmas (Coord.). *Open Marxism*, vol. 1. London: Pluto Press, 1992.

BONEFELD, Werner; GUNN, Richard; PSYCHOPEDIS, Kosmas (Coord.). *Open Marxism*, vol. 2. London: Pluto Press, 1992.

BONEFELD, Werner; GUNN, Richard; PSYCHOPEDIS, Kosmas (Coord.). *Open Marxism*, vol. 3. London: Pluto Press, 1995.

BONEFELD, Werner; HOLLOWAY, John (Coord.). *¿Un Nuevo Estado?* Debate sobre la reestructuráción del Estado y el Capital. México: Cambio XXI/ Colegio Nacional de Ciencias Políticas y Administración Pública/ Fontamara, 1994.

BONNET, Alberto R. "Estado y capital: debates sobre la derivación y la reformulación del Estado". *In:* REY, Mabel Thwaites (Coord.). *Estado y marxismo*: un siglo y medio de debates. Buenos Aires: Prometeo libros, 2007.

BRAUNMÜHL, Claudia von. "On the analysis of the bourgeois nation State within the world market context". *In:* HOLLOWAY, John; PICCIOTTO, Sol (Coord.). *State and Capital:* a marxist debate. Londres: Edward Arnold, 1978.

BRAUNMÜHL, Claudia von. "Weltmarktbewegung des Kapitals, Imperialismus und Staat". *In:* BRAUNMÜHL, Claudia von et al. *Probleme einer materialistischen Staatstheorie.* Frankfurt/M: Suhrkamp, 1973.

BRAUNMÜHL, Claudia von. "Kapitalakkumulation im Weltmarktzusammenhang. Zum methodischen Ansatz einer Analyse des bürgerlichen Nationalstaats".*In:* EBERLE, Friedrich (Coord.). *Gesellschaft:* Beiträge zur Marxschen Theorie 1. Frankfurt am Main: Suhrkamp, 1974.

CALDAS, Camilo Onoda L. *Teoria Geral do Estado.* São Paulo: Ideias & Letras, 2018.

CERRONI, Umberto. *Il pensiero giuridico sovietico.* Roma: Riuniti, 1969.

CERRONI, Umberto. *O pensamento jurídico soviético.* Póvoa de Varzim: Publicações Europa-América, 1976.

CERRONI, Umberto. *Política*: métodos, teorias, processos, sujeitos, instituições e categorias. São Paulo: Brasiliense, 1993.

CERRONI, Umberto. *Teoria política e socialismo.* Mira Sintra – Mem Martins: Publicações Europa-América, 1976.

REFERÊNCIAS

CARNOY, Martin. *Estado e Teoria Política*, 16ª ed. São Paulo: Papirus, 2011.

CLARKE, Simon. *The development of capitalism*. London: Sheed and Ward, 1974.

CLARKE, Simon. "The state debate". *In*: CLARKE, Simon (Coord.). *The state debate*. London: Palgrave Macmillan, 1991.

CODATO, Adriano; PERISSINOTO, Renato. *Marxismo como ciência social*. Curitiba: UFPR, 2011.

COHEN, Gerald Allan. "El marxismo y la explicación functional". *In*: ROEMER, J. E. (Coord.). *El marxismo*: una perspectiva analitica. México: Fondo de Cultura Económica, 1989.

COHEN, Gerald Allan. *Karl Marx's theory of history:* a defense. New Jersey: Princeton University Press, 2011.

COHEN, Gerald Allan. "Reply to Elster on 'Marxism, Functionalism, and Game Theory'". *In: Theory and Society:* Renewal and critique in social theory. *Dordrecht,* vol. 11, n. 4, 1982, pp. 483-495.

DEPPE, Frank. *Krise und Erneuerung marxistischer Theorie*: Anmerkungen eines Politikwissenschaftlers. Disponível em: http://linkesdsgruppe3.minuskel.de/fileadmin/linke.sds/MCH_Reader/Frank_Deppe_-_KRISE_UND_ERNEU-ERUNG_MARXISTISCHER_THEORIE.pdf. Acesso em: 6 de julho de 2011.

ELBE, Ingo. *Marx im Westen*: Die neue Marx-Lektüre in der Bundesrepublik seit 1965, 2ª ed. Berlin: Akademie, 2010.

ELBE, Ingo. *El capitalismo monopolista de Estado*: tratado marxista de economía política. México: Ediciones de Cultura Popular, 1972.

ELSTER, Jon. "Marxismo, Funcionalismo e teoria dos jogos: argumentos em favor do individualismo metodológico". *In:* VIGEVANI, Tulio (Coord.) *Lua Nova: revista de cultura e política*, São Paulo, n. 17, 1989, pp. 163-204.

ELSTER, Jon. "Marxism, Functionalism, Game Theory: the case for methodological individualism". *In: Theory and Society: Renewal and critique in social theory*. Dordrecht, vol. 11, n. 4, 1982, pp. 453-482.

ENGELS, Friedrich. *Anti-Dühring*. Disponível em: https://www.marxists.org/archive/marx/works/1877/anti-duhring/ch24.htm. Acesso em: 5 de maio de 2011.

ENGELS, Friedrich. A *origem da família, da propriedade privada e do Estado*, 14ª ed. Rio de Janeiro: Bertrand Brasil, 1997.

ESSER, Josef. *Einführung in die materialistische Staatsanalyse*. Frankfurt a. M., New York: Campus Verlag, 1975.

FABRÈGUES, Bèrnard. "Staline, la lutte des classes, l'État". *Communisme*. Paris, n. 24, 1976, pp. 15-49.

FAY, Margaret A. "Review of John Holloway and Sol Picciotto (eds.), State and Capital: A Marxist Debate". *In:* SAN Francisco Bay Area Kapitalistate Group. *Kapitalistate*: the working papers on the capital state. Gaiganz/Ofr. (Bundesrepublik Deutschland): Politladen Erlangen, n. 7, 1978, pp. 130-152. Disponível em: https://www.ssc.wisc.edu/~wright/Kapitalistate/Kapitalistate7.pdf. Acesso em: 1º de junho de 2015.

FLATOW, Sybille von; HUISKEN, Freerk. "Zum Problem der Ableitung desbürgerlichen Staates". *Probleme des Klassenkampfs:* Zeitschrift für politische Ökonomie und sozialistische Politik. Politladen, n. 7, Erlagen: maio 1973, pp. 82-153. Disponível em: http://www.prokla.de/wp/wp--content/uploads/1973/Prokla7.pdf. Acesso em: 13 de janeiro de 2011.

FOUCAULT, Michel. *A verdade e as formas jurídicas*. Rio de Janeiro: Nau, 2003.

GERSTENBERGER, Heide. "Der bürgerliche Staat: Zehn Thesen zur historischen Konstitution einer spezifischen Form moderner Staatsgewalt". *In*: ROSA Luxemburg Initiative Bremen (Coord.) *Staatsfragen:* Einführungen in die materialistische Staatskritik. Berlin: Rosa Luxemburg Stiftung, 2009. Disponível em: http:// www.rosalux.de/fileadmin/rls_uploads/pdfs/rls-papers_Staatsfragen_0911t.pdf. Acesso em: 5 de maio de 2010.

GERSTENBERGER, Heide. *Die subjektlose Gewalt*: Theorie der Entstehung bürgerlicher Staatsgewalt. Münster: Westfälisches Dampfboot, 2006.

GERSTENBERGER, Heide. *Impersonal power*: History and Theory of the Bourgeois State. Chicago: Haymarket Books, 2005.

GERSTENBERGER, Heide. "Class Conflict, Competition and State Functions". *In:* HOLLOWAY, John; PICCIOTTO, Sol (Coord.). *State and Capital*: a marxist debate. Londres: Edward Arnold, 1978.

GERSTENBERGER, Heide. "Klassenantagonismus, Konkurrenz und Staatsfunktionen". *In:* BACKHAUS, Hans-Georg; EBERLE, Friedrich; HIRSCH, Joachim *et al.* (Coord.). *Gesellschaft:* Beiträge zur Marxschen Theorie 3. Frankfurt am Main: Suhrkamp, 1975.

REFERÊNCIAS

GERSTENBERGER, Heide. *Zur politischen Ökonomie der bürgerlichen Gesellschaft*: Die Bedingungen ihrer Konstitution in den USA. Frankfurt am Main: Athenäum-Fischer-Taschenbuch-Verlag, 1973.

GERSTENBERGER, Heide. "Zur Theorie der historischen Konstitution des bürgerlichen Staates". *Probleme des Klassenkampfs*: Zeitschrift für politische Ökonomie und sozialistische Politik. Erlagen: Politladen, n. 8/9, 1973.

GERSTENBERGER, Heide. "Zur Theorie des bürgerlichen Staates: Anmerkungen zum gegenwärtigen Stand der Debatte". *In:* BRANDES, Volkhard; HOFFMANN, Jürgen; JÜRGENS, Ulrich et al. (Coord.). *Handbuch 5: Staat*. Frankfurt am Main: Europäische Verlagsanstalt, 1977.

GIDDENS, Anthony. *A constituição da sociedade,* 3ª ed. São Paulo: Martins Fontes, 2009.

GIDDENS, Anthony. *A contemporary critique of historical materialism*: power, property and the State, vol 1. Berkeley and Los Angeles, CA: University of California Press, 1981.

GIDDENS, Anthony. "Commentary on the Debate". *Theory and Society*. Amsterdam/New York, vol. 11, n. 4, 1982, pp. 527-539.

HABERMAS, Jürgen. "Wissenschaft und Politik". *Offene Welt, n. 86*, Köln, pp. 413-423, 1964.

HABERMAS, Jürgen. *Theory and Practice*. Boston: Beacon Press, 1974.

HABERMAS, Jürgen. *Strukturwandel der Öffentlichkeit*: Untersuchungen zu einer Kategorie der bürgerlichen Gesellschaft. Frankfurt am Main: Suhrkamp, 1962.

HABERMAS, Jürgen. *Theorie und Praxis:* Sozialphilosophische Studien. Neuwied-Berlin: Luchterhand, 1963.

HABERMAS, Jürgen et al. *Student und Politik:* Eine soziologische Untersuchung zum politischen Bewußtsein Frankfurter Studenten. Neuwied--Berlin: Luchterhand, 1961.

HIRATA, Helena. "O Estado como abstração do real". *In: Estudos Ceprab 26*. Disponível em: http://www.cebrap.org.br/v1/upload/biblioteca_virtual/o_estado_como_abstracao_real.pdf. Acesso em: 21 de julho de 2012.

HIRSCH, Joachim. "¿Qué significa Estado? Reflexiones acerca de la teoría del Estado capitalista". *Revista de Sociologia e Política*. Curitiba: UFPR – Departamento de Ciências Sociais, n. 24, 2005, pp. 165-175. Disponível em: https://revistas.ufpr.br/rsp/article/view/3722/2970. Acesso em: 4 de novembro de 2012.

HIRSCH, Joachim. *Der Sicherheitsstaat. Das "Modell Deutschland", seine Krise und die neuen sozialen Bewegungen*. Frankfurt am Main: Europäische Verlagsanstalt, 1980.

HIRSCH, Joachim. *Der nationale Wettbewerbs-staat*: Staat, Demokratie und Politik im globalen Kapitalismus. Berlin/Amsterdam: ID-Archiv, 1995.

HIRSCH, Joachim. *El Estado Nacional de Competencia*: Estado, decmoracia y política en el capitalismo global. México: Universidad Autónoma Metropolitana, 2001.

HIRSCH, Joachim. *Die öffentlichen Funktionen der Gewerkschaften*. Stuttgart: Klett, 1966.

HIRSCH, Joachim. "Elemente einer materialistischen Staatstheorie". *In:* BRAUNMÜHL, Claudia von *et al*. *Probleme einer materialistischen Staatstheorie*. Frankfurt/M: Suhrkamp, 1973.

HIRSCH, Joachim. "Forma política, instituições políticas e Estado – I". *In:* BOITO Jr., Armando; GALVÃO, Andréia; TOLEDO, Caio Navarro (Coord.). *Crítica marxista*, n. 24. São Paulo: Revan, 2007.

HIRSCH, Joachim. "Forma política, instituições políticas e Estado – II". *In:* BOITO Jr., Armando; GALVÃO, Andréia; TOLEDO, Caio Navarro (Coord.). *Crítica marxista*, n. 25. São Paulo: Revan, 2007.

HIRSCH, Joachim. *Herrschaft, Hegemonie und politische Alternativen*. Hamburg: VSA, 2002.

HIRSCH, Joachim. *Kapitalismus ohne Alternative*? Materialistische Gesellschaftstheorie und Möglichkeiten einer sozialistischenk Politik heute. Hamburg: VSA, 1990.

HIRSCH, Joachim. "Kapitalreproduktion, Klassenauseinandersetzungen und Widersprüche im Staatsapparat". *In:* BRANDES, Volker *et al* (Coord.). *Handbücher zur Kritik der politischen Ökonomie,* Frankfurt/M: Europäische Verlagsanstalt, vol. 5, pp. 161-181.

HIRSCH, Joachim. *Materialistische Staatstheorie*: Transformationsprozesse des kapitalistischen Staatensystems. Hamburg: VSA, 2005.

REFERÊNCIAS

HIRSCH, Joachim. "Nach der Staatsableitung: Bemerkungen zur Reformulierung einer materialistischen Staatstheorie". *In: Aktualisierung Marx.* Berlin W: Argument-Verlag, 1983.

HIRSCH, Joachim. "O problema da dedução da forma e da função do Estado burguês". *In:* HELMUT, Reichelt; HIRSCH, Joachim; HENNIG, Eike et al. *A teoria do Estado*: materiais para reconstrução da teoria marxista do Estado. Rio de Janeiro: Tempo Brasileiro, 1990.

HIRSCH, Joachim. *Staatsapparat und Reproduktion des Kapitals.* Frankfurt/M: Suhrkamp, 1974.

HIRSCH, Joachim. *Teoria Materialista do Estado.* São Paulo: Revan, 2010.

HIRSCH, Joachim. "The crisis of mass integration: on the development of political repression in Federal Germany". *International journal of urban and regional research.* vol. 2, n. 2, 1978, pp. 222-232.

HIRSCH, Joachim. "The fordist security state and new social movements. Kapitalistate". San Francisco Bay Area Kapitalistate Group, n. 10-11, 1983, pp. 75-87.

HIRSCH, Joachim. "The state apparatus and social reproduction: elements of a theory of the bourgeois State". *In:* HOLLOWAY, John; PICCIOTTO, Sol (Coord.). *State and Capital*: a marxist debate. Londres: Edward Arnold, 1978.

HIRSCH, Joachim. *Tote Hunde wecken:* Interview mit Joachim Hirsch zur Staatstheorie und Staatsableitung. Disponível em: http://arranca.org/ausgabe/24/tote-hunde-wecken. Acesso em: 15 de janeiro de 2011.

HIRSCH, Joachim. *Wissenschaftlich-technischer Fortschritt und politisches System.* Frankfurt am Main: Suhrkamp, 1970.

HIRSCH, Joachim. "Zum Problem einer Ableitung der Form– und Funktionsbestimmung des bürgerlichen Staates". *In:* HENNIG, Eike; HIRSCH, Joachim; REICHELT, Helmut et al. (Coord.). *Karl Marx/ Friedrich Engels: Staatstheorie*: Materialien zur Rekonstruktion der marxistischen Staatstheorie. Frankfurt am Main/ Berlin: Ullstein, 1974.

HIRSCH, Joachim. "Zur Analyse des politischen Systems". *In:* HIRSCH, Joachim (Coord). *Gesellschaft:* Beiträge zur Marxchen Theorie. Frankfurt: Surkamp, 1974, pp. 78-131.

HIRSCH, Joachim; JESSOP, Bob; POULANTZAS, Nicos. *Die Zukunft des Staates:* Denationalisierung, Internationalisierung, Renationalisierung. Hamburg: VSA, 2001.

HIRSCH, Joachim; KANNANKULAM, John; WISSEL, Jens. *Der Staat der bürgerlichen Gesellschaft.* Zum Staatsverständnis von Karl Marx. Nomos: Baden-Baden, 2008.

HIRSCH, Joachim; ROTH, Roland. *Das neue Gesicht des Kapitalismus:* Vom Fordismus zum Post-Fordismus. Hamburg: VSA, 1986.

HOBSBAWN, E. J. (Coord.). *História do marxismo,* 2ª ed, vol. 8. Rio de Janeiro: Paz e Terra: 1991.

HOLLOWAY, John. "From scream of refusal to scream of power: the centrality of work". *In:* BONEFELD, Werner; GUNN, Richard; PSYCHOPEDIS, Kosmas (Coord.). *Open Marxism,* vol. 3. London: Pluto Press, 1995.

HOLLOWAY, John. "Capital is Class Struggle (and bears are not cuddly)". *In*: BONEFELD, Werner; HOLLOWAY, John (Coord.). *Post-Fordism and Social Form*: a marxist debate on the post-fordist State. London: Macmillan, 1991.

HOLLOWAY, John. "The Great Bear: post-fordism and class struggle: a comment on Bonefeld and Jessop". *In:* BONEFELD, Werner; HOLLOWAY, John (Coord.). *Post-Fordism and Social Form*: a marxist debate on the post-fordist State. London: Macmillan, 1991.

HOLLOWAY, John; MATAMOROS, Fernando; TISCHLER, Sérgio. *Negativity and Revolution*: Adorno and Political Activism. Londres: Pluto, 2009.

HOLLOWAY, John; PICCIOTTO, Sol. "Capital, Crisis and State". *Capital and Class*, London: Conference of Socialist Economists, vol. 1, n. 2, 1977, pp. 76-101.

HOLLOWAY, John; PICCIOTTO, Sol. "Introduction: towards a materialist theory of the state". *In:* HOLLOWAY, John; PICCIOTTO, Sol (Coord.). *State and Capital*: a marxist debate. Londres: Edward Arnold, 1978.

HOLLOWAY, John; PICCIOTTO, Sol. *State and Capital*: a marxist debate. Londres: Edward Arnold, 1978.

REFERÊNCIAS

IPEA. *"Carga tributária liquida e efetiva capacidade de gasto público do Brasil"*. *Comunicado da Presidência*, n. 23. Brasília, Ipea, jul., 2009. Disponível em: http://repositorio.ipea.gov.br/bitstream/11058/5303/1/Comunicado_n23_Carga_Tribut%C3%A1ria.pdf. Acesso em: 1º de dezembro de 2012.

JESSOP, Bob. "Polar Bears and Class Struggle: Much less than a Self-Criticism". *In:* BONEFELD, Werner; HOLLOWAY, John (Coord.). *Post-Fordism and Social Form*: a marxist debate on the post-fordist State. London: Macmillan, 1991.

JESSOP, Bob. *Nicos Poulantzas:* Marxist theory and political strategy. New York: St. Martin's Press, 1985.

JESSOP, Bob. "Recent theories of the capitalist state". *In: Cambridge Journal of Economics*. London, vol. 1, n. 4, 1977, pp. 353-373.

JESSOP, Bob. Regulation "Teory, post-fordism and the state: more than a reply to Werner Bonefeld". *Capital and Class*, Conference of Socialist Economists (CSE), n. 34, 1988, pp. 147-169.

JESSOP, Bob. *State Power:* a strategic-relational approach. Cambridge: Polity Press, 2008.

JESSOP, Bob. *State Theory:* putting the capitalist state in its place. Cambridge: Polity Press, 1996.

JESSOP, Bob. *The capitalist state*. Oxford: Martin Robertson & Company Ltd., 1982.

JESSOP, Bob. *The future of the capitalism State*. Cambridge: Polity Press, 2005.

JESSOP, Bob; SUM, Ngai-Ling. *Beyond the regulation aprroach*: putting capitalist economies in their place. Cheltenham, UK, Northampton, MA, USA: Edward Elgar, 2006.

KANNANKULAM, John. "Zur westdeutschen Staatsableitungsdebatte der siebziger Jahre: Hintergründe, Positionen, Kritiken". *In:* ROSA Luxemburg Initiative Bremen (Coord.) *Staatsfragen:* Einführungen in die materialistische Staatskritik. Berlin: Rosa Luxemburg Stiftung, 2009. Disponível em: http://www.rosalux.de/fileadmin/rlsuplo-ads/pdfs/rls--papers_Staatsfragen_0911t.pdf. Acesso em: 5 de maio de 2010.

KELSEN, Hans. *Teoria pura do Direito*, 6ª ed. São Paulo: Martins Fontes, 2003.

LENIN, Vladmir I. *A catástrofe que nos ameaça*. Disponível em: https://www.marxists.org/portugues/lenin/1917/09/27-2.htm. Acesso em: 20 de fevereiro de 2011.

LENIN, Vladmir I. *Estado e Revolução. A revolução proletária e o renegado Kautsky*. São Paulo: Sundermann, 2005.

LENIN, Vladmir I. *Estado e Revolução*. Disponível em: http://www.marxists.org/portugues/lenin/1917/08/estadoerevolucao/prefacios.htm. Acesso em: 20 de fevereiro de 2011.

LENIN, Vladmir I. *O desenvolvimento do capitalismo na Rússia*: o processo de formação do mercado interno para a grande indústria. São Paulo: Nova Cultural, 1985.

LONDON Edinburgh Weekend Return Group Summer. *In and against the state*. Disponível em: http://libcom.org/library/chapter-5-against-state. Acesso em: 12 de novembro de 2012.

MAMAN, Jeannette Antonios. *Fenomenologia existencial do direito*: crítica do pensamento jurídico brasileiro, 2ª ed. São Paulo: Quartier Latin, 2003.

MANTEGA, Guido. "A lei da taxa de lucro: a tendência da queda ou a queda da tendência?". *Estudos Cebrap,* n. 16, abril/junho, 1976.

MARX, Karl. *O 18 Brumário de Luís Bonaparte*. São Paulo: Boitempo, 2011.

MARX, Karl. *A Guerra Civil na França*. São Paulo: Boitempo, 2011.

MARX, Karl. *Crítica da filosofia do direito de Hegel*, 2ª ed. São Paulo: Boitempo, 2010.

MARX, Karl. *Grundrisse: manuscritos econômicos de 1857-1858:* esboços da crítica da economia política. São Paulo: Boitempo. Rio de Janeiro: Ed. URFJ, 2011.

MARX, Karl. *O capital*: livro 1, vol. 1, 28ª ed. São Paulo: Civilização Brasileira, 2011.

MARX, Karl. *O capital*: livro 3, vol. 4, 5ª ed. São Paulo: Civilização Brasileira, 2008.

MARX, Karl. *O capital*: livro 3, vol. 5, 4ª ed. São Paulo: Civilização Brasileira, 2008.

MARX, Karl. "Para a crítica da economia política". *In*: GIANNOTI, José Arthur (Coord.). *Marx*. São Paulo: Abril Cultural, 1974.

REFERÊNCIAS

MARX, Karl. "*Para a crítica da economia política: manuscrito de 1861-1863* (cadernos I a V): terceiro capítulo: o capital em geral". In: *Economia Política e Sociedade*, vol. 1. Belo Horizonte: Autêntica, 2010.

MARX, Karl. *Second Draft of Critique of Political Economy*. 1858. Disponível em: http://www.marxists.org/archive/marx/works/1858/economic/draft.htm. Acesso em: 10 de novembro de 2012.

MARX, Karl; ENGELS, Friedrich. *A ideologia alemã*. São Paulo: Boitempo, 2007.

MASCARO, Alysson Leandro. *Estado e Forma Política*. São Paulo: Boitempo, 2013.

MASCARO, Alysson Leandro. "As mudanças do processo civil e suas diretrizes atuais". In: MASCARO, Alysson Leandro. *Filosofia do direito e filosofia política: a justiça é possível*. São Paulo: Atlas, 2003.

MASCARO, Alysson Leandro. *Filosofia do Direito*. São Paulo: Atlas, 2010.

MASCARO, Alysson Leandro. *Introdução ao Estudo do Direito*, 2ª ed. São Paulo: Atlas, 2011.

MATTICK, Paul. *Divisão do Trabalho e Consciência de Classe*. Disponível em: http://pt.scribd.com/doc/24423653/Divisao-do-trabalho-e-consciencia-de-classe-Paul-Mattick. Acesso em: 13 de abril de 2011.

MERLEAU-PONTY, Maurice. *As Aventuras da Dialética*. São Paulo: Martins Fontes, 2006.

MILANI, Marcelo. *Estado, acumulação de capital e subdesenvolvimento no Brasil (1930-1980)*. Dissertação (Mestrado em Teoria Econômica). Faculdade de Economia, Administração e Contabilidade, Universidade de São Paulo, São Paulo, 2002. Disponível em: http://www.teses.usp.br/teses/disponiveis/12/12138/tde-09122002-121846/publico/estado-acumulacao.pdf. Acesso em: 21 de maio de 2011.

MILIBAND, Ralph. *O Estado na sociedade capitalista*. Rio de Janeiro: Zahar, 1972.

MÜLLER, Rudolf Wolfgang; NEUSÜß, Christel. *Die Sozialstaatsillusion und der Widerspruch von Lohnarbeit und Kapital*. Disponível em: http://www.dearchiv. de/php/dok.php?archiv=sop&brett=SOPO70&fn=MUELLER.270&menu=sopinh. Acesso em: 5 de maio de 2011.

MÜLLER, Rudolf Wolfgang; NEUSÜß, Christel. "The 'Welfare-State illusion' and the contradiction between wage labour and capital". *In*: HOLLOWAY, John; PICCIOTTO, Sol (Coord.). *State and capital*: a marxist debate. Londres: Edward Arnold, 1978, pp. 32-39.

MÜLLER, Rudolf Wolfgang; NEUSÜß, Christel. "'The 'Welfare-State illusion' and the Contradiction Between Wage Labour and Capital". *In*: PICCONE, Paul (Coord.). *Telos*. St. Louis, Missouri (USA): Department of Sociology of Washington University, n. 25, 1975.

NAVES, Márcio Bilharinho. *A questão do direito em Marx*. São Paulo: Outras Expressões / Dobra Editorial, 2014.

NAVES, Márcio Bilharinho. "A democracia e seu não lugar". *Ideias*, n. 1, vol. 1. Campinas: Unicamp, 2010, pp. 61-70.

NAVES, Márcio Bilharinho. *Marx:* ciência e revolução. São Paulo: Moderna; Campinas: Universidade de Campinas, 2000.

NAVES, Márcio Bilharinho. *Marxismo e direito*: um estudo sobre Pachukanis, 1ª ed. São Paulo: Boitempo, 2000.

NAVES, Márcio Bilharinho. (Coord.) *Presença de Althusser*. Campinas, SP: Unicamp/IFCH, 2010.

NEUSÜß, Christel. *Imperialismus und Weltmarktbewegung des Kapitals*. Berlin: Auflage Verlagen Politladen, 1972.

MOLLO, Maria de Lourdes Rollemberg. "A concepção marxista de Estado: considerações sobre antigos debates com novas perspectivas". *Economia*. Anpec, vol. 2, n. 2, 2001, pp. 347-389. Disponível em: http://biblioteca.clacso.edu.ar/ar/libros/cuba/if/marx/documentos/22/A%20Concep%E7%E4o%20marxista%20de%20estado....pdf. Acesso em: 2 de setembro de 2011.

NICKELL, Stephen; NUNZIATA, Luca; OCHEL; Wolfgang. "Unemployment in the OECD since the 1960's: what do we know?". Disponível em: http://www.res.org.uk/economic/freearticles/january05.pdf. Acesso em: 4 de abril de 2011.

OFFE, Claus. "Political authority and class structures: an analysis of late capitalist societies". *International Journal of Sociology*, vol. 2, n. 1. New York: Art And Science Press, 1972, pp. 73-108.

REFERÊNCIAS

OFFE, Claus. "Politische Herrschaft und Klassenstrukturen: Zur Analyse spätkapitalistischer Gesellschaften". *In:* KRESS, Gisela; SENGHAAS, Dieter (Coord.). *Politikwissenschaft: eine Einführung in ihre Probleme.* Frankfurt: Europäische Verlagsanstalt, 1969.

PACHUKANIS, Evgeni B. *Teoria geral do direito e marxismo.* São Paulo: Acadêmica, 1988.

NAKATAMI, Paulo. "Estado e acumulação do capital: discussão sobre a teoria da derivação". *Análise Econômica*, a. 5, n. 8, pp. 35-64, 1987. Disponível em: http://seer.ufrgs.br/AnaliseEconomica/article/view/10261/5999. Acesso em: 19 de agosto de 2011.

NETTO, José Paulo (Coord.). *Stalin.* São Paulo: Ática, 1982.

PEREIRA, Luiz Carlos Bresser. "A reforma do Estado nos anos 90". *Cadernos Mare.* Brasília, 1997. Disponível em: http://pt.scribd.com/doc/39561539/A-Reforma-Do-Estado-Nos-Anos-90. Acesso em: 13 de abril de 2011.

PESSOA, Reynaldo X. Carneiro (Coord.). *PCB: vinte anos de política:* Documentos: 1958-1979. São Paulo: Liv. Edit. de Ciências Humanas, 1980.

PICCIOTTO, Sol. *International business taxation*: a study in the internationalization of business regulation. Oxford: Oxford University Press, 1992.

PICCIOTTO, Sol. *The nationalisation of multinationals in peripheral economies.* London: Macmillan, 1978.

PICCIOTTO, Sol. *Regulating global corporate capitalism.* Cambridge: Cambridge University Press, 2011.

PICCIOTTO, Sol; MAYNE, Ruth. *Regulating International Business:* Beyond Liberalization. Basingstoke: Macmillan, 1999.

PICCIOTTO, Sol. "The theory of the state, class struggle and the rule of law". *In:* FINE, Bob *et al* (Coord.). *Capitalism and the rule of law*: from deviancy theory to Marxism. London: Hutchinson, 1979.

PICCONE, Paul (Coord.). *Telos.* Department of Sociology of Washington University, n. 25, 1975.

PRADO, Sérgio Roberto Rios do. *Descentralização do aparelho do Estado e empresas estatais*: um estudo sobre o setor público descentralizado brasileiro. Dissertação (Mestrado em Economia) – Instituto de Economia da Unicamp, Campinas, 1985. Disponível em: http://repositorio.unicamp.br/jspui/bitstream/REPOSIP/285742/1/Prado_SergioRobertoRiosdo_M.pdf. Acesso em: 19 de junho de 2012.

POULANTZAS, Nicos. *O Estado, O Poder, O Socialismo*. São Paulo: Graal, 2000.

POULANTZAS, Nicos. *Poder político e classes sociais*. São Paulo: Martins Fontes, 1977.

PROBLEME DES KLASSENKAMPS: *Zeitschrift für politische Ökonomie und sozialistische Politik,* Erlagen: Sonderhefte. Politladen, n. 1, 1971. Disponível em: http://www.prokla.de/wp/wp-content/uploads/1971/Prokla--Sonderheft1. pdf. Acesso em: 13 de janeiro de 2011.

PROJEKT Klassenanalyse. *Oberfläche und Staat:* Kritik neuerer Staatsableitungen. Westberlin: VSA, 1974.

PSYCHOPEDIS, Kosmas. "Crisis of theory in the contemporany social sciences". *In:* BONEFELD, Werner; HOLLOWAY, John (Coord.). *Post-Fordism and Social Form*: a marxist debate on the post-fordist State. London: Macmillan, 1991.

REALE, Miguel. *Lições preliminares de direito*, 22ª ed. São Paulo: Saraiva, 1995.

REICHELT, Helmut. "Some comments of Flatow and Huisken's Essay 'On the problem of the derivation of the bourgeois state'". *In:* HOLLOWAY, John; PICCIOTTO, Sol (Coord.). *State and Capital*: a marxist debate. Londres: Edward Arnold, 1978.

ROBERTSON, Jack. *25 years after the Great Miners' Strike*. Disponível em: http://www.isj.org.uk/?id=640. Acesso em: 2 de julho de 2011.

ROEMER, J. E. (Coord.). *El marxismo:* una perspectiva analitica. México: Fondo de Cultura Económica, 1989.

ROWBOTHAM S.; SEGAL, L.; WAINWRIGHT H. *Beyond the fragments: feminism and the making of socialism*. London: Newcastle Socialist Centre and Islington Community Press, 1979.

SALAMA, Pierre. *Estado e Capital*: o Estado capitalista como abstração do real. Disponível em: http://bibliotecavirtual.cebrap.org.br/arquivos/estado_e_capital_f.pdf. Acesso em: 12 de fevereiro de 2012.

REFERÊNCIAS

SAMPEDRO, Francisco. "A teoria da ideologia de Althusser". *In:* NAVES, Márcio Bilharinho (Coord.) *Presença de Althusser.* Campinas, SP: Unicamp/IFCH, 2010.

SINGER, Paul. *O Milagre Brasileiro:* causas e consequências. Ceprab, Brasiliense, 1975.

SIQUEIRA NETO, José Francisco. *Direito do Trabalho e Democracia*: apontamentos e pareceres. São Paulo: LTr, 1996.

SIQUEIRA NETO, José Francisco. *Liberdade sindical e representação dos trabalhadores nos locais de trabalho.* São Paulo: LTr, 1999.

STALIN, Joseph. *Fundamentos do Leninismo.* São Paulo: Global, 1985.

TCHÍRKINE, V.; IÚDINE, Iú. *O Estado de orientação socialista.* Moscou: Progresso, 1983.

THE ORGANIZATION FOR ECONOMIC CO-OPERATION AND DEVELOPMENT (OECD). *Domestic Product.* Disponível em: https://data.oecd.org/gdp/real-gdp-forecast.htm#indicator-chart. Acesso em: 16 de maio de 2020.

THÉRET, Bruno; WIEVIORKA, Michel. *Critique de la théorie du "capitalism monopoliste d'État".* Paris: François Maspero, 1978.

THÉVENIN, Nicole-Édith. "Ideologia jurídica e ideologia burguesa: (ideologia e práticas artísticas)". *In:* NAVES, Márcio Bilharinho (Coord.) *Presença de Althusser.* Campinas, SP: Unicamp/IFCH, 2010.

THWAITES REY, Mabel (Coord.). "Estado y marxismo: un siglo y medio de debates". *In: La autonomía como búsqueda: el Estado como contradicción.* Buenos Aires: Prometeo, 2004.

TOSEL, André. "Les critiques de la politique chez Marx". *In:* BALIBAR, Étienne; LUPORINI, Cesare; TOSEL, André. *Marx et sa critique de la politique.* Paris: François Maspero, 1979.

VÓLKOV, G. N. *et al. Fundamentos da doutrina marxista-leninista.* Moscou: Progresso, 1984.

WIRTH, Margaret. "Zur Kritik der Theorie des staatsmonopolistischen Kapitalismus". Probleme des Klassenkampfs: Zeitschrift für politische Ökonomie und sozialistische Politik. Erlagen: Politladen, n. 8/9, 1973. Disponível em: https://www.prokla.de/index.php/PROKLA/article/view/1793/1727. Acesso em: 13 de janeiro de 2011.

WIRTH, Margaret. "Towards a critique of the theory of state monopoly capitalism". *Economy and Society*. London Routledge and Kegan Paul, vol. 6, n. 3, 1977.

WRIGHT, Erik Olin. "Introductory Comments to Alternative Perspectives in Marxist". *In:* LEVINE, Rhonda F. (Ed.). *Enriching The Sociological Imagination:* How Radical Sociology Changed The Discipline. Boulder: Paradigm Publishers, 2005. Disponível em: https://books.google.com.br/books/about/Enriching_The_Sociological_Imagination.html?id=A50yRCY59FoC&redir_esc=y. Acesso em: 16 de maio de 2020.

NOTAS

NOTAS

NOTAS

NOTAS

NOTAS

A Editora Contracorrente se preocupa com todos os detalhes de suas obras! Aos curiosos, informamos que este livro foi impresso no mês de junho de 2021, em papel Pólen Soft 80g, pela Gráfica Copiart.